1500 gestes & astuces

pour se sentir bien
chaque jour !

Françoise Réveillet
Illustrations de Frédérique Thyss-Travert

Si vous le souhaitez, vous pouvez contacter l'auteur en lui écrivant à l'adresse suivante :
petitbonheur@yahoo.fr

Femme Actuelle

1500 gestes & astuces

pour se sentir bien chaque jour

massages • antistress
alimentation • harmonie
tonus • sommeil • beauté
• relaxation • santé
épanouissement • yoga
• respiration • énergie

À PROPOS DE L'AUTEUR

Titres déjà parus :
10 minutes pour soi, Flammarion 2005.
Secrets de beauté d'antan, Flammarion 2006.
10 minutes de petits bonheurs, Flammarion 2007.

Biographie
François Réveillet, dans son parcours de femme, de mère de famille et de professionnelle [journaliste, manager dans la publicité et conseil en ressources humaines] se consacre au bien-être depuis plus de 20 ans. Sa quête personnelle correspond à une véritable philosophie de vie, intégrant au quotidien la pratique de gestes simples et naturels, inspirés de la philosophie orientale et de ses pratiques ancestrales, alliées à nos traditions et savoir-faire occidentaux.

Ses livres *10 minutes pour soi*, *Secrets de beauté d'antan* et *10 minutes de petits bonheurs* parus chez Flammarion sont la somme d'expérimentations, d'observations, de témoignages recueillis jusqu'à aujourd'hui, mais aussi de lectures, de recherches et d'échanges avec des spécialistes de la médecine naturelle.

AVERTISSEMENT

Toutes les techniques, exercices, pratiques et conseils que j'expose dans mon livre ont pour objet de vous aider à vous sentir bien chaque jour et à trouver des solutions simples, efficaces et pratiques à ces petits maux qui gâchent parfois nos journées.
Mon ouvrage s'adresse exclusivement aux personnes adultes en bonne santé et en aucun cas à celles souffrant d'une maladie, d'affections fébriles ou douloureuses, d'une extrême fatigue, aux enfants et aux femmes enceintes ou qui se trouvent en période post-natale. Ce n'est pas un guide médical, mais seulement une invitation à prendre conscience des ressources extraordinaires dont on dispose et que la nature recèle pour prendre soin de soi chaque jour.
Il ne peut donc pas se substituer à l'avis d'un médecin qui est seul en mesure de poser un bon diagnostic.

SOMMAIRE

1re partie : MON QUOTIDIEN (MA VIE DE TOUS LES JOURS)

sommaire

2e partie : MON ITINÉRAIRE BIEN-ÊTRE

mon alimentation

mes instants beauté

bien dans ma tête

sommaire

GLOSSAIRE

Acupuncture

Le praticien se sert d'aiguilles très fines pour agir sur des points situés sur des lignes d'énergie appelées « méridiens », afin d'améliorer la circulation et de rétablir l'équilibre énergétique de l'organisme. Il y a environ 1000 points d'acupuncture répartis sur tout le corps qui sont définis en fonction des muscles, des tendons, des artères et des trajets nerveux.

Aromathérapie

L'art de se soigner avec des extraits aromatiques de plantes (essences et huiles essentielles). À la différence de la phytothérapie qui fait usage de l'ensemble des éléments d'une plante.

Ayurvéda

Ayurvéda veut dire « science de la vie ». Issue de la tradition indienne, c'est sans doute la plus vieille médecine du monde. L'Ayurvéda approfondit ce qui est bon pour la vie et ce qui ne l'est pas. Un de ses principes est que tout est énergie : celle-ci se manifeste tout d'abord sous la forme de l'éther (du cosmos), puis de l'air, du feu, de l'eau et enfin de la terre. Le corps, la terre et l'univers sont ainsi animés par la même énergie… Selon l'Ayurvéda, nos maux proviennent d'un déséquilibre entre ces cinq éléments. Il faut avoir un corps sain et vigoureux, un affectif épanoui, un mental serein et une âme dans la conscience de la vérité… alors seulement, on peut dire qu'on est en bonne santé.

glossaire

Chakra

En sanscrit, *chakra* veut dire « roue ». En yoga, les chakras correspondent à des zones privilégiées sur le plan énergétique. Chaque individu possède sept chakras principaux situés sur la colonne vertébrale. Véritables poumons énergétiques, intimement liés à la respiration, ils sont à la fois des soleils qui nous éclairent de l'intérieur et des portes qui nous relient à l'extérieur, à l'immensité du monde de l'énergie, de la spiritualité et de la connaissance.

Cinq éléments

Les cinq éléments sont le bois, le feu, la terre, le métal et l'eau, que les Chinois font correspondre avec les cinq premiers nombres en lien avec le temps et l'espace. Les Chinois mettent en correspondance chaque élément avec une saison, une couleur, un animal, un organe, un nombre, une saveur, un point cardinal, un trait de caractère, une planète, etc.

Ainsi, le feu se rapporte à la couleur rouge, à l'été, à la chaleur, à la saveur amère, au sud, à la joie, au rire, à la planète Mars, à une personne active…

Décoction

On met la ou les plantes dans l'eau froide qu'on porte à ébullition entre 2 et 15 minutes selon les cas. On filtre et on boit la préparation. Les racines et les écorces doivent bouillir plus longtemps que les feuilles ou les tiges.

Digipuncture

C'est une thérapie manuelle de tradition chinoise qui s'appuie sur les principes fondamentaux de la médecine chinoise. Le praticien masse certaines parties du corps ou certains points se situant sur le trajet des méridiens [voir rubrique]. Aussi bien préventive que curative, cette technique permet de rétablir l'équilibre énergétique et apporte de la détente.

Do-in

Shiatsu que l'on pratique soi-même, sur soi, à l'aide de ses mains.

Énergie vitale (Qi)

Pour les Chinois, l'homme, contraint de vivre entre ciel et terre, se doit d'utiliser les forces de l'énergie cosmique créatrice. À la fois mentale, physique et spirituelle, invisible et partout présente, l'énergie se manifeste et influe dans les choses vivantes et inertes. Elle circule dans le corps, le long des canaux (ou méridiens). Quand il y a déséquilibre de cette énergie, un dysfonctionnement peut survenir et perturber l'organisme jusqu'au développement d'une maladie.

Feng Shui

C'est l'art d'arranger son habitation pour améliorer sa vitalité. Les praticiens du Feng Shui considèrent que l'environnement a une grande influence sur le physique et le psychisme humains et que ses effets bénéfiques sont déterminants sur la vie quotidienne. Cette science très ancienne ne prend réellement forme que vers le XIIe siècle. La maison étant un microcosme dans le macrocosme, les édifices étaient construits selon des principes stricts définissant leur bonne exposition pour capter les influences bénéfiques. Aujourd'hui encore, les plus grands buildings de Hong Kong sont construits suivant les règles du Feng Shui.

Huiles essentielles

Elles résultent de la distillation à la vapeur d'eau de plantes aromatiques. Il s'agit d'extraits très concentrés de plantes, de feuilles, de fleurs, de racines, d'écorces mais aussi de tiges ou de bourgeons. En aromathérapie, les huiles essentielles sont employées par voie interne à des fins thérapeutiques et par voie externe aussi bien pour la santé du corps que pour sa beauté. Soyez très prudente quant à leur utilisation, car elles sont très actives et peuvent provoquer brûlures, irritations, allergies et autres désagréments. Avant d'appliquer une huile essentielle sur la peau, diluez-la dans une huile végétale et testez-la à l'intérieur du poignet ou du coude.

Infusion

On plonge dans l'eau bouillante, hors du feu, la ou les plantes entre 5 et 15 minutes. On couvre et on laisse infuser. Filtrer avant de boire la tisane.

Kinésiologie

Partant du principe qu'il existe un rapport étroit entre notre corps et nos émotions, cette technique détecte nos déséquilibres énergétiques, émotionnels ou physiques.

Macération

On laisse tremper une plante dans de l'eau froide, du vin, de l'alcool, de l'huile pour une durée plus ou moins longue afin d'en extraire les principes solubles.

Médecine chinoise

La prévention de la vie et la conservation de la santé sont les objectifs de la médecine chinoise. C'est un art ancien (+ de 3000 ans), mais également une discipline de vie appliquée à l'existence quotidienne. La médecine chinoise cherche à comprendre chaque être dans sa globalité, qu'il soit en bonne santé ou malade, puis à le maintenir en forme grâce à la bonne gestion de l'équilibre de son énergie vitale. Plus que de la maladie, elle parle avant tout de l'être. La médecine chinoise utilise l'acupuncture, les massages, la phytothérapie, la diététique…

Méridiens

Pour les médecins chinois, le corps humain est parcouru de « rivières » qui l'alimentent en énergie. Ce sont les méridiens qui assurent la circulation du Qi et du sang dans le corps humain et relient les organes entre eux (le haut et le bas, l'interne et l'externe), comme un immense système de communication qui permet au corps de fonctionner et de se défendre. Si l'énergie circule bien, tout va bien, mais lorsque des déséquilibres surviennent, on risque de fonctionner en deçà de son seuil de bien-être.

Mudra

C'est un geste, une position des doigts et des mains, mais aussi des yeux et du corps, inspiré du yoga et qui s'adresse à notre cerveau et influence efficacement notre corps et notre esprit.

Naturopathie

Cette médecine naturelle holistique (globale) prend en considération les caractéristiques physiques, physiologiques et psychologiques d'un individu. Elle soigne avec les aliments, les plantes, l'eau, les cataplasmes, les bains, les massages, la relaxation, le yoga et d'autres pratiques et techniques énergétiques, respiratoires, vibratoires... issues ou inspirées de la nature.

Périnée

Plancher pelvien qui s'étend de l'anus aux parties génitales.

Phytothérapie

C'est le traitement des maladies par les plantes qui agissent sur l'organisme en fonction des principes actifs qu'elles contiennent et du mode d'extraction de ces derniers (infusion, décoction, macération, teinture mère...)

Qi Gong

En chinois, le Qi Gong se rapporte aussi bien au travail de l'énergie qu'à sa maîtrise. Cette discipline chinoise s'exprime par des postures, des mouvements doux, des exercices respiratoires et une concentration de l'esprit, afin de mieux capter l'énergie vitale présente dans l'air et dans la nourriture, et de la faire circuler dans l'organisme. Cette gymnastique évacue les séquelles du stress et harmonise l'esprit et les systèmes qui composent le corps.

Réflexologie

Cette technique digitale issue de la médecine traditionnelle chinoise s'exerce sur les différentes zones réflexes des pieds, des mains, du visage ou des oreilles, afin d'agir à distance sur chaque partie du corps correspondante (organe, viscère, squelette) via le système nerveux. Elle est préventive et curative. Elle a pour effet de relaxer mais aussi de soigner les organes en déficit d'équilibre.

Reiki

C'est une très ancienne pratique de guérison d'origine japonaise par l'imposition des mains. Elle a pour but de rétablir l'harmonie du corps et de l'esprit, de la vie extérieure et de la vie intérieure. Le massage énergétique reïki dissipe les nœuds énergétiques à l'origine de nos douleurs physiques et psychiques, de nos stress, de nos difficultés relationnelles, ou ajoute de l'énergie là où il existe un manque… en vue d'accroître notre bien-être, notre énergie, notre conscience.

Shiatsu

Ou digipuncture (voir ci-avant) de tradition japonaise. Le shiatsu procure une grande détente et améliore la santé physique et mentale. Il soulage le stress, la fatigue, l'anxiété, les maux de dos et digestifs… et peut être d'une grande aide pour le sevrage tabagique.

Sophrologie

C'est une méthode issue de l'hypnose, de la relaxation dynamique et des disciplines orientales. Elle a été inventée par Alfonso Caycedo, psychiatre colombien, en 1960. La sophrologie permet de gérer son stress et de retrouver un bien-être physique et mental. Elle aide notamment à se réconcilier avec son corps et avec soi, en entrant en contact avec ses sensations, en améliorant l'estime de soi, voire en retrouvant le sommeil, en résolvant des problèmes de migraines…

Taï chi chuan

Inventée il y a sept siècles, cette gymnastique aussi appelée boxe de l'ombre, est pratiquée par les Chinois, comme le Qi Gong, en plein air et à l'aube. Mais, ne l'oublions pas, le Taï chi est un art martial. Il assouplit le corps, facilite le passage de l'énergie et protège du stress. Il se pratique seul ou à deux et se fonde sur la maîtrise de la respiration et des gestes.

Taoïsme

Les taoïstes considèrent l'être humain comme une accumulation de matière « condensée » dont l'unité est assurée par l'énergie vitale, fondement de tous les domaines d'étude traditionnels chinois comme l'acupuncture, la diététique, la pharmacopée (phytothérapie chinoise), la calligraphie, l'astrologie, les arts martiaux ou le Feng Shui.

Travers

Ce terme est utilisé comme mesure dans les massages de réflexologie et permet le repérage des points. Un travers de doigt désigne la largeur d'un doigt, deux travers de doigt celle de deux doigts et ainsi de suite.

Visualisation

Action de se représenter mentalement en images, une idée, un sujet, une situation… qui ne sont pas présents.

Yin et Yang

Pour les Chinois, la vie est rythmée par l'alternance harmonieuse et complémentaire du jour et de la nuit, des saisons, du froid et du chaud, de la vie et de la mort… qu'ils nommèrent Yin-Yang. L'un n'est pas mieux que l'autre. Cette loi du Yin et du Yang s'applique dans la nature comme dans le corps et l'esprit humain, et s'inscrit dans le mouvement comme une variation… aussi nécessaire que relative.

Yoga

Cette discipline originaire d'Inde existe depuis plus de 5000 ans. On pourrait plutôt parler de yogas, car il regroupe un ensemble de disciplines utilisant une technique de gymnastique posturale et un travail sur la respiration : le hatha yoga (le plus connu), l'ashtanga-yoga, le shivananda-yoga et le kundalini-yoga qui permet de trouver l'unité entre le corps et l'esprit ainsi que l'union entre soi et l'univers.
Véritable antistress, cette discipline ancestrale prévient ou soulage de nombreux maux (insomnie, hyperactivité, nervosité, maux de dos, etc.). C'est aussi une technique de connaissance de soi, un outil qui permet de trouver le bien-être physique et psychologique.

AVERTISSEMENT

Aucune des techniques citées ci-avant ne remplace un suivi ou un traitement médical.

PRÉFACE DU DOCTEUR MICHEL FREY, MÉDECIN GÉNÉRALISTE ET ACUPUNCTEUR

Un vieux proverbe chinois dit : « Vis ta journée comme si elle était la dernière et fais des projets comme si tu avais l'éternité. »

Il pourrait parfaitement illustrer ce recueil des *1500 gestes et astuces : bien-être* de Françoise Réveillet.

Cet ouvrage est un excellent partenaire au quotidien, révélant tous les secrets pour entretenir son potentiel énergétique et sa qualité.

Françoise Réveillet aborde les domaines de l'entretien, de la santé, du bien-être de l'esprit et de la saveur de la vie avec beaucoup de talent et de richesse culturelle.

Elle nous guide heure après heure pour saluer à chaque instant de la journée tous les moments importants, que ce soit sur le plan de l'hygiène alimentaire, des techniques respiratoires, de la santé mentale ou encore des projets de vie.

En ma qualité de médecin, je suis sollicité tous les jours par mes patients pour des conseils alimentaires, gymniques, respiratoires, voire même relationnels avec leurs proches. Toutes ces interrogations font partie de l'essentiel de la réussite de leur parcours de vie et il est toujours difficile d'y répondre tant les réponses peuvent être complexes et personnelles.

Françoise Réveillet nous propose un canevas schématisant les lignes principales du scénario de notre vie.

préface

Les premiers gestes du matin y sont abordés avec les conseils les plus simples mais aussi les plus évidents.
Elle nous interpelle sur des sujets qui nous préoccupent en permanence, tels que la qualité de l'alimentation, la manière de l'appréhender, les projets de la journée et la façon de les aborder, les initiatives à savoir prendre avec calme et sérénité quand il le faut, etc.
Elle nous parle des techniques de soin et de bien-être pour nous mettre en conformité avec nos convictions et nos croyances.
Enfin, elle aborde les principes et les gestes thérapeutiques simples pour mettre en valeur notre potentiel énergétique en proposant des solutions à tous les petits maux qui chagrinent notre quotidien.
Bien plus qu'un guide de recettes de bien-être, cet ouvrage se présente comme une bible du savoir-vivre afin de profiter au mieux de notre potentiel.

INTRODUCTION

Mon livre s'adresse à toutes celles (et à tous ceux, bien sûr !) qui souhaitent, par des gestes ou des exercices simples, efficaces et faciles à accomplir, se sentir bien dans leur vie quotidienne. Les multiples conseils d'ici et d'ailleurs proposés dans mon ouvrage font tous appel à nos ressources personnelles et à celles de la nature.

Se sentir bien chaque jour relève d'un subtil mélange résultant d'une alimentation équilibrée et naturelle, de la pratique régulière d'exercices respiratoires et physiques, d'un bon sommeil ainsi que de la sérénité du cœur, de l'esprit et de l'âme.

1500 conseils à suivre par jour, c'est trop, me direz-vous ! Il ne s'agit évidemment pas de tout faire, ni même de se fixer un quota par jour. Rassurez-vous, le bien-être n'est pas une épreuve de force ! L'éventail large de ces propositions a comme seule ambition de vous permettre de trouver les réponses les plus adaptées à vos besoins personnels et de choisir celles que vous conviennent le mieux.

Je ne peux que vous inviter à butiner dans ce guide au gré de vos envies, d'essayer tel exercice, de suivre tel autre, de l'adopter ou de l'abandonner « après usage » s'il ne vous convient pas. Avec la pratique, vous découvrirez combien ces petites attentions produisent d'agréables changements dans votre vie quotidienne et dans celle de votre entourage (votre mari, vos enfants, vos amis...). Enfin, n'oublions pas que seule la répétition de ces petits gestes produit des effets, la régularité et la constance étant la clef d'une véritable transformation !

COMMENT LIRE CET OUVRAGE ?

Les exercices, postures et massages de ce guide sont hiérarchisés en fonction des trois critères suivants :

 Facile

 Facile mais demande de l'entraînement

 Plus difficile

La gradation de l'effort ou de l'exécution des techniques présentées dans mon ouvrage sont relatives, dans la mesure où elles dépendent aussi de l'état physique et psychologique dans lequel vous vous trouvez au moment où vous lisez ou réalisez tel exercice ou telle posture… Soyez, en premier lieu, attentive à vos possibilités et laissez-vous guider par vos envies, par vos rejets également, sans vouloir suivre à tout prix une chronologie. C'est en écoutant votre rythme et vos besoins que, vous trouverez progressivement ce qui vous convient le mieux et aurez, j'en suis certaine, de plus en plus de plaisir à prendre soin de vous et à partager ce bien-être avec vos proches.

1re partie :
MON QUOTIDIEN

fraîche et dispose chaque matin

98 gestes & astuces

JE ME RÉVEILLE TOUT DOUCEMENT

Je sors progressivement de ma nuit...

Le rêve est un cadeau précieux pour notre journée, car il nous délivre souvent des messages que notre inconscient s'évertue à nous cacher. C'est pourquoi l'attention que nous leur portons et notre persévérance sont des atouts pour que nos rêves deviennent plus compréhensibles au fil des jours, nous aidant ainsi à mieux nous connaître et à progresser dans notre vie quotidienne.

Un carnet posé sur ma table de chevet

Pour capter ce rêve qui a tendance à s'évaporer aussitôt, appliquez-vous à ne pas bouger dans ce moment très fragile où l'inconscient flotte entre sommeil et veille, et laissez re-défiler le scénario de votre rêve. Puis, encore allongée, écrivez un mot, une phrase, une image et la sensation que vous éprouvez à ce moment-là, sans vous censurer et sans chercher un fil logique. Pour cela, ayez à portée de main un petit carnet ouvert sur une page blanche ou un enregistreur. Cette technique aide à mettre le rêve à distance avec deux effets majeurs, d'une part de minimiser son influence sur notre humeur du jour et d'autre part de pouvoir l'utiliser en essayant de comprendre le message qu'il nous délivre sur nous-même.

Laisser mûrir ensuite...

On se donne deux ou trois minutes pour réfléchir à son rêve et s'il n'évoque rien de particulier, on le laisse mitonner dans un coin de sa tête sans vouloir à tout prix en dégager un sens. On peut y revenir de temps en temps dans la journée et, parfois, son message apparaît. Alors pourquoi se priver d'une manne quotidienne aussi précieuse ?

Je m'étire comme un chat

S'étirer avec amplitude décontracte agréablement les muscles et assouplit les articulations. Avant de vous lever, encore confortablement allongée sur le dos, tirez au maximum sur vos jambes, vos bras, vos mains et vos pieds, en faisant bouger vos doigts et vos orteils. Tournez ensuite délicatement vos poignets et vos chevilles dans un sens puis dans l'autre. Vous verrez, ces premiers mouvements permettront à votre corps de se mettre aisément en action.

Sans oublier de bâiller !

La bouche grande ouverte, laisser monter un bâillement, à l'aide de grimaces si nécessaire. Ce geste simplissime décontracte le visage et déclenche une onde de détente dans tout le corps. Chaque fois que vous en ressentirez le besoin dans la journée, n'hésitez pas à provoquer un bâillement pour vous délasser en quelques secondes.

Ma première méditation

Allongée sur le dos, inspirez et expirez profondément, lentement, en prenant bien conscience de chaque mouvement de votre respiration. Concentrez-vous quelques minutes sur les sensations que votre respiration produit en vous. Cette technique simple est épatante pour se vider la tête et s'offrir, au réveil, sa première méditation de la journée !

Je me lève en deux temps

Pour ménager votre dos, mieux vaut résister à la tentation de vous lever précipitamment. Encore allongée dans votre lit, mettez-vous sur le côté, pliez et remontez vos jambes vers la poitrine. Et à l'aide d'un bras, asseyez-vous tranquillement sur le bord du lit. Vous voilà dans la bonne position pour sortir de votre lit.

J'agis lentement et en toute conscience

Boire sa tasse de thé, faire une respiration profonde, se laver les dents, embrasser tendrement son enfant, ouvrir les volets, admirer les premières lueurs du jour... en étant pleinement présente à ce que l'on fait, transforme ces premiers rituels de la journée. Ils échappent à l'automatisme et deviennent alors des petits moments vécus à part entière qui donnent du contenu, embellissent la matinée et apportent satisfaction et sérénité au quotidien.

1re ÉTAPE : JE PURIFIE MON ORGANISME

Éliminer, se sentir léger rendent la vie aérienne

Un corps sain est un corps dans lequel les toxines séjournent le moins longtemps possible. Pour vous en débarrasser, plusieurs possibilités s'offrent à vous.

La respiration profonde fait le plus gros du travail. Respirer à fond est en effet l'un des moyens les plus efficaces et les plus simples pour désintoxiquer son corps. La respiration permet de supprimer environ 70 % des toxines du corps... Quelques respirations conscientes et profondes par jour sont en effet essentielles pour éliminer et préserver ainsi son capital énergétique.

Les 30 % restants s'éliminent par défécation, miction et transpiration.

D'où l'importance de veiller au bon fonctionnement de son transit intestinal, de commencer sa journée par un verre d'eau à jeun et de boire en quantité suffisante dans la journée pour éliminer les toxines et hydrater son organisme. Attention ! Il ne s'agit pas de boire nécessairement 1,5 litre comme il est souvent conseillé mais d'être à l'écoute de son corps et de boire dès qu'on en ressent le besoin. Il est également recommandé de faire du sport et de transpirer. Quand l'urine, les selles et la sueur sont éliminées correctement, la santé s'améliore graduellement, la joie et la longévité s'ensuivent naturellement.

Au saut du lit, à jeun, je bois mon premier verre d'eau

Ce premier verre d'eau est le coup d'envoi de cette journée qui commence : il nettoie et purifie notre organisme. La médecine chinoise recommande de boire une eau tiède, à la température du corps, afin de réveiller avec douceur le système digestif et de réhydrater rapidement son corps.

Un jus de pamplemousse frais

La cellulose, fibre végétale présente dans le pamplemousse, nettoie l'organisme, évacuant les toxines de l'intestin. Elle empêche le foie de produire du cholestérol et absorbe l'excès de bile qui peut être responsable de calculs et d'ictère. Elle est également riche en fibres anticholestérol. À boire pur ou mélangé à un peu d'eau tempérée.

Je respire, donc je vais bien

Un corps en bonne santé est un corps bien oxygéné. La fonction respiratoire permet l'apport d'oxygène mais aussi le rejet du gaz carbonique, débarrassant ainsi le corps des toxines. Une bonne respiration améliore le fonctionnement du cœur, du cerveau, des muscles et des organes ; elle effectue un véritable massage des organes digestifs, facilitant ainsi l'assimilation des aliments. Elle nous aide à mieux gérer nos émotions et notre mental. C'est bon pour tout !

Bien respirer est essentiel pour ma santé

La respiration est à la base de tous les exercices et techniques proposés dans ce guide pour tonifier votre organisme et vous détendre. Vous l'avez compris : bien respirer est essentiel pour maintenir ou améliorer sa santé.

Je commence par bien expirer !

Bien respirer, c'est une lapalissade me direz-vous, et pourtant on respire très mal aujourd'hui ! En Occident, on accorde en effet moins d'importance à la respiration qu'en Orient. Une bonne respiration commence par une expiration profonde, lente et calme. Plus vous expirez à fond et lentement, plus vous améliorez votre inspiration. En effet, en vidant ses poumons d'une plus grande quantité d'air vicié, on peut faire rentrer une plus grande quantité d'air frais (et pur) qui va se mélanger à l'air résiduel et former le véritable air respiratoire.

Je réapprends la respiration abdominale

Sous l'influence de notre environnement familial et social, nos capacités respiratoires se sont réduites progressivement à une respiration de plus en plus saccadée et superficielle. Or, jusqu'à l'âge de 18 mois, on savait respirer en pratiquant naturellement la respiration profonde abdominale, avec inspiration et expiration par le nez.

La respiration consciente, profonde et abdominale

Elle prend sa source dans l'abdomen. À l'inspiration, la cage thoracique s'ouvre et le diaphragme, muscle respirateur, s'abaisse. Le ventre s'arrondit sous la poussée du diaphragme et les poumons s'emplissent d'air. À l'expiration, le diaphragme remonte. Son mouvement de va-et-vient ressemble à un bâillement de la cage thoracique. Plus ce mouvement est ample, plus il permet une bonne respiration et, de ce fait, un massage doux et constant de tout l'abdomen, favorisant ainsi le bon fonctionnement des organes.

« Tout comme l'expiration, l'inspiration doit être silencieuse, lente, continue et aisée. Ne vous gonflez pas comme un ballon de football ou comme un pneu. Respirez à l'aise, ne forcez jamais. Souvenez-vous que la respiration idéale est PROFONDE, LENTE, SILENCIEUSE, AISÉE. »

André Van Lysebeth
J'apprends le yoga

Comment pratiquer ?

1 – Debout, assise ou couchée, commencez par expirer lentement et profondément par le nez.

2 – Inspirez lentement par le nez en arrondissant votre ventre. Dans un premier temps, maintenez vos mains sur l'abdomen afin de bien ressentir le mouvement d'élévation et d'abaissement du nombril.

3 – Puis expirez toujours par le nez jusqu'à ce que vos poumons soient complètement vides. Une légère contraction de vos abdominaux peut vous aider à les vider complètement.

Équilibrez l'inspiration et l'expiration en leur accordant le même temps (3 secondes, puis 4, puis 5 jusqu'à 10 si vous le pouvez). Et surtout, ne forcez pas. À pratiquer 4 à 5 fois de suite matin et soir dans la journée, sans modération ! Plus vous vous efforcerez d'avoir une respiration silencieuse, plus elle sera lente.

Une expiration silencieuse

Lorsque vous expirez, efforcez-vous de ne faire aucun bruit. Ainsi, on ressent mieux les muscles abdominaux au travail ainsi que la phase expiratoire, la plus importante. Pensez à la buée sur une vitre en hiver !

Essentiel pour la détente : respirer par le nez

La respiration correspond à un phénomène contraction-détente. La contraction s'effectue à l'inspiration : l'air qui pénètre par le nez stimule le cerveau limbique (émotionnel, imaginatif, dynamique...) avec un filtrage de l'air bien supérieur à celui que l'on obtient en inspirant par la bouche. La détente se fait à l'expiration. Or, si vous expirez par la bouche, la sphère abdominale se contracte. Seule l'expiration par le nez produit une réelle détente de tout l'organisme.

Aller à la selle, uriner : un bon réflexe matinal

Pour être en bonne santé, il ne faut pas que les toxines restent longtemps dans le corps : elles doivent être éliminées régulièrement. L'Ayurvéda conseille d'uriner et/ou d'aller à la selle dès le lever, dès que l'on en a envie, sans se retenir. « Quand l'urine, les selles et la sueur sont éliminées correctement, la santé, la joie de vivre, voire la longévité s'en trouvent accrues » dit Kiran Vyas dans *L'Ayurvéda au quotidien*.

En cas de difficulté

• S'asseoir tranquillement en relâchant le ventre et le bas-ventre.

• Boire un ou deux verres d'eau tiède à jeun.

• Ou masser son abdomen (voir page 54).

Ce qui facilite un bon transit intestinal

• Une alimentation et une hydratation équilibrées.

• La pratique régulière d'une activité physique.

Une bonne sudation purifie et régénère

La transpiration libère les toxines de la peau et permet ainsi un nettoyage en profondeur de l'organisme. L'effort physique intense, la tenue de certaines postures en yoga, la pratique de certaines techniques respiratoires ou encore l'usage du sauna ou du hammam favorisent la production de chaleur, facteur de sudation. De plus, le fait de transpirer stimule les muscles et les organes, provoque la dilatation des vaisseaux et un accroissement de la circulation sanguine. Les organes sont mieux irrigués, le rythme cardiaque s'accélère légèrement, le cœur se tonifie. La sudation réveille l'énergie et positive notre mental. Il ne s'agit pas, pour autant, d'aller jusqu'à l'épuisement pour transpirer… mais de suer à sa mesure et à bon escient.

Mais la prudence s'impose ! Le sauna et le hammam sont ainsi déconseillés aux personnes qui ne sont pas en bonne santé, qui souffrent de maladies cardio-vasculaires ou de troubles de la circulation sanguine. Le sauna ne convient également pas aux asthmatiques, aux personnes ayant des troubles respiratoires et aux femmes enceintes.

ZOOM

Le bain dérivatif détoxique efficacement

Louis Khune, à la fin du XIXe siècle, décrit et vante les bienfaits de cette technique connue des Chinois et des Guinéens depuis des millénaires. Le bain dérivatif combine l'action de la fraîcheur à celle de la friction.

Il s'agit de rafraîchir à l'eau froide la partie la plus basse des deux plis de l'aine, au niveau de l'entrejambe.

● *Le bain dérivatif et ses précieux effets*

Cette méthode qui fait appel à l'eau non seulement participe au nettoyage interne mais aussi soigne les problèmes de constipation, agit sur le tonus et la qualité du sommeil, donne une meilleure résistance aux variations de température et aux infections, remodèle la silhouette et diminue les désagréments de la ménopause.

● *La méthode classique :*

Bien couverte, installée dans la salle de bains bien chauffée, on trempe un gant de toilette dans l'eau fraîche, mais ni froide ni glacée, et on tapote en douceur (ou on le fait glisser) le long des deux plis de l'aine qui part de chaque côté du pubis jusqu'à l'anus, en un geste continu de va-et-vient entre l'eau fraîche et la zone à rafraîchir.

Puis on revient en sens inverse sans dépasser l'os du pubis et surtout sans aller jusqu'au nombril. À pratiquer au moins pendant 10 minutes. La séance peut être renouvelée une fois par jour, voire plus pour celles qui voudraient remodeler leur corps.

ZOOM (suite)

Le bain dérivatif et ses précieux effets

Cette méthode qui fait appel à l'eau non seulement participe au nettoyage interne mais aussi soigne les problèmes de constipation, agit sur le tonus et la qualité du sommeil, donne une meilleure résistance aux variations de température et aux infections, remodèle la silhouette et diminue les désagréments de la ménopause.

La méthode classique :

Bien couverte, installée dans la salle de bains bien chauffée, on trempe un gant de toilette dans l'eau fraîche, mais ni froide ni glacée, et on tapote en douceur (ou on le fait glisser) le long des deux plis de l'aine qui part de chaque côté du pubis jusqu'à l'anus, en un geste continu de va-et-vient entre l'eau fraîche et la zone à rafraîchir. Puis on revient en sens inverse sans dépasser l'os du pubis et surtout sans aller jusqu'au nombril.
À pratiquer au moins pendant 10 minutes.
La séance peut être renouvelée une fois par jour, voire plus pour celles qui voudraient remodeler leur corps.

On peut faire cette technique assise sur le bord d'un bidet (hélas ! rare aujourd'hui dans nos salles de bain) ou debout devant son lavabo.

À qui s'adresse cette technique ?

À toutes les personnes qui n'ont pas de problèmes de santé, quel que soit leur âge. Lors des premiers bains dérivatifs, peuvent apparaître des petits boutons, une grande fatigue, une douleur qui revient à cet endroit-là. Mais, en général, au bout d'une semaine, ceux ou celles qui le pratiquent ressentent un mieux-être, plus d'énergie, un meilleur sommeil, moins de stress...

À quel moment pratiquer le bain dérivatif

Loin des repas de préférence. Les personnes très actives peuvent le faire le matin avant de faire leur toilette ou le soir avant de se coucher.

Précautions à prendre

À déconseiller aux gens malades ou très fatigués.

Éviter de prendre une douche froide, un bain froid ou un bain de siège glacé après la séance.

Bien se réchauffer ensuite.

Astuces

Vous pouvez faire de ce bain un moment agréable en écoutant de la musique par exemple ou en faisant brûler un peu d'encens dans la pièce.

trucs malins

PLUS FACILE À UTILISER, LA POCHE DE GEL

L'utilisation de poches de gel est avantageuse, car il apparaît que ce qui nous fait le plus de bien n'est pas la friction mais la fraîcheur au périnée. Glissez la poche de gel fraîche au fond de votre slip en la plaçant de manière à rafraîchir la zone concernée. Il est conseillé de la garder au moins une heure. C'est pratique en vacances, en voyage, à la maison. Vous avez le choix de rester inactive ou de marcher, ou encore de vaquer à vos activités diverses et variées, tandis que vous laissez agir la poche de gel. Et comme dans la version classique, habillez-vous chaudement et ne prenez pas froid ensuite. Ces poches de gel sont vendues en pharmacie.

Pour en savoir plus : lire l'ouvrage de Marie Guillain – Éditions Jouvence

MON ASTUCE PERSONNELLE :

Voici comment je m'inspire de cette technique ou de celle des bains de siège pour l'adapter à mon hygiène de vie personnelle :

Je termine ma douche par un rinçage (eau chaude ou eau froide selon l'inspiration du moment) et je passe un jet d'eau froide sur l'entrejambe en suivant le trajet indiqué ci-avant pendant quelques secondes. Je m'essuie avec une serviette très chaude. Cela me donne du tonus !

2e ÉTAPE : J'ACTIVE MON ÉNERGIE VITALE

On vient de le voir, le b.a.-ba d'une bonne hygiène de vie consiste à libérer sa respiration dès le réveil par des exercices ou des techniques respiratoires inspirés du yoga, du Qi Gong, du Taï Chi... Pour les Orientaux, la respiration ne se limite pas à un simple approvisionnement d'oxygène, elle nous relie à notre être profond, à notre environnement et au cosmos, avec des effets très positifs sur notre santé.

Les exercices physiques quant à eux, nous font travailler sur l'étirement et l'assouplissement de nos articulations, ainsi que sur la tonification et le renforcement de nos muscles, également important pour notre bien-être physique et mental quotidien.

Extraordinaire pour la santé, la rétractation du ventre à jeun

Cette technique peu connue en Occident est pourtant largement pratiquée en Orient. Elle s'avère extraordinairement efficace pour décongestionner les organes et les rendre plus toniques. En quelques minutes seulement, cette technique simple et rapide effectue un nettoyage complet de tous les organes internes. Elle procure à la fois une grande détente et beaucoup d'énergie. Vous sentirez d'ailleurs la chaleur monter au cours de l'exercice.

Les yogis comme les médecins chinois conseillent de pratiquer cet exercice deux à trois fois par jour, à jeun ou loin des repas (au moins deux heures après avoir mangé). La réaliser une fois par jour, de préférence le matin à jeun, c'est déjà bien !

conseils malins

LA RETRACTATION DU VENTRE, UNE TECHNIQUE DÉTOXIFIANTE EXTRAORDINAIRE POUR LA SANTÉ*

1. J'expire à fond par la bouche

Expirez à fond par la bouche et penchez-vous aussitôt en avant, les jambes écartées de la largeur du bassin et fléchies, les mains sur vos cuisses au dessus des genoux. Le menton dans la gorge, étirez au maximum votre colonne. Tout en retenant votre respiration, « aspirez » vos organes vers le haut en ouvrant votre cage thoracique puis relâchez votre ventre. À noter que cette rétraction n'est pas une contraction des abdominaux mais une aspiration interne des organes. Effectuez deux à trois fois cette rétraction-détente des organes, les poumons vides.

2. Je me redresse en inspirant par le nez.

3. Je fais une courte pause puis je reprends l'ensemble des mouvements 3 ou 4 fois.

À noter que si l'on réduit le temps de pause, on fait monter la chaleur et, de ce fait, l'énergie.

Cette technique vous donne une conscience aiguë de votre abdomen, sensation particulièrement importante chez la femme. Effectuée de bon matin, elle stimule tout votre système digestif, réveille et facilite le fonctionnement de vos intestins.

* enseignée par Jean-Louis et Francis Gianfermi, professeurs de yoga.

L'arbre, exercice de Qi Gong, pour augmenter mes performances physiques et mon endurance

Les Chinois qui pratiquent les arts martiaux s'exercent au Qi Gong pour améliorer leurs performances et la maîtrises de leurs gestes. Ils obtiennent ainsi une meilleure résistance physique à l'effort, une bonne détente musculaire et récupèrent plus vite.

La posture de l'arbre est un exercice qui vous permettra, au fil du temps, d'améliorer vos capacités physiques et votre endurance. À pratiquer de préférence le matin.

Debout, les genoux fléchis à la verticale de la pointe des pieds, rétractez votre bas-ventre et arrondissez vos cuisses. Avancez vos bras devant vous à la hauteur de la poitrine, légèrement arrondis, comme si vous teniez un ballon. Vos épaules, vos bras et vos poignets sont détendus. Votre menton est rentré et votre tête comme suspendue à un fil. Parfaitement immobile, mais souple, vous devez avoir la sensation d'être en apesanteur. Respirez tranquillement.

mon conseil

Commencez par garder la position quelques dizaines de secondes puis augmentez progressivement en fonction de vos capacités. Le plus important est d'avoir conscience de votre respiration plutôt que de vouloir tenir la posture.

conseils malins

AVANT DE COMMENCER CHAQUE SÉANCE D'ÉTIREMENT OU DE MUSCULATION

Pieds parallèles et écartés à la largeur des hanches, ancrez la plante des pieds dans le sol pour allonger la colonne vertébrale. La tête est dans l'alignement de la colonne vertébrale, la nuque longue et le cou détendu. Allongez les doigts vers le bas. Rentrez légèrement le ventre et basculez les épaules en arrière. Respirez tranquillement en vous concentrant sur votre souffle et portez votre regard au loin. Posture à maintenir le temps de 4 à 5 respirations.

Cette posture est la base de toutes les autres car elle vous apprend à vous centrer, à trouver calme, stabilité et fermeté.

Pour bien terminer chaque séance

Allongez-vous sur le sol, les bras au-dessus de la tête, les pieds flexes. Inspirez puis, sur une apnée, étirez-vous au maximum, en contractant tous les muscles (visage, fessiers, ventre, bras, pieds...) et en plaquant sur le sol, lombaires et cervicales. Expirez tranquillement en relâchant tous vos muscles. Recommencez une deuxième fois si nécessaire.

Les accessoires et la tenue

Un tapis est recommandé sans être pour autant indispensable. Quant à la tenue, elle doit être simple. Portez des vêtements ni trop larges, ni trop serrés. Si vous optez pour le yoga ou le Qi Gong, exercez-vous pieds nus.

Exercices et postures pour ne pas rouiller

Je travaille ma souplesse

L'amplitude de vos mouvements, la grâce de vos déplacements révèlent votre souplesse. Elle dépend principalement de vos muscles et de votre capital génétique. Si vous êtes raide, rien n'est perdu, car la souplesse s'acquiert en la cultivant au quotidien. Il suffit de bouger tous les jours, de faire quelques mouvements appropriés, de veiller à bien positionner votre corps.

Je m'étire en croissant de lune (posture de yoga)

Debout, levez les bras au-dessus de la tête, la paume de la main droite tournée vers le ciel. Attrapez le poignet droit avec la main gauche.

Sur une inspiration, allongez au maximum votre bras droit et sur l'expiration, étirez-vous en vous penchant du côté gauche. Revenez à la verticale et faites la même chose de l'autre côté.

Bénéfices : cette posture étire les muscles du dos et des bras, et affine la taille.

Je fais des flexions

1er exercice : étirement des jambes

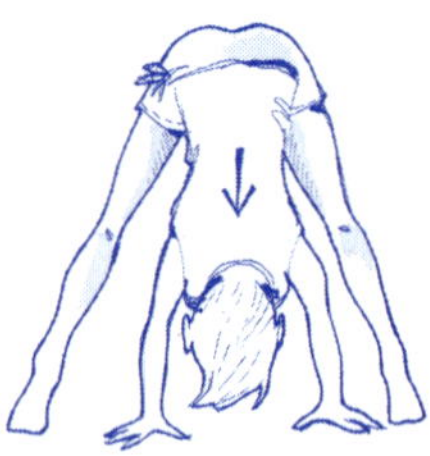

Debout, les jambes écartées d'environ un mètre, inspirez. Sur l'expiration, inclinez-vous en avant à partir des hanches et en essayant de toucher le sol avec vos doigts ou vos paumes de main. Les jambes tendues, pointez les os des hanches vers le haut tout en allongeant la colonne vertébrale vers le bas. Veillez à ce que vos pieds soient stables et touchent le sol sur toute la surface de la plante ; la nuque est relâchée. Respirez tranquillement. Maintenez la position quelques secondes. Puis, sur une inspiration, revenez à la verticale.

Cette posture de yoga étire les jambes et repose l'esprit.

2e exercice : flexion du buste

Assise les jambes écartées à 90°, les bras posés sur le sol devant vous, penchez lentement votre buste en avant. Contractez les muscles de vos cuisses tout en étirant votre dos. Maintenez la position quelques secondes. Quand vos muscles se relâchent, sur une expiration penchez-vous un peu plus… et ainsi de suite en fonction de vos possibilités. Et surtout, ne forcez pas, notamment si vous êtes fragile du dos. Il ne s'agit pas d'un exercice musculaire, mais d'un exercice de lâcher prise.

3e exercice : étirement de la taille

Assise sur une chaise, les jambes légèrement écartées afin d'avoir une bonne assise, levez un bras au-dessus de votre tête, en veillant à qu'il touche votre oreille. Posez votre autre main sur la cuisse et descendez doucement sur le côté opposé à la main levée, en expirant. Restez dans la position une minute en respirant calmement. Sur une inspiration, remontez et faites le même mouvement de l'autre côté. Cet exercice fait travailler les épaules et les dorsaux tout en étirant la taille.

4e exercice : assouplissement du dos

Voici un exercice facile à exécuter lorsque vous avez la sensation d'en avoir plein le dos :

À genoux au sol, les fesses posées sur les talons, le buste droit, inspirez.

Puis, expirez en vous penchant lentement en avant, en allongeant au maximum vos bras devant vous et en posant le ventre sur vos cuisses. Respirez tranquillement dans cette position et remontez sur une expiration.

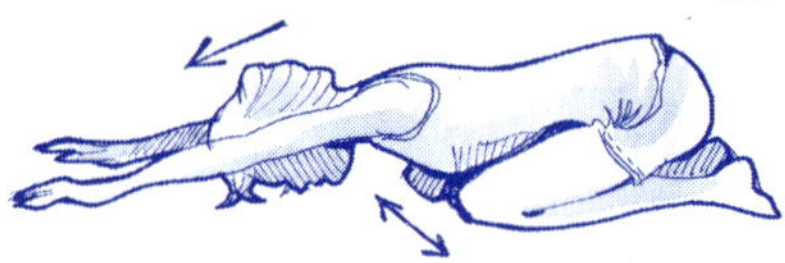

Des jambes fuselées

Sur une inspiration (par le nez), mettez-vous sur la pointe des pieds. Tenez la position quelques secondes en respirant bien, puis posez vos pieds à plat en vous relâchant bien.

Pliez vos jambes jusqu'à vous retrouver en position accroupie, en expirant lentement. Restez dans cette position quelques secondes, en effectuant quelques respirations tranquilles et en relâchant tous vos muscles, y compris le périnée.

Cet exercice à la fois simple et rapide fait travailler le dos, le ventre, les fessiers, les seins, les jambes et le périnée.

De belles épaules

Position de départ : debout, jambes écartées de la largeur des épaules, bras le long du corps, épaules basses.

Levez les bras latéralement au-dessus de la tête en inspirant et en gardant les épaules basses. Baissez les bras de la même façon en expirant.

À effectuer lentement une dizaine de fois.

Une taille fine

Position de départ : debout jambes écartées de la largeur des hanches, bras tendus de chaque côté, dos droit.

Mouvement : levez le bras droit au-dessus de la tête et sur une inspiration, inclinez votre buste à gauche sans bouger le bassin. Laissez votre taille s'allonger sur chaque expiration.

Faire 10 étirements d'un côté, puis 10 étirements de l'autre.

Exercices pour tonifier ses muscles

De beaux mollets

Avec des talons plats, monter les étages sur la pointe des pieds. Cet exercice tonifie les mollets.

De beaux bras

Position de départ : les pieds au sol, posez vos mains sur le plateau de la chaise, dos à la chaise. Vos jambes sont fléchies à 90°, les doigts parallèles au corps. Veillez à ce que votre dos soit droit.

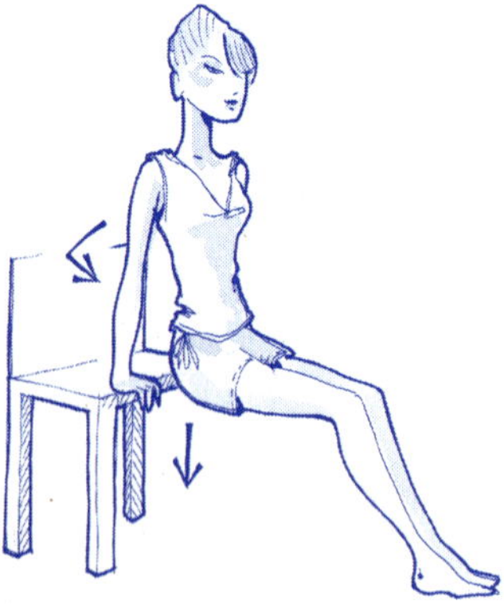

En fléchissant les bras, descendez le plus bas possible et gardez la position environ 8 secondes en respirant profondément. Puis remontez lentement. Cet exercice exige un effort musculaire intense.

conseils malins

LE PETIT PLUS

Vous pouvez intensifier le mouvement en avançant les pieds. Exercices à pratiquer très lentement.

Un dos droit et des cuisses musclées

Position de départ : allongée sur le dos, mettez les bras le long du corps, les paumes de main au ciel, et les jambes à la verticale, talon contre talon.

Écartez les jambes de chaque côté, en les maintenant à la verticale. Si vous le pouvez, faites toucher les pointes de pied au sol. Puis remontez sur une expiration en contractant le ventre.

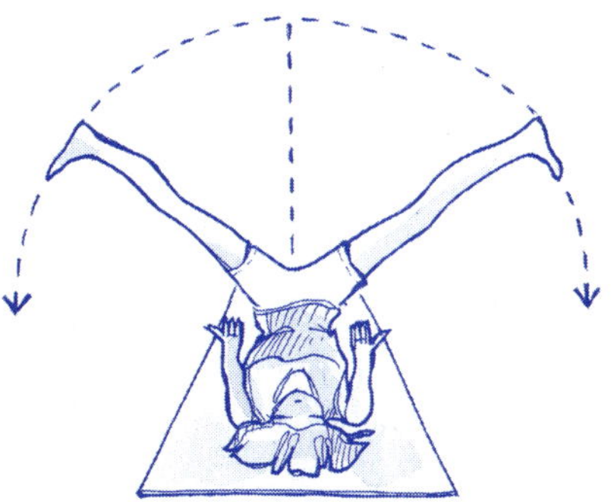

Un ventre musclé

Position de départ : allongée sur le dos, le buste légèrement relevé, bras tendus ou pliés derrière la nuque, la jambe droite fléchie à angle droit.

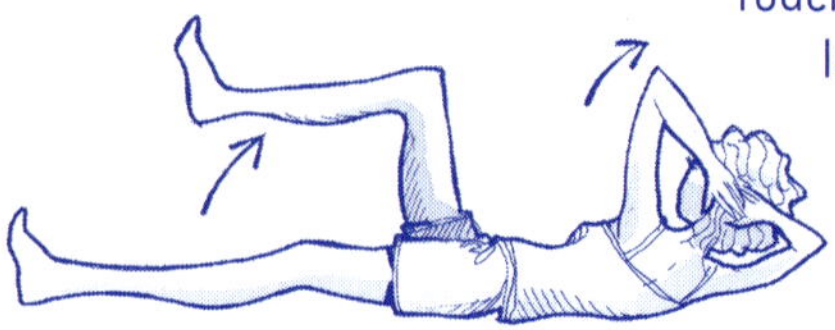

Touchez du coude gauche le genou droit en expirant, tandis que la jambe gauche est vers le sol. Tenez 4 secondes, inspirez en revenant à la position initiale, puis changez de côté et faites de même. Réalisez 3 séries de 4 mouvements.

De solides abdos

Position de départ : allongée sur le dos, jambes fléchies, plantes des pieds au sol, menton rentré et mains au niveau des oreilles.

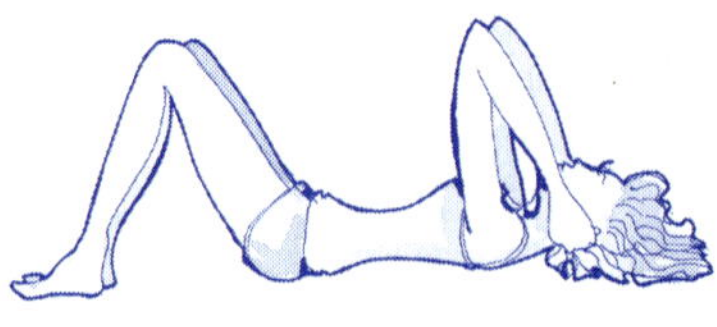

Sur une expiration, relevez le buste tout en montant votre bassin (sans décoller les fesses) et en essayant de poser les coudes sur les genoux. Puis, redescendez progressivement, en posant la tête et les épaules au sol. Faites 3 à 5 séries de 10.

mon conseil

Expirez en remontant votre buste, inspirez en relâchant. Pour travailler les abdominaux, c'est le buste qui doit se lever, et pas les genoux. Surtout, ne tirez pas sur la nuque !

Des fesses fermes

Position de départ : à genoux, les coudes au sol.

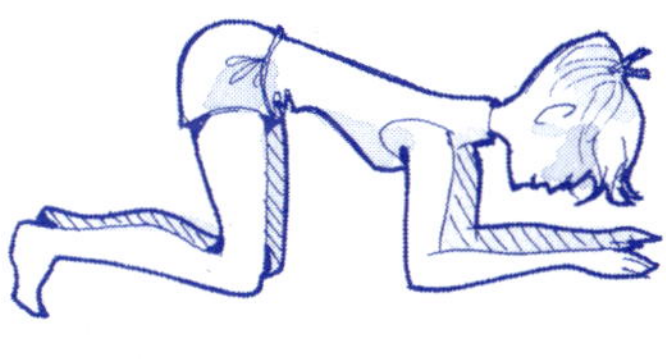

Ramenez le genou droit sous la poitrine puis envoyer la jambe à l'arrière, en serrant bien les fesses et en veillant à ce que le pied et le genou soient au-dessus

des fesses, afin que la contraction soit à son maximum. Puis faites de même avec l'autre jambe.

Réalisez deux séries de 30 répétitions.

mon conseil

Gardez la tête dans le prolongement du corps et maintenez la jambe bien droite dans l'axe de départ, afin de ne pas travailler sur l'articulation de la hanche.

Deux postures inversées pour se régénérer et avoir les idées claires

Les pieds en l'air et la tête en bas nous font voir la vie sous un autre angle et régénèrent le corps tout entier : cette posture oxygène les organes internes et irrigue le cerveau grâce à l'afflux rapide du sang vers le cœur. Idéal pour se désintoxiquer et retrouver la sérénité, les idées claires et une bonne concentration.

La charrue

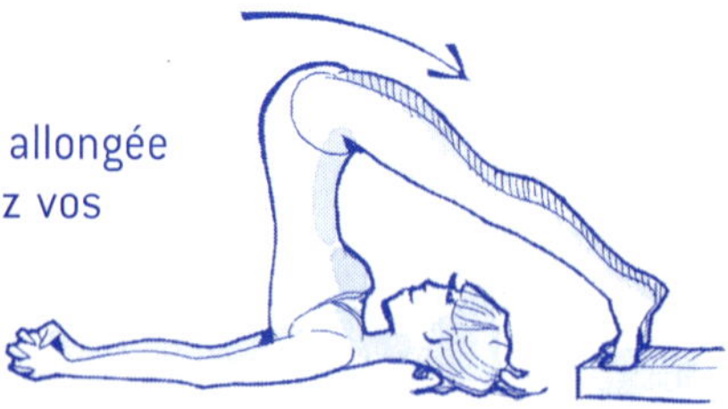

Position de départ : allongée sur le dos. Remontez vos jambes vers l'arrière de façon à ce que vos orteils touchent le sol et que votre bassin soit placé au-dessus des épaules. Gardez bien le haut du corps à la verticale. Si vous avez des difficultés à poser vos pieds sur le sol, posez-les sur un support ou écartez légèrement les jambes. Allongez vos bras en croix ou, si vous préférez, derrière votre dos. Et respirez tranquillement. Sans décoller la tête, déroulez ensuite lentement votre dos en posant chaque vertèbre les unes après les autres. Cette posture est excellente pour le cœur, les organes abdominaux et le système hormonal.

La chandelle

Partez de la position de la charrue et placez les mains dans le dos, en tendant les jambes à la verticale. Étirez le corps vers le haut pour éviter la pression sur la tête et les épaules. Il n'est pas nécessaire d'avoir les jambes tendues, ce qui compte avant tout c'est d'avoir le bassin au-dessus des épaules. Cette posture est l'une des plus bénéfiques du yoga en terme de régénération du corps et de l'esprit.

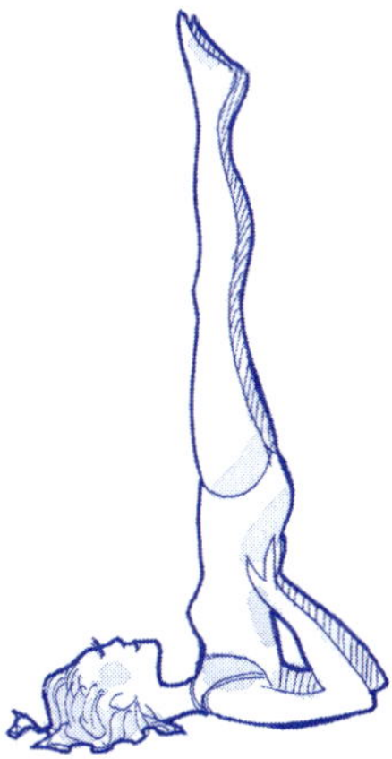

Recommandation

À pratiquer lorsqu'on est en bonne santé, le ventre vide, de 1 à 5 minutes sur un sol non glissant. Si vous toussez ou avez du mal à respirer, sortez immédiatement de la posture.

Ne tournez pas la tête quand vous êtes dans cette position.

Terminez par la posture du poisson

Dans la charrue et la chandelle, toute respiration thoracique et claviculaire est exclue. Il faut donc contrebalancer leur action par cette contre-posture qui permet de ramener le centre de gravité au milieu du corps et de retrouver une meilleure ventilation des poumons.

Position de départ : assise au sol, jambes étendues devant vous.

Posez successivement vos deux coudes sur le sol en vous appuyant dessus. Puis, poussez la poitrine en avant et vers le haut tout en renversant la tête et en regardant derrière vous, comme pour voir le monde à l'envers. Creusez bien les reins et laissez tomber votre tête sur le sol en déplaçant vos coudes vers l'avant. Vous devez former un arc partant du sommet de la tête et allant jusqu'aux fessiers. Tenez la pose pendant 5 à 10 respirations profondes. Pour sortir de la pose, relâchez votre dos afin de vous coucher au sol.

Un massage des pieds pour booster le moral

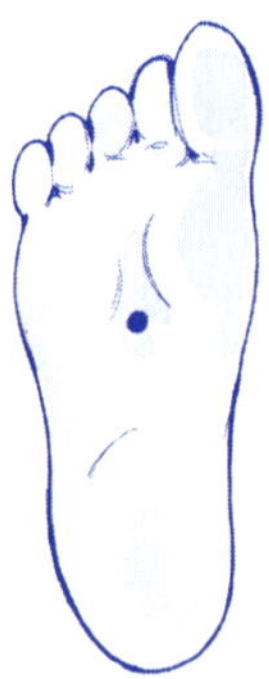

Les vieux sages Chinois conseillent de masser les deux pieds au petit matin. En particulier le point d'acupuncture nommé « source jaillissante » situé sur la partie supérieure de la voute plantaire. Ce point appartient au méridien des reins et correspond au plexus solaire. Un massage doux permet de remonter l'énergie de base, de fortifier les reins et de tranquilliser l'esprit. Épatant pour se donner une bonne mine et un moral d'acier pour la journée !

3e ÉTAPE : JE FAIS UNE TOILETTE COMPLÈTE POUR ÊTRE AU TOP DE MA FORME

Je nettoie mon nez

Les adeptes du yoga se nettoient le nez chaque matin. Pour cela, ils utilisent une petite poire qu'ils remplissent avec de l'eau tiède légèrement salée. Ils aspirent très délicatement (pour préserver les sinus) l'eau par une narine, en penchant légèrement la tête pour que l'eau s'écoule naturellement par l'autre narine. Puis ils font la même chose avec l'autre narine. Plus simplement, on peut aspirer par les narines une toute petite quantité d'eau salée, en veillant qu'elle n'aille pas dans les sinus.

Cette pratique préserve de la sinusite et des problèmes oculaires ; elle favorise l'immunité et élimine les rhumes.

Des yeux plus vifs !

Chaque matin et chaque soir, rien de tel pour fortifier les yeux que de les rincer à l'eau fraîche ou à l'eau de bleuet en ouvrant et en fermant les paupières plusieurs fois. Ce jet rafraîchissant active la circulation et stimule les muscles et les terminaisons nerveuses.

Je nettoie ma langue

Les Indiens ont coutume d'éliminer la pellicule blanchâtre qui se dépose sur la langue durant la nuit. Ils suppriment ainsi les toxines et purifient l'organisme des déchets de la veille. Utilisez pour cela votre brosse à dents ou l'arête d'une cuillère à café. Grattez doucement.

Je me brosse les dents pour une bonne hygiène dentaire

Une bonne vieille méthode consiste à se brosser les dents avec un mélange de sel fin (3/4) et de bicarbonate de soude (1/4). L'Ayurvéda conseille d'utiliser une pâte de dentifrice amère, piquante, âcre ou salée pour éliminer les toxines de la bouche. Terminez par des gargarismes d'eau douce ou légèrement salée.

J'utilise le fil dentaire pour des gencives saines

L'utilisation du fil dentaire est bien utile pour déloger les bactéries des espaces interdentaires, très difficiles à atteindre avec une brosse à dents, et pour garder ainsi une haleine fraîche.

Une hygiène dentaire adaptée à la vie moderne

Quelques gouttes d'essences naturelles de fenouil, de menthe et de lavande dans un verre d'eau chaude permettent d'effectuer un excellent bain de bouche. En complément, vous pouvez masser vos gencives avec le Tégarome du Dr Valmet, un mélange d'essences qui améliore la vascularisation et renforce les défenses naturelles, sans nuire à la composition de la salive.

J'asperge ma nuque d'eau fraîche

Au saut du lit, passez votre nuque sous l'eau froide du robinet. Ce geste exemplaire permet de réveiller son cervelet et d'éclaircir ses idées.

Je me débarbouille

Indispensable, le nettoyage du visage chaque matin élimine les impuretés de la nuit. Il est recommandé d'éviter les produits ou les savons agressifs. Vous pouvez, par exemple, utiliser un lait nettoyant et rincer avec une eau florale (thym, rose, camomille...) ou tout simplement avec de l'eau fraîche.

La magie d'un petit massage matinal

Pour réactiver la circulation et détendre notre visage, un massage rapide et léger fera l'affaire et, surtout, produira de beaux effets. Mélangez quelques gouttes d'huile de noyau d'abricot dans le creux de la main puis effectuez des massages circulaires et très doux, dirigés vers l'extérieur et de bas en haut du visage. Commencez par le cou et le menton, puis remontez sur les joues.

Des gestes minuscules et puissants

De petits tapotements sur toutes les parties du visage, effectués pendant quelques secondes, du bas du visage jusqu'au sommet du front, sont également bénéfiques.

Je brosse mon corps à sec

Une brosse en poils naturels munie d'un manche amovible fait l'affaire. Ce brossage à sec est un véritable massage du corps, aux multiples avantages : il favorise l'élimination des cellules mortes de la peau, lui redonne de l'éclat, active la circulation sanguine, participe à l'élimination de la cellulite… Véritable cure de jouvence, il améliore la texture du derme et renforce son immunité contre les infections.

On effectue ce brossage en respectant le sens des aiguilles d'une montre, en particulier au niveau de l'abdomen et des fessiers et en allant dans le sens du cœur. On commence par les pieds puis on remonte progressivement jusqu'au sommet de la tête, en évitant soigneusement de brosser les zones fragiles comme les seins, le cou et le visage. On peut utiliser la brosse pour le crâne, mais pour ma part, je préfère le frictionner avec le bout des doigts.

Avec une pratique régulière, la peau devient plus douce, plus tonique et le teint éclatant. Le corps se réchauffe et devient plus résistant particulièrement en hiver. Et tout autant que votre santé, votre humeur en profite pleinement !

Pensez à nettoyer régulièrement votre brosse à l'eau tiède, en utilisant un savon non détergent. Laissez-la sécher à l'air libre.

Je masse mon abdomen pour me détendre

Cette technique issue du Qi Gong prend quelques secondes seulement et apporte une grande détente. Posez la main droite sur le nombril et la main gauche sur la main droite. Puis effectuez un mouvement rotatif dans le sens des aiguilles d'une montre, en suivant bien le contour de votre abdomen, une dizaine de fois. Cette technique favorise la détente, libère les tensions abdominales et agit favorablement sur la constipation... À pratiquer sans modération !

La douche matinale, incontournable pour la forme

Dans le programme de la vie quotidienne, la douche a beaucoup d'importance. Elle purifie le corps en le débarrassant de ses toxines de la nuit. Elle chasse la somnolence ou la paresse du corps.

Le rinçage à l'eau froide, passeport pour une forme olympique

Terminer sa douche par un jet d'eau froide sur tout le corps active la circulation sanguine et stimule l'énergie. Le chaud-froid fait ainsi monter la température du corps. Commencez par asperger les pieds, les mollets, les cuisses et remontez jusqu'au visage. On ressent alors une grande détente doublée d'une forme étonnante. C'est excellent pour la vitalité physique et psychique. Cela donne en plus confiance en soi. On se sent capable de surmonter tous les obstacles de la journée !

Allez-y néanmoins progressivement et en adaptant la température de l'eau à ce que votre corps peut supporter, de façon à vous habituer au froid. Car passer du chaud à l'ultrafroid sans transition n'est pas toujours réalisable et parfois déconseillé à ceux qui souffrent d'un système veineux fragile ou de problèmes de santé (problèmes cardiaques, hypertension, hypotension, grande fatigue...).

JE DÉCIDE DE PASSER UNE BONNE JOURNÉE

Je me souris

Le sourire intérieur est idéal pour chasser toute pensée négative et déclencher la bonne humeur. Pour cela, avec une grande bienveillance pour vous, fermez les yeux et esquissez un large sourire en pensant à une situation agréable si besoin. Respirez tranquillement et conservez le sourire jusqu'à ce que les pensées négatives s'envolent et que le calme intérieur s'installe en vous.

Ma première pensée du jour

Le moment du réveil nous donne chaque jour l'opportunité de revenir sur notre existence et sur les points essentiels que nous souhaitons améliorer, transformer ou faire évoluer... Avoir conscience que chaque réveil est une invite à développer le meilleur de soi-même donne à chaque journée une importance capitale.

Je programme ma journée

Le réveil est un moment propice aux idées claires et à la réflexion personnelle. Dès que vous ouvrez un œil, essayez de déterminer le programme de votre journée, aussi précis et équilibré que possible. Il est important de bien définir l'objectif de chacune de vos actions.

Je dis toute ma gratitude à mes proches

Quelle joie de commencer chaque journée avec la certitude fondamentale d'aimer et d'être aimé. On pense à ceux que l'on aime, en les remerciant du fond du cœur et en se réjouissant intérieurement d'un tel trésor.

Je dirige mon regard vers quelque chose de beau

L'Ayurvéda conseille de regarder ce qui dégage de la beauté, de la pureté : des fleurs blanches par exemple, ou un très beau paysage, un tableau qui nous inspire, le ciel, un bel arbre, le vol d'une mouette...

Je me réjouis de ce que j'ai

Chaque matin, nous avons autant de raisons de voir notre vie sous un jour triste que joyeux. Regretter son passé, se plaindre d'une situation difficile, se focaliser sur un futur incertain entame notre capital énergétique et, par-dessus tout, nous fait oublier que la vie est infiniment fragile et précieuse. Il y a chaque jour matière à apprécier des êtres chers autour de nous, un métier, un talent qui nous porte, des amis fidèles, une maison agréable… C'est en s'exerçant à voir les choses du bon côté et en acceptant les soucis, les problèmes de santé, les difficultés professionnelles, les frustrations… comme inhérents à notre existence que l'on peut savourer la valeur et la beauté de chaque journée.

Au réveil, je fuis la moindre source de stress

Ni télévision, ni infos à la radio, ni téléphone ! Optez pour une musique douce, allègre, ou pourquoi pas le silence. Rien de tel pour aborder avec « fraîcheur » cette nouvelle page d'existence… !

J'adopte la tenue qui convient à mon activité du jour

La couleur, surtout en hiver, donne bonne mine et un moral au top ! Optez pour quelques touches colorées si vous êtes une inconditionnelle du noir ou une tenue décontractée si vous n'avez pas de rendez-vous professionnels !

Du rouge ou une couleur passe-partout ?

Pourquoi choisit-on une couleur ? Pour une infinité de raisons : inconscientes, culturelles, sociétales, d'époque, voire morales. Pour bon nombre de gens, les couleurs classiques comme le noir, le blanc, le gris, le marron, le beige… sont des couleurs honnêtes. Le rouge, c'est le feu, le sang, la violence. Auparavant, c'était la couleur des guerriers. Aujourd'hui c'est une couleur que les femmes apprécient. Elle leur donne plus de confiance en elles. Pour ma part, j'aime porter cette couleur quand je veux avoir la pêche !

L'indispensable petite touche de parfum

Nos aïeules accordaient une importance capitale au parfum qu'elles considéraient comme un élément fondamental de leur coquetterie féminine. Comme elles, sachez l'utiliser avec subtilité, en mettant deux gouttes derrière le lobe des oreilles, sur les épaules, dans les cheveux et, raffinement suprême, dans une poche, dans l'ourlet d'une doublure ou le pli d'une manche...

Les autres au cœur de mes attentions

Sourire du fond du cœur, dire bonjour, tenir une porte, laisser sa place dans le bus... autant de gestes de bon augure pour une nouvelle journée !

Je repense très fort à un souvenir agréable

Rien de tel que de se remémorer un événement heureux pour illuminer son visage et sa journée. Cet exercice chasse les tensions et détend les traits.

Je chante

Chanter et fredonner une chanson de temps en temps vous maintient en bonne santé et vous donne de la joie !

J'AI 10 MINUTES À ME CONSACRER

Je me réveille plus tôt

Comme il est bon de profiter de l'énergie du petit matin pour faire le point ou démarrer une nouvelle journée en prenant du temps pour soi ! Cela vaut bien l'effort d'avancer son réveil de quelques minutes.

J'apprivoise mon corps

Une balade mentale dans le corps en dit long sur celui-ci ! Fermez les yeux et commencez par contracter un orteil puis relâchez. Faites de même avec l'autre orteil. Crispez ensuite un mollet, puis l'autre et remontez ainsi dans votre corps jusqu'au sommet de la tête. Restez attentif à la moindre sensation. Chaque ressenti, qu'il soit agréable ou non, a de l'importance. Notez bien vos impressions. Grâce à la pratique régulière de cet exercice, vous découvrirez de nouvelles perceptions et vous vous sentirez plus proche de vos sens.

Je choisis ma priorité

Au réveil, il convient de s'interroger sur ses priorités et de choisir celles qui sont importantes pour la journée. Apprenez à distinguer ce qui est principal de ce qui ne l'est pas, ce qui peut attendre ou non...

Je m'exerce à sourire

On le sait, si des pensées négatives [un conflit latent, un problème insoluble, une douleur…] nous assaillent de bon matin, notre humeur va s'assombrir. Le sourire reste un moyen souverain pour les chasser instantanément et activer une bonne énergie. Sourire nous entraîne naturellement vers les projets plaisants de notre journée : un rendez-vous agréable, un déjeuner avec une vieille connaissance, un dîner avec notre amoureux…

Une respiration complète, idéale pour réveiller ma vitalité

On peut pratiquer la respiration complète à sa guise, dès qu'on en ressent le besoin : réveiller son énergie de bon matin, se détendre en toutes circonstances [avant un rendez-vous, une épreuve, pour se concentrer ou surmonter une peur, etc…]. Source d'innombrables atouts pour mieux vivre chacune de nos journées, elle est aussi, comme l'affirment les yogis, un gage de santé et d'éternelle jeunesse.

Chaque respiration se fait de la façon suivante :

1 – Inspirez par le nez en gonflant le ventre comme si vous faisiez rentrer l'air dans l'abdomen.

2 – Quand vous ne pouvez plus faire rentrer d'air dans votre ventre, continuez à emplir d'air les poumons en écartant progressivement les côtes.

3 – Lorsque les côtes sont ouvertes au maximum, remplissez d'air la zone sous-claviculaire, en soulevant les clavicules en direction du menton et en maintenant les épaules basses.

4 – Expirez par le nez en dégonflant dans un premier temps la zone sous-claviculaire, puis, le thorax et enfin l'abdomen.

mes recommandations

– Restez détendue pour effectuer cette respiration qui doit être fluide et confortable, sans aucune contraction de muscles quels qu'ils soient (mains, visage, cou...).

– Décomposez bien ces trois niveaux de respiration (abdominal, thoracique, claviculaire) en vous exerçant à les pratiquer de façon dissociée. Puis quand vous les aurez bien intégrés, vous pourrez les exécuter à la suite, de façon fluide, sans saccades et dans un seul mouvement.

– Veillez à ce que votre temps d'inspiration et d'expiration soit le même. Pour vous aider, comptez mentalement : 3, 4 puis 5 temps, jusqu'à 10 à l'inspiration et la même chose pour l'expiration.

– Renouvelez trois fois.

Je prépare mon petit déjeuner la veille

On prépare à l'avance tout ce qui peut l'être : mettre le couvert, sortir les confitures, le presse-fruits, le miel, les céréales. Le filtre peut être installé dans la cafetière, la théière prête à recevoir l'eau bouillie, les toasts installés dans le grille-pain... On gagne ainsi du temps et on a du plaisir à prendre son petit déjeuner sans avoir à le préparer.

JE DISPOSE DE 30 MINUTES POUR PRENDRE SOIN DE MOI

Encore allongée, je remercie mon corps d'être en bonne santé

Les vieux sages taoïstes affirment que les émotions négatives se nichent dans nos organes. Selon eux, on peut préserver sa santé avec une technique particulière qui consiste à se représenter mentalement ces derniers et à les stimuler avec bienveillance.

Dans votre lit, confortablement allongée sur le dos, gardez les yeux fermés et prenez conscience de votre corps. Imaginez chacun de vos organes (sexuels, colon, intestin grêle, estomac, rate, reins, pancréas, vésicule biliaire, foie, poumons, cœur, cerveau) de la façon la plus réaliste et la plus sensible possible. Puis emplissez-les, chacun à leur tour, d'un faisceau de lumière. Diffusez lentement cette énergie et notez bien vos sensations (chaleur, picotement, douleurs, gargouillis...). Et n'oubliez pas de remercier vos organes.

Avant de me lever, je masse ma « Source jaillissante »

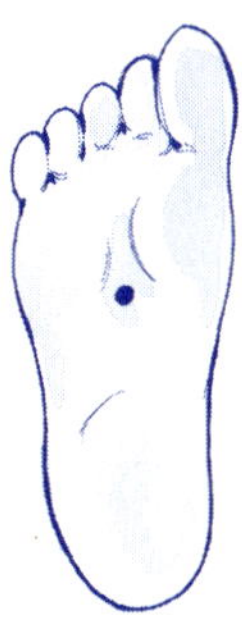

Ce point d'acupuncture correspond à la vitalité et au dynamisme. Dès le matin, au lit, avant même de poser vos pieds par terre, massez pendant une à deux minutes le point qui se situe sur la plante du pied dans le creux qui se forme quand on le recroqueville. À pratiquer sur les deux pieds.

Je marche 5 minutes d'un pas alerte

Faire le tour du pâté de maison, aller chercher du pain frais pour les bambins affamés, se promener pieds nus dans le jardin, ranger la maison... tout cela oxygène le cerveau et tonifie le corps. Une bonne façon de faire du sport sans s'en apercevoir.

Je réveille mon énergie, grâce à la demi-salutation au soleil

La salutation au soleil ressemble à un très joli ballet matinal composé d'un enchaînement de douze postures de yoga qui dynamisent, renforcent et étirent les muscles. Très efficace le matin à jeun, elle stimule l'énergie et favorise l'harmonie de la musculature et du squelette. Si vous voulez l'exécuter dans les règles de l'art, installez-vous face au soleil levant. Afin de vous familiariser avec cet enchaînement, je vous propose ici la version courte qui s'effectue en neuf mouvements.

Conseils préalables

– La fluidité des mouvements prime sur la performance. Commencez par effectuer à votre rythme deux à trois enchainements à la suite puis augmentez progressivement jusqu'à en faire une quinzaine en 5 minutes.

– La respiration et le mouvement doivent être synchronisés et effectués de façon très rythmée. Commencez par apprendre l'enchaînement des mouvements puis concentrez-vous sur la respiration en vous obligeant à la régularité, même si vous n'arrivez pas à exécuter cet enchaînement de façon parfaite.

– Inspirez et expirez par le nez.

– Le premier enchaînement s'effectue comme suit. En ce qui concerne le deuxième, faites les flexions de 4ème et de la 6ème posture avec l'autre jambe. Et ainsi de suite, en alternant jambe droite et jambe gauche dans les séries suivantes.

ZOOM

9 MOUVEMENTS

Position de départ : pieds joints, debout, les bras le long du corps, contractez les muscles des fessiers, ceux de la partie avant de la cuisse ainsi que les genoux. Bombez le thorax, serrez le ventre, étirez l'ensemble de la colonne vertébrale y compris les cervicales. Le poids du corps doit être équitablement réparti sur les deux pieds.

Inspirez par le nez.

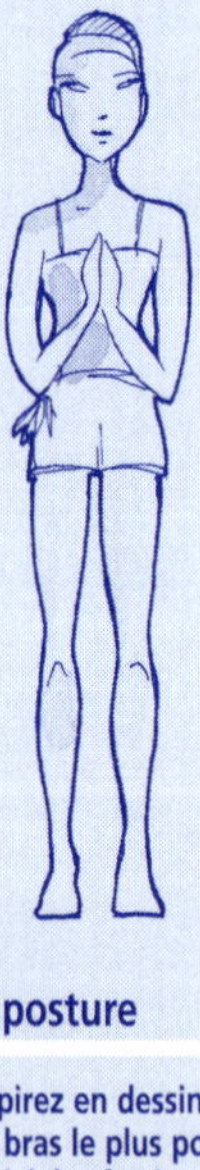

1re posture

Expirez en repliant les bras serrés sur la poitrine, les mains jointes.

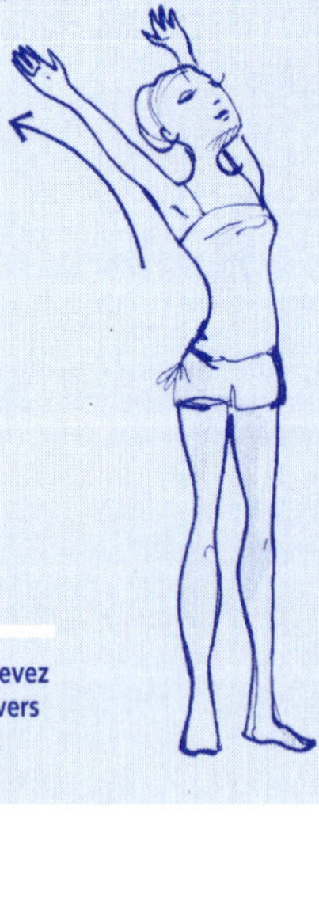

2e posture

Inspirez en dessinant avec votre corps un arc de cercle : levez les bras le plus possible en arrière, les paumes tournées vers le ciel, les fessiers et abdominaux légèrement contractés.

3e posture

Expirez en fléchissant le buste en avant, les mains au sol, la nuque relâchée. Les jambes doivent être tendues et votre poitrine toucher vos jambes. Ne visez pas pour autant la perfection, effectuez ce mouvement selon vos capacités et sans forcer. C'est avec la pratique que vous acquerrez de la souplesse.

4e posture

Inspirez en fléchissant la jambe droite et en restant en appui sur elle, les mains au sol et les bras dans le prolongement de la tête. La jambe gauche est allongée à l'arrière, le genou sur le sol et le pied posé sur les orteils. Étirez bien le buste et le menton vers le ciel.

ZOOM

5e posture

Expirez en glissant votre jambe droite à l'arrière, en pointant les fesses vers le haut et en élevant le bassin à l'arrière. Étirez bien le dos, si possible sans décoller les talons du sol, les bras dans le prolongement du dos, les épaules basses et la tête bien relâchée.

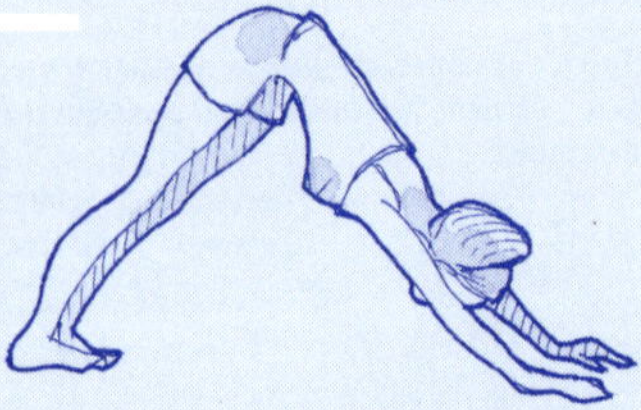

6e posture

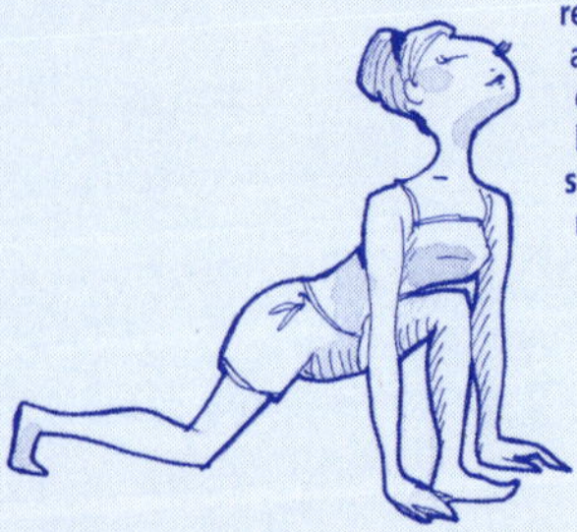

Inspirez en fléchissant la jambe gauche et en restant en appui sur cette jambe, les mains au sol et les bras dans le prolongement de la tête. La jambe droite est allongée à l'arrière, le genou au sol et le pied posé sur les orteils. Étirez bien le buste et le menton vers le ciel.

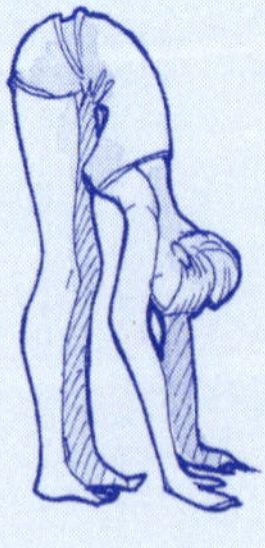

7e posture

Expirez en vous relevant tout en fléchissant le buste en avant, les mains au sol, la nuque relâchée. Les jambes doivent être tendues et votre poitrine si possible toucher vos jambes.

8e posture

Inspirez en vous redressant et en étirant les bras à l'arrière, les paumes de main tournées vers le ciel.

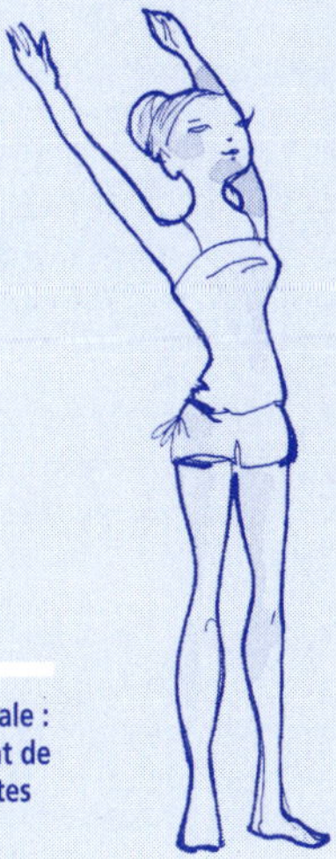

9e posture

Expirez en reprenant la position initiale : debout, la tête dans le prolongement de la colonne vertébrale, les mains jointes sur la poitrine.

Do-in revitalisant, si je me sens fatiguée

Cet exercice prend 5 minutes à peine. Il s'agit de tapoter le corps avec les doigts pour faire circuler le sang et le Qi (l'énergie) dans le corps, relaxer le corps et, éventuellement, identifier les zones qui ont besoin d'être stimulées.

Posture de départ : debout, jambes écartées de la largeur des épaules, épaules basses et détendues, tête dans l'alignement de la colonne vertébrale.

1 • Commencez par tapoter et frictionner l'arrière du cou et du crâne. Puis massez le visage avec la paume des mains.

2 • Continuez avec le cou, la gorge, le haut de la poitrine que vous frottez avec les doigts.

3 • À l'aide du bras droit, tapotez l'épaule gauche en essayant d'aller aussi loin que possible pour faciliter ce geste, soutenez le coude avec la main gauche. Faites la même chose avec l'autre bras.

4 • Pour les deux bras, tapotez l'intérieur du bras de haut en bas puis remontez par l'extérieur (à faire trois fois).

5 • En expirant, tapotez les pectoraux.

6 • Penchez-vous en avant et martelez doucement avec vos poings le bas du dos, des hanches vers les fesses et inversement (à faire trois fois).

7 • Tapotez l'extérieur de vos jambes de haut en bas et remontez de même par l'intérieur (à faire trois fois).

8 • Frottez vigoureusement vos chevilles, en commençant par la droite.

9 • Relevez-vous lentement, en soutenant votre dos et étirez-vous au maximum en regardant le ciel.

10 • Reprenez votre position de départ, fermez-les yeux et respirez profondément. Profitez de ce moment de détente, tout en demeurant attentive à vos sensations. Vous voilà prête pour démarrer votre journée avec énergie !

Je prends le temps de petit-déjeuner

Le petit déjeuner doit être un moment de plaisir et non de contrainte. Une fois n'est pas coutume, un vrai petit déjeuner à l'anglaise apporte la note de fantaisie propice à égayer votre matinée. Un petit déjeuner copieux et équilibré composé d'un jus de fruit frais, (pamplemousse, orange, citron...), de tartines beurrées, d'un œuf à la coque ou brouillé, le tout accompagné d'un thé vert, vous fournit votre ration de vitamines, de minéraux, de sucres lents et de protéines pour tenir sans craquer jusqu'au déjeuner et avoir la forme pour la journée.

conseils malins

UN PETIT DÉJEUNER ÉQUILIBRÉ SELON ROBERT MASSON, NATUROPATHE

Il faut au moins deux repas équilibrés par jour, le midi et le soir, si le mode de vie est, disons, " classique ". Si le repas de midi est incomplet ou pris sur le pouce, il faut veiller d'autant plus à l'équilibre alimentaire du petit-déjeuner et du dîner.

Prendre par exemple au petit-déjeuner :

- pain + viande froide (ou œufs ou jambon),
- + un demi ou un verre de jus de légumes pressés au mixer,
- + une infusion ou malt ou thé ou café.

Le footing, un formidable stimulant

Le footing, comme tout exercice d'endurance, permet de relâcher ses tensions, d'activer son tonus et de préserver ses capacités cardio-vasculaires. Notre organisme doit piocher dans ses réserves et brûle ainsi du gras. La bonne dose : au moins 30 minutes une ou deux fois par semaine, dans un état qui nous maintient à la limite de nos capacités et pas plus. Un conseil : pour ne pas terminer un footing sur les rotules, faites-le en compagnie de quelqu'un... et courez en conversant, à votre rythme, pendant au moins 20 minutes, sans essoufflement.

La sécrétion d'endorphines induite par le footing a, comme autre avantage non négligeable, de vous rendre de plus en plus sensible aux petits plaisirs de la vie, à un sourire, à une lecture, à un moment vécu avec une amie, au partage d'un repas... comme s'il était plus facile d'être satisfait.

Un footing dans les règles de l'art

L'essentiel, c'est de vous faire plaisir et d'y aller progressivement. Pensez à échauffer vos articulations. Il s'agit de passer de l'état de repos à celui du travail musculaire sans aucun risque pour le corps.

Avant de sortir à l'extérieur

Chevilles : faites des élévations alternatives sur les pointes de pied.

Genoux : effectuez des rotations, jambes jointes et mi-fléchies, dans un sens puis dans l'autre.

Bassin : faites des inclinaisons latérales. Jambes écartées d'environ un mètre, une main posée sur la cuisse droite, étirez le bras gauche en vous penchant du côté gauche. Puis faites de même avec l'autre bras.

Épaules : effectuez de grands mouvements circulaires avec les bras, en avant et en arrière.

Avant de courir

Commencez par marcher puis faites quelques petits étirements lents pendant 30 secondes suivis de 30 secondes de relâchement, durant environ 5 minutes. Trottinez également pendant quelques secondes avant de démarrer votre footing.

Pendant la course

Commencez par une allure douce ou bien alternez des changements de rythme : 30 secondes avec une bonne aisance respiratoire et 30 secondes plus vite. Faites cet exercice pendant 5 minutes et, petit à petit, augmentez le temps de ces variations de rythme. Puis augmentez la vitesse jusqu'à votre rythme de croisière. Vous verrez : les progrès sont garantis.

Après l'effort sportif

Il s'agit de récupérer. Choisissez un endroit calme et effectuez des exercices d'étirement musculaire afin de prévenir ou de soulager les courbatures ou contractures. Vous pouvez également poursuivre par une petite séance de relaxation en vous allongeant sur le dos. Inspirez en contractant tous vos muscles et expirez lentement en les relâchant.

Le vélo d'appartement

Plus l'exercice physique est ludique, plus vous aurez envie de le pratiquer. Pédaler sur une musique entraînante ou en visionnant un film d'action quand on fait du vélo stationnaire, cela donne de l'énergie. Vous ne verrez pas le temps passer pendant vos 20 minutes de pratique réglementaires et vous aurez envie de continuer le lendemain pour voir la suite du film !

Le bain de siège froid, véritable source d'énergie pour le restant de la journée

Comme son nom l'indique, il consiste à baigner le bassin, les fesses et tout le bas-ventre (sans aller jusqu'au nombril) dans l'eau froide. Le reste du corps et les jambes sont couverts de façon à être bien au chaud.

Il se pratique après l'effort durant quelques secondes, voire une à deux minutes pour les plus courageux, dans une salle de bains bien chauffée.

Tout comme le bain dérivatif, cette technique s'adresse aux personnes en bonne santé.

JE FAIS CIRCULER L'ÉNERGIE DANS MA MAISON

Je range ma maison

Ranger, c'est faire circuler l'énergie dans la maison, selon le Feng Shui. « Si la première chose que vous apercevez quand vous entrez dans votre maison, c'est du désordre ou des vieilleries, votre niveau énergétique va baisser avant même d'avoir franchi le seuil », affirme Karen Kingston, spécialiste du Feng Shui.

Le fouillis dans l'entrée (chaussures, sac, vêtements et objets divers) devant lequel on passe sans cesse nous agace même sans que nous en ayons conscience. Dégagez votre porte d'entrée afin de rendre votre habitat plus accueillant et vous éviter ce stress inutile.

J'aère

Quand l'air est confiné, les mauvaises odeurs s'incrustent, les microbes prolifèrent, l'énergie stagne. Chaque matin, même s'il fait froid, ouvrez grand vos fenêtres pendant 10 à 15 minutes, afin que l'air se renouvelle. Cette aération est indispensable, en particulier dans la chambre à coucher et la cuisine.

ZOOM

MES 10 ASTUCES INCONTOURNABLES

1. Je m'éveille en douceur, si possible sans l'aide d'un réveil, sans bruit et sans choc (que peut provoquer la sonnerie d'un téléphone) et je prends le temps de m'étirer. J'accueille cette nouvelle journée avec le sourire.

2. Je réalise avec un maximum de conscience chacun de mes gestes matinaux : prendre mon petit déjeuner, faire ma toilette, une respiration... Je donne du sens et j'embellis ainsi chaque moment.

3. Je consacre ma première pensée à ce qui est essentiel pour moi (priorité du jour, amour de mes proches, joie d'être en vie, d'avoir ce que j'ai...).

4. Je bois à jeun un verre d'eau pour purifier mon corps.

5. Je respire un bon coup et je fais un exercice physique : marche, étirement, posture de yoga, Qi Gong...

6. Je prends un petit déjeuner énergétique.

7. Je prends le temps d'aller à la selle.

8. Je brosse mon corps à sec, je fais une toilette complète et, si j'en ai le courage, je tente (même en hiver !) le rinçage de mon corps à l'eau froide !

9. Je choisis une tenue vestimentaire dans laquelle je me sens bien.

10. Je range pour vivre dans – ou retrouver quand je rentre – une maison accueillante.

Et si je dois n'en choisir qu'une, je fais une bonne respiration abdominale !

JE NOTE MES 10 GESTES ESSENTIELS

1 ....

2 ....

3 ....

4 ....

5 ....

6 ....

7 ....

8 ....

9 ....

10 ....

à l'écoute de soi et alerte chaque jour

71 gestes & astuces

Chaque journée engendre son lot de fatigue et de stress. Le quotidien peut vite se transformer en cauchemar si l'on ne fait pas preuve d'organisation et si l'on n'a pas sous la main quelques petits trucs pour se préserver en toutes circonstances. En voici quelques uns à adopter d'urgence...

JE SUIS PRÉSENTE À CE QUE JE FAIS

Chaque chose en pleine conscience

Vivre chaque instant, la tête pleine de soucis, de projets, de peurs, de ruminations, de bruits... nous plonge dans une sorte de « brouillage » permanent. On est là physiquement, mais en réalité complètement ailleurs. Cette « présence-absence » nous empêche d'apprécier cette succession de petits moments qui filent tout au long de la journée.

Se concentrer sur les gestes les plus insignifiants (se brosser les dents, savourer une tasse de café, faire une caresse à son chat, répondre à ses mails, dire un vrai bonjour à sa voisine...) a du bon car cela nous ancre dans la vie, tout en nous ouvrant la voie des petites joies quotidiennes.

Faites l'essai !

Vous décidez de prendre un bain... Pour bien déconnecter, enfermez-vous dans votre salle de bain, buvez une tisane, écoutez une musique douce confortablement assise dans votre baignoire ou rêvez sur un beau paysage (une photo de votre lieu préféré, une photo dans un magazine...). En quelques minutes, la magie opère : vos muscles se relâchent, votre mental s'apaise. Vous vous évadez, vous décrochez de votre quotidien, vous vous abandonnez aux sensations agréables que procure ce moment intime et sensuel, et au creux de votre baignoire, vous vous détendez complètement.

Si, par contre, vous prenez un bain en laissant vagabonder à leur gré vos soucis, vos problèmes (votre réunion du lendemain, vos factures, un conflit non résolu…), il est prévisible que vous en sortirez aussi fatiguée qu'en y entrant, parce que vous ne vous serez pas autorisé cette parenthèse de plaisir !

Une seule chose à la fois

On veut tout faire en même temps ! Résultats : on se disperse, on n'est pas satisfait de ce que l'on fait. Exercez-vous dans la journée à vous concentrer sur de petites choses : téléphoner sans lire vos mails ou sans vaquer à vos occupations en même temps, lire un magazine sans écouter la radio ou parler à votre compagnon… Vous aurez plus de plaisir et y gagnerez en efficacité.

J'opte pour la bonne cadence

Dans le même esprit, il est bon de résister à l'appel du « toujours plus » que nous murmure la société actuelle et d'agir à la bonne vitesse, c'est-à-dire ni trop vite ni trop lentement. S'obliger à faire des pauses de temps en temps (aller marcher quand les neurones fatiguent, manger lentement, faire une microsieste…), s'efforcer de bien faire une chose ou la faire au bon moment, ou encore se concentrer sur la tâche à accomplir plutôt que sur le résultat… voilà qui peut nous aider à trouver le bon tempo !

La marche méditative

On marche tous les jours pour se rendre à son travail, chercher les enfants à l'école, faire des courses, rendre visite à un client… sans jamais penser à ce trajet en tant que tel. Or, marcher en étant pleinement concentré sur son déplacement, conscient de sa respiration, des mouvements que l'on effectue et des sensations que procure chaque mouvement… a des effets très bénéfiques sur la vitalité. La marche « méditative » stimule la circulation, favorise la bonne oxygénation des muscles, la concentration, la créativité et même la digestion. Je vous recommande de porter votre regard au loin, d'éviter de regarder vos pieds, seulement attentive au va-et-vient de votre souffle et à vos sensations.

J'AGIS

L'action rend heureux

Dans les moments de déception, d'inquiétude ou d'indécision, l'action se révèle l'exercice salutaire par excellence pour se libérer d'une situation pesante. Agir crée en effet des énergies nouvelles et nous aide à franchir un obstacle considéré comme infranchissable auparavant.

Faire du mieux que je peux me comble

Chaque fois que l'on commence une action, il importe de penser davantage aux effets bénéfiques du résultat qu'aux contraintes qui nous poussent à agir. Car notre état d'esprit au moment où nous démarrons une action a une influence sur la motivation et le temps que nous allons mettre pour l'accomplir. Le plaisir se substitue à la corvée si l'on y met tout son cœur et toute son attention et si l'on se concentre sur les bénéfices que l'on tire de cette expérience. Ceci est valable pour toutes les tâches, y compris pour les petites activités quotidiennes comme la vaisselle ou le ménage. Au lieu de s'en faire toute une montagne, on apprend à savourer le plaisir d'un travail bien fait.

J'invente un rituel qui me ressource

Par exemple, accordez-vous 10 minutes chaque matin ou chaque soir pour prier, méditer, faire une marche, prendre un café ou une tisane, lire une histoire à vos enfants, vous entraîner à l'écriture, au dessin… en étant complètement présente à ce que vous faites, paisiblement, avec bonheur. Une sorte de rendez-vous quotidien ultra-important que vous ne manqueriez pour rien au monde, un espace de liberté, de créativité !

Je ne fais rien pendant 5 minutes

Évoquer la paresse dans un chapitre consacré à l'action a de quoi vous étonner. Et pourtant, quelques minutes « perdues » – je dirais plutôt des minutes vécues seulement pour soi, grappillées sur le dos du quotidien – sont au contraire extrêmement précieuses pour recharger ses batteries. Le plus difficile est de rester sans rien faire alors que tout vous invite à redoubler d'allant. Vous verrez, ce petit sas de décompression deviendra vite indispensable dans votre emploi du temps chargé.

Petit exercice de Qi Gong pour affronter mes peurs

Cet exercice permet d'équilibrer l'énergie des deux reins et ainsi de vaincre ses peurs.

Selon la médecine traditionnelle chinoise, le rein est le siège de la force parentale : notre hérédité est stockée dans cet organe. Le rein correspond à la force profonde de l'être, là où s'exerce sa volonté créatrice mais aussi ses sentiments de peur. En agissant sur cet organe, on retrouve sa cohérence interne aussi bien sur le plan physique que sur le plan psychique.

Position de départ : le genou gauche à terre, le genou droit fait un angle droit avec le buste ; votre colonne vertébrale est droite, dans l'alignement de votre bassin, vos mains sont posées sur la taille, le pouce sur les reins.

Exercice :

1 – Inspirez par le nez en emplissant d'air votre thorax tout en renversant en arrière votre tête et en avançant le plus possible le genou droit en avant.

2 – Expirez profondément par le nez en ramenant la tête et le buste vers l'avant jusqu'à toucher le genou avec le menton, tout en maintenant les mains dans la même position. Les fesses se retrouvent presque au-dessus des talons. Quand vous expirez, concentrez votre attention sur les reins.

3 – Inspirez par le nez en remontant la tête et le buste, en maintenant les fesses contractées légèrement tendues vers les talons.

4 – à l'expiration, revenez lentement à la position de départ.

Faites trois fois cet exercice en appui sur le genou gauche puis trois fois en appui sur le genou droit.

Extrait d'*Exercices pour l'entretien de la santé*, du Docteur Michel Frey.

J'ENTRETIENS MA FORME

La respiration abdominale consciente

Quand on situe la respiration dans le bas-ventre, on place le centre de gravité à sa juste place, ce qui permet de se sentir calme et équilibrée. Gardez en conscience la sensation que votre abdomen respire et veillez à ce que votre respiration soit plutôt lente, silencieuse, ample et profonde.

10 minutes de respiration consciente par jour

C'est la base de toute technique de méditation. Cela calme le mental, nous vide du stress accumulé, calme notre cœur et nous donne de l'énergie.

Je choisis un lieu où je me sens bien

Le lieu idéal pour effectuer une respiration consciente est un endroit calme (du moins quand on débute, afin de mieux se concentrer) et où l'on se sent bien. Éteignez la radio, la télévision, le téléphone portable, fermez la porte et ne pensez qu'à ce que vous faites.

Tonifier son périnée

Appelée *mula bandha* par les praticiens du yoga, cette technique consiste à contracter son périnée pendant quelques secondes, en veillant à ne pas contracter les autres muscles comme les abdominaux. On agit sur la puissance et la souplesse de son vagin tout en stimulant d'une façon extraordinaire son énergie.

Faites cinq contractions de 5 secondes chacune, rapides, maximales et bien alternées, puis reposez-vous une dizaine de secondes et recommencez. À effectuer quatre à cinq fois de suite. L'idéal serait de le faire deux à trois fois par jour, chaque jour, et pendant toute sa vie.

Je pratique une activité physique régulière

Le sport doit être source de plaisir

Certains d'entre nous n'aiment pas le sport ou le voient comme une nécessité. Sachez qu'on peut y prendre goût. Le corps s'habitue à l'effort : plus on en fait, plus notre corps l'accepte, plus on est capable d'en faire et plus on a de plaisir. Après l'effort, le réconfort dit-on ! Dans le domaine du sport, après l'effort, on peut connaître un grand plaisir à maîtriser un exercice difficile, à avoir atteint objectif que l'on croyait inatteignable, à sentir son corps se libérer de ses tensions... Mais pour cela, il faut y mettre du sien, prendre conscience de l'intérêt qu'il représente et savoir que c'est pour soi que l'on fait du sport : on doit se plaire pour plaire aux autres, c'est essentiel. Les conseils extérieurs ne suffisent pas à provoquer ce déclic. C'est en général parce qu'on a goûté au plaisir que procure le sport qu'on y revient.

Je fais du sport à ma mesure

Rappelez-vous que l'activité physique ne doit pas provoquer de fatigue excessive à l'origine de problèmes articulaires, tendinites et autres maux... D'où l'importance de choisir celle qui vous correspond, de travailler à votre rythme et selon vos possibilités. Apprenez ainsi à doser vos efforts, en limitant l'intensité ou la fréquence de vos exercices lorsque vous avez mal ou si vous vous sentez épuisée après le sport.

Pourquoi faire du sport ?

David Servan Schreiber écrit dans son livre *Guérir* que le sport a une incidence sur la dépression parce qu'il permet à l'organisme de produire des endorphines et qu'il stimule le système immunitaire. Il renforce également l'estime de soi.

conseils malins

LES TROIS EXERCICES DE BASE SELON JEAN-LOUIS BADET, PROFESSEUR D'ARTS MARTIAUX

« On bouge les bras, les jambes et la tête. Le mouvement doit être transmis des jambes vers les bras. Trois types d'exercices créent le lien entre les bras et les jambes :

- sauter,
- nager,
- marcher.

Mais ce lien doit être ressenti. Ainsi, ce n'est pas la corde à sauter qui part, mais ce sont les jambes et les bras qui propulsent la corde en avant. Nous avons 40 articulations très rigides. C'est pour ça que la marche fait du bien. Tout part des pieds : une bonne assise au niveau des pieds donne une bonne conscience. »

Je modèle mon corps sans même m'en rendre compte

Marcher chaque fois que c'est possible

Discipline ancestrale, la marche est un sport qui présente tous les avantages. Elle est accessible à tous et économique. On peut la pratiquer sans modération et avec un plaisir chaque fois renouvelé ! Prévoyez de bonnes chaussures et glissez vos escarpins dans votre sac. Allégez-vous au maximum ! Si vous êtes chargée, veillez à équilibrer vos paquets de chaque côté. La marche à pied est un formidable anti-stress, même lorsqu'on se déplace en ville. Elle est fertile en bienfaits pour le corps et pour l'esprit.

Je m'offre plusieurs occasions de marcher d'un pas vif

30 minutes de marche rapide chaque jour entretiennent notre forme. Marcher d'un pas vif chasse la fatigue, aide l'organisme à se régénérer, stimule le système immunitaire, permet de brûler des calories, oxygène le cerveau, permet de se ressourcer... ce qui nous aide à utiliser notre énergie de façon optimum. L'idéal est de marcher le matin mais sachez saisir la moindre occasion de vous offrir cette pause revitalisante : entre deux réunions, après ou avant une situation stressante, avant de rentrer à la maison, juste avant de déjeuner ou après pour faciliter la digestion...

Je profite de la moindre opportunité pour embellir ma silhouette

Montez les escaliers plutôt que de prendre l'ascenseur, marchez au lieu de prendre votre voiture et à la maison, garez celle-ci plus loin, ramassez les jouets des enfants en vous accroupissant et en vous relevant plusieurs fois pour faire travailler vos cuisses... Tous ces exercices sont à inscrire au programme « belle forme » de votre journée !

Je fais régulièrement des exercices d'assouplissement

Debout, les pieds parallèles écartés d'environ 10 cm, penchez-vous en avant sans plier les jambes. Évitez de faire le dos rond mais essayez plutôt d'étirer lentement votre dos et restez dans cette position en respirant tranquillement (10 secondes jusqu'à 1 à 2 minutes, selon vos capacités). Cet exercice étire le dos, détend l'arrière des cuisses et améliore votre maintien.

Je cultive une attitude énergique

J'évite de croiser les jambes en m'asseyant

Même si le fait de s'asseoir en croisant les jambes revêt dans certaines circonstances une certaine élégance, ce geste de fermeture n'en est pas moins défavorable pour la santé car il bloque l'énergie. Préférez une assise tonique et accueillante en maintenant vos deux jambes parallèles, ce qui favorise une meilleure circulation de l'énergie et, de ce fait, la détente et l'ouverture aux autres.

Une belle allure

Une attitude recroquevillée comprime les poumons, prive l'organisme d'oxygène et invite au repli sur soi plutôt qu'au dynamisme. Pour retrouver une attitude énergique, il suffit de se redresser, le buste droit, les épaules basses, le regard porté au loin et de respirer profondément, dans une attitude d'ouverture à soi et aux autres.

Ces deux exercices, l'un issu du Qi Gong et l'autre du yoga, donnent de l'allant :

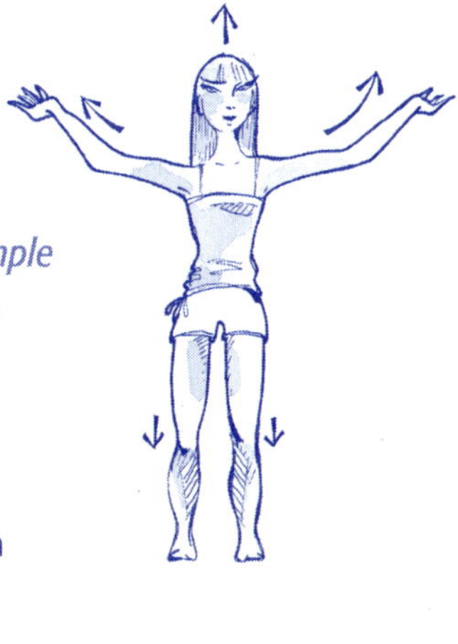

- *Exercice de Qi Gong tout simple*

Posture de départ : debout, les jambes légèrement fléchies et écartées de la largeur des épaules, le dos droit et la nuque allongée, comme si votre tête était suspendue à un fil. Vos bras longent le corps, les coudes sont légèrement écartés.

Inspirez en levant les bras et en étirant votre corps dans un mouvement d'expansion. Tournez les paumes vers le ciel et regardez un point devant vous à l'horizontale.

Puis expirez en relâchant les épaules et les coudes, en baissant les bras et en fléchissant légèrement les genoux.

• *La posture de l'arc*

L'arc assouplit la colonne vertébrale en l'étirant vers l'arrière, il ouvre le thorax et tonifie le dos. L'abdomen profite en même temps d'un agréable massage.

Position de départ : allongez-vous sur le ventre et, avec vos bras tournés vers l'arrière, attrapez vos chevilles avec vos mains.

À l'inspiration, soulevez légèrement la tête, les épaules et tirez vos jambes vers le haut en contractant vos fessiers. Ouvrez largement votre poitrine en expirant. Faites deux ou trois respirations dans cette position puis

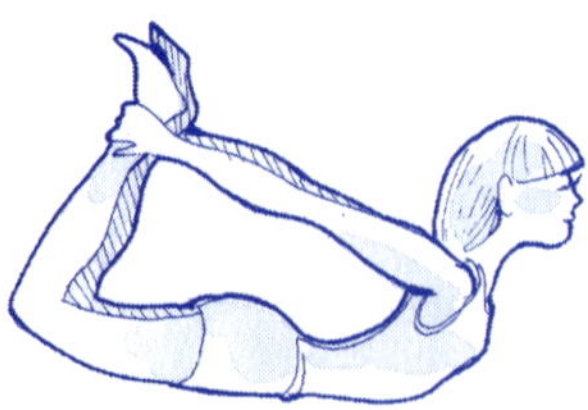

redéposez délicatement bras et jambes sur le sol en expirant et en vous relâchant complètement. À pratiquer une ou deux fois selon vos possibilités.

À éviter si vous êtes enceinte.

Quels sports pratiquer ?

L'idéal est de pratiquer deux ou trois fois par semaine des activités sportives complémentaires. Combiner un sport d'endurance avec une activité qui tonifie les muscles préserve la souplesse, l'équilibre et la coordination. Par exemple : une ou deux séances de yoga dans la semaine et un footing durant le week-end. Ou associer un à deux cours d'aquagym et une marche rapide deux ou trois fois par semaine. L'essentiel est d'avoir du plaisir et de pratiquer un ou deux sports à votre rythme et selon vos capacités.

Pour l'endurance :

– la marche rapide,
– le ski de fond quand c'est la saison,
– le jogging,
– le vélo (sur route, en salle ou à la maison),
– la gymnastique à la maison ou quelques exercices sur le lieu de travail,
– la culture physique en salle ou en plein air (nouvelle version des années 1950),
– la natation classique ou la natation avec les palmes au pied.

Pour se muscler :

– le renforcement musculaire en salle pour préserver sa force musculaire,
– le step pour galber les fessiers,
– la méthode Pilates,
– l'aquagym (travail des muscles en profondeur et sans risque pour les articulations + effet massant et drainant de l'eau),

– *la danse pour sculpter ses fesses : les danses latines, la danse africaine, le latin training (mélange de samba et de salsa…).*

Pour l'antistress :

– *les gyms douces : la barre au sol, le stretching, la méthode Pilates (travail en douceur et en profondeur du corps), la gym suédoise,*

– *s'exercer aux « gymnastiques orientales » comme le Taï Chi Chuan, le Qi Gong, le yoga… qui apportent bien-être, équilibre, souplesse, force, ainsi qu'une bonne connaissance de soi.*

Pour la coordination, la souplesse et l'équilibre :

– *les sports de raquette,*

– *les sports de balle, de ballon,*

– *la danse,*

– *le Qi Gong, le Taï Chi, le yoga,*

– *le golf…*

Pour l'entretien :

– *prendre les escaliers plutôt que l'ascenseur ou les escaliers mécaniques,*

– *ne pas négliger le ménage, le bricolage, le jardinage… qui se révèlent également d'excellents exercices pour être en forme au quotidien.*

Et tous types de sports collectifs :

Volley, hand-ball, tennis… : on se plie mieux aux impératifs de la régularité, on est stimulé par le groupe et on s'amuse !

MES ANTISTRESS FAVORIS

Je ris un bon coup

Une lecture, un quiproquo, un bon mot, une erreur, une situation inattendue... déclenchent en général un rire qui nous sort soudainement de la réserve et nous libère complètement. Rire est l'un des meilleurs exemples de lâcher prise. L'inattendu se mélange à une explosion de tensions et d'émotions, avec un effet détente garanti. Dans des situations de stress, n'hésitez donc pas à rechercher la compagnie de gens drôles, à vous plonger dans une bande dessinée qui vous fait mourir de rire, à vous remémorer une histoire burlesque, à vous inscrire dans un club de rire... les idées ne manquent pas en la matière.

Je caresse mon chat

Écrire, comme d'autres activités, est un dur labeur qui nécessite constance et inspiration. Il faut toujours avancer, sans relâche, et surmonter hauts et bas avec l'opiniâtreté d'un montagnard. Dans les moments de découragement et de stress, mon chat est là, assis derrière moi, comme pour m'apporter son calme et m'encourager à continuer.

Je fais du sport régulièrement

La complexité de l'existence, avec son lot de problèmes, de frustrations, de contraintes... nous oblige à nous adapter en permanence. Le plus souvent à court de solutions adéquates, nous sommes alors en état de stress. Le travail sur le corps et la pratique régulière d'une activité physique ont l'avantage de nous soulager de nos tensions physiques et mentales et de nous conduire à un mieux-être très positif pour l'esprit.

Par exemple, un footing dans un lieu agréable

Un footing de 20 à 30 minutes effectué dans le calme d'un parc si l'on habite en ville, ou dans la fraîcheur d'un sous-bois si l'on vit à la campagne, amplifie le plaisir d'un sport excellent pour relâcher ses tensions. On entraîne son corps à l'endurance et on se prend à observer le changement de saison, les variations du ciel, la couleur des arbres, le chant des oiseaux... Résultat : le stress s'échappe, les idées émergent ou se clarifient et la vie nous semble plus positive.

Je masse les points du stress

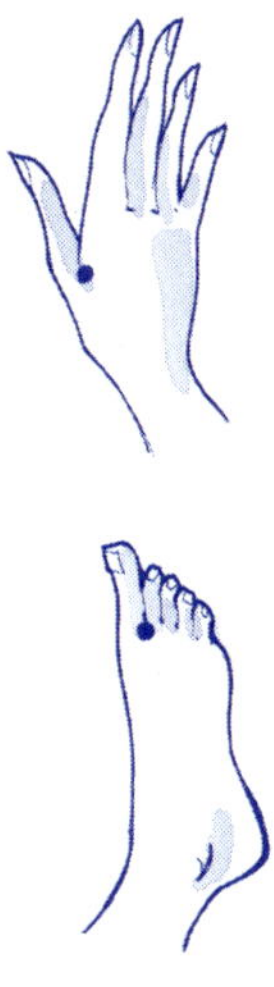

La réflexologie peut vous aider à vous relaxer. Si vous devez faire face à une situation particulièrement stressante (entretien d'embauche, examen, présentation...) ou si vous vous sentez stressée, massez avec insistance les points situés dans les pieds et les mains : entre le gros orteil (le pouce) et 2e orteil (l'index) dans les deux pieds (les deux mains). Quelques minutes seulement d'auto-massage suffisent à libérer le stress.

Je pratique le toucher « reiki » en cas de stress ou de fatigue

Par de simples gestes quotidiens, on peut se détendre ou soulager une zone tendue ou douloureuse. Le toucher humain pour soigner un bobo, une blessure ou réconforter est un geste vieux comme le monde. Le reiki, technique japonaise d'imposition des mains, s'en inspire. Dans la journée, adoptez une position confortable dans un lieu calme et silencieux. Les yeux fermés, posez vos mains sur la nuque. À pratiquer entre 1 et 3 minutes, sans jugement, sans effort et sans concentration. Soyez seulement attentive à vos sensations, à votre respiration paisible.

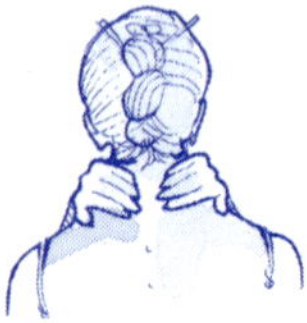

Le bâillement, un avertissement

« Un chien qui bâille au coin du feu, cela avertit les chasseurs de renvoyer les soucis au lendemain. »

Alain, *Propos sur le bonheur*.

Bien plus qu'un signe de fatigue, le bâillement indique qu'on est las de penser !

conseils malins

LA BONNE ATTITUDE FACE À UNE SITUATION STRESSANTE

1 – Respirez profondément.

2 – Buvez lentement un verre d'eau en vous concentrant sur le geste.

3 – Puis fermez les yeux et posez votre main sur le front en repensant à la situation stressante : repassez l'événement comme un film dans le champ qui se situe devant vos yeux. Lorsque vous reprenez le fil de l'histoire, attardez-vous sur chaque séquence et essayez d'identifier tous les détails de votre réaction. Cet exercice de mémoire, à la fois lent et précis, vous permettra de dégager des éléments de votre réaction et d'en tirer une attitude positive.

Bâiller pour me relaxer, à tout moment de la journée

Le bâillement agit d'une façon puissante sur notre système respiratoire et nous relaxe de la tête aux pieds en diffusant dans tout le corps une véritable onde de détente. À consommer sans modération chaque fois que vous en ressentez le besoin. Détente maximale garantie si vous l'accompagnez de la voix jusqu'à laisser les larmes sortir.

Un bon soupir à la rescousse des mes soucis

Ce geste banal accompagné d'un haussement d'épaules exprime un « ras-le-bol » momentané tout en nous faisant la grâce de gonfler nos poumons, d'étirer nos muscles et de les assouplir. On dirait qu'il nous invite à relativiser nos soucis et à avancer plus légère dans la journée.

Pensez à la rétractation-détente du ventre

(voir page 36)

Cet exercice a un effet immédiat d'apaisement grâce à la détente du diaphragme. En supplément, vous profiterez des effets innombrables de ce « nettoyage interne ». Pratiqué régulièrement, il entraîne l'élimination des déchets alimentaires collés à la paroi des intestins et qui empêchent la nourriture d'être complètement absorbée. Résultat : on digère mieux, on a plus d'énergie.

Je me mets dans ma bulle

La posture du fœtus (ou de l'enfant) relaxe physiquement. En quelques minutes, grâce au fait d'avoir la tête en bas, on décroche de ses soucis et on voit les choses autrement.

À genoux, les fessiers sur les talons, posez votre front au sol. Vos bras longent votre corps, ce qui permet de détendre complètement vos épaules, vos bras jusqu'aux doigts. Faites 4 à 5 respirations abdominales tranquilles dans cette position en inspirant et en expirant par le nez.

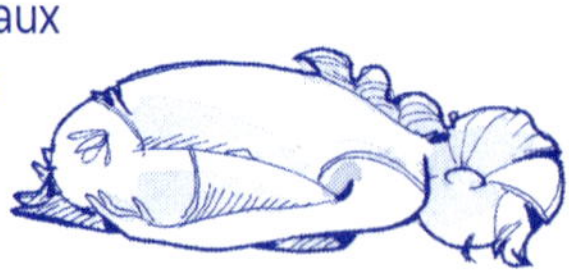

un conseil

Ne décollez pas vos fessiers des talons. Et si besoin, posez votre front sur vos deux poignets empilés.

ZOOM

Je me détends grâce à la rétention de souffle à poumons pleins

La rétention de souffle est un puissant moyen pour se détendre et se recharger en énergie. Elle fixe le calcium, le magnésium, le phosphore. Le système nerveux se rééquilibre, faisant ainsi baisser toutes les pressions internes. À effectuer dans un endroit calme de préférence, sans forcer, avec une respiration profonde, fluide, calme.

- ***Version pour les débutantes***

Temps 1 : sur 5 secondes : j'inspire par le nez.
Temps 2 : sur 5 secondes : je retiens mon souffle.
Temps 3 : sur 5 secondes : j'expire par le nez.
Je reprends ce cycle sur plusieurs minutes.

- ***2e version, dès que vous êtes à l'aise avec la technique précédente***

Temps 1 : sur 5 secondes : j'inspire par le nez.
Temps 2 : sur 10 secondes : je retiens mon souffle.
Temps 3 : sur 10 secondes : j'expire par le nez.
Et je reprends...

- ***3e version : quand vous maîtrisez la technique***

Temps 1 : sur 5 secondes : j'inspire par le nez.
Temps 2 : sur 20 secondes, je retiens mon souffle.
Temps 3 : sur 10 secondes, j'expire par le nez.
Cette dernière technique est plus efficace. En la pratiquant régulièrement, vous pourrez augmenter votre temps de référence jusqu'à 7-8 secondes par exemple, et ainsi faire : 7 secondes d'inspir, 21 secondes de rétention et 14 secondes d'expir.

« Lorsque le stress pointe le bout du nez, je le combats en m'isolant dans une bulle de protection que je visualise tout autour de mon corps et ce durant toute la période des tensions subies. Cette bulle agit comme un "bouclier" imperméable aux agressions et au stress. »

Alexandre Delovane, medium voyant

Je secoue les mains

On envoie les mains, plusieurs fois de suite, d'un coup sec vers le sol, comme pour rejeter les tensions, le stress ou la fatigue que l'on a absorbés.

QUAND JE SUIS FATIGUÉE... JE ME RESSOURCE

Je soulage mes jambes

Les collants à légère contention

L'effet de contention stimule la circulation veineuse et supprime cette sensation d'avoir les jambes lourdes en fin de journée. Aussi jolis qu'efficaces, ces collants, proposés aujourd'hui par de nombreuses marques, apportent légèreté et galbe aux jambes.

Les pieds au mur quand je rentre à la maison

Dans un endroit calme, allongez-vous sur le sol et posez vos jambes à la verticale contre un mur. Veillez à bien plaquer vos fessiers au sol et respirez tranquillement. En quelques minutes, vous aurez une sensation de légèreté et de grande détente *(voir p. 107).*

Les bienfaits du drainage lymphatique

Cette technique qui a comme avantage de relancer le retour veineux et de contribuer à l'élimination des toxines est très efficace pour soulager les jambes.

Le système lymphatique, grand réseau « capillaire » vital, est souvent déficient à cause de notre mode de vie ; le drainage lymphatique permet sa remise en route grâce à un massage très doux effectué par pressions : les tissus s'épurent et se désengorgent, la circulation des liquides organiques s'améliore. Dès la première séance, on éprouve une sensation de bien-être et de détente générale.

à savoir

Le drainage lymphatique s'effectue au cabinet d'un masseur kinésithérapeute sous certaines conditions que ce dernier vous précisera. Une séance dure en moyenne entre 1 h et 1 h 30.

conseils malins

PENSEZ À L'AQUAGYM

Cette gymnastique pratiquée dans l'eau favorise une musculation du corps tout en finesse et sans douleur. Efficace, tout en étant ludique, elle a un effet massage des plus agréables…

Je bois une tisane de thym

Quand je veux avoir la pêche, je commence la journée par un grand bol de tisane de thym. C'est moins excitant et plus tonifiant qu'un « petit noir » !

Je me fais un massage éclair des pieds

À n'importe quel moment de la journée, même avec vos collants ou chaussettes, 5 minutes de massage de la plante d'un pied suffisent à vous détendre. Frottez la plante d'un pied avec le talon de l'autre jusqu'à ressentir de la chaleur dans le pied massé. Pratiquez de même avec l'autre pied. Cet automassage stimule les membres inférieurs et « la source jaillissante », point d'acupuncture pour l'énergie et la vitalité.

Je masse la « porte du cerveau »

En médecine chinoise, cette porte correspond à la dépression située à la lisière du cou et de la tête. Elle permet à l'énergie d'accéder au cerveau. Massez-la avec douceur durant quelques secondes.

Je frotte mes lobes d'oreille

Le simple geste de pincer son lobe d'oreille entre pouce et index détend et donne le petit coup de pouce nécessaire pour reprendre ses activités ou lutter contre la fatigue. Effectuez ce geste plusieurs fois de suite jusqu'à ce que vous ressentiez de la chaleur, signe que votre énergie se réveille.

Je soulage mes tensions avec une balle de tennis

Pour soigner les tensions, en particulier celles des jambes, du dos et du cou, un massage de la voûte plantaire s'avère très efficace. Effectuez ce mouvement de préférence debout, en prenant appui sur une jambe. Faites rouler la balle sous l'autre pied et de temps en temps appuyez-vous sur la balle. À pratiquer 5 minutes sous chaque pied.

Je respire pour reprendre du tonus

Debout, inspirez lentement par le nez sur trois à cinq temps en remplissant d'air vos poumons. Votre cage thoracique se gonfle tandis que votre ventre se creuse. Puis expirez par le nez, sur trois à cinq temps également. La dilatation de la cage thoracique entraîne une meilleure oxygénation : elle apaise et apporte de la vitalité. À effectuer trois fois de suite.

Je fais un mudra pour récupérer mes forces

Posez la main droite, pouce levé, sur la main gauche légèrement incurvée. Serrez les doigts de la main gauche. Positionnez vos mains à la hauteur du ventre, tout en maintenant vos coudes légèrement en avant. À pratiquer aussi souvent que vous le souhaitez pendant 2 à 4 minutes. Ce mudra permet de refaire le plein d'énergie.

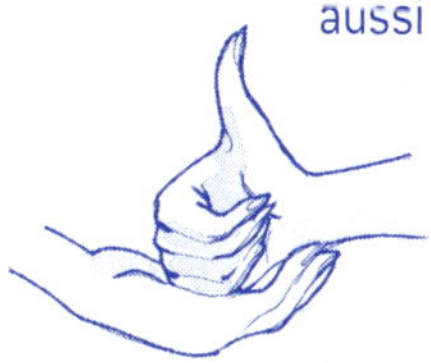

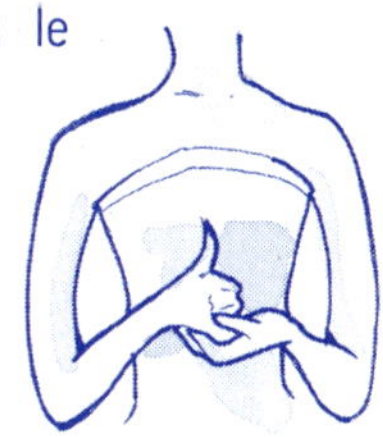

J'épice mon alimentation (gingembre, poivre, curry…)

Et je pimente ainsi ma vie !

Je pratique la relaxation éclair

On ne peut pas toujours effectuer une relaxation complète qui demande entre 15 et 20 minutes. Il faut donc s'exercer à la relaxation éclair qui ne prend que quelques secondes.

Allongez-vous sur le dos, les jambes et les bras légèrement écartées, les muscles complètement relâchés comme si vous vous transformiez en poupée de chiffon. Veillez à ce que vos paumes de main soient tournées vers le ciel et vos petits doigts de pied orientés vers le sol. Rentrez légèrement le menton dans la gorge et fermez les yeux. Dans cette position d'abandon et parfaitement immobile, faites 2 à 3 respirations abdominales profondes (voir p. 61).

mon conseil

Intercalez aussi souvent que possible dans votre journée ces relaxations éclair, même en position assise. Loin de perdre votre temps, vous en retirez au contraire d'immenses bénéfices en équilibre nerveux et en efficacité.

Sieste flash

Assise ou allongée sur le dos, détendez-vous et fermez les yeux. Dans l'immobilité la plus grande, concentrez-vous alors sur votre respiration jusqu'à ce que vous vous assoupissiez : 2 ou 3 minutes de sieste suffisent pour vous détendre et reprendre votre activité avec ardeur.

Je me concentre sur mon rythme cardiaque

Quand on se sent lasse, exténuée... il faut savoir, de temps en temps, prendre quelques minutes pour soi. Dans un endroit calme, fermez les yeux et respirez profondément en vous concentrant sur votre rythme cardiaque. Pratiquez 5 à 10 minutes.

Je ne fais rien pendant 5 minutes

On doit boucler un dossier avant la fin de la journée ou effectuer plusieurs tâches en un temps record et on a envie de souffler un peu. Même si cela nous paraît difficile, une pause paresse de 5 à 10 minutes relaxe intensément et permet de recharger ses batteries. Oubliez vos obligations, posez votre stylo, éloignez-vous de votre ordinateur et évadez-vous par la pensée. Rêvez, fermez les yeux, abandonnez-vous au plaisir de vous détendre.

Je gère mon stress en me massant le dos des mains

Massez par reptation du pouce le dos de vos deux mains, en suivant les 4 lignes se situant entre chaque métacarpe, en partant du poignet et jusqu'au sommet de la main. À pratiquer sept à huit fois, en insistant bien sur le point situé à l'articulation du pouce (point de la confiance et de la volonté).

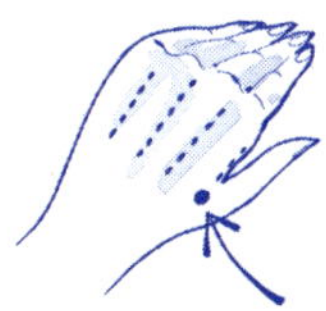

Do-in des bras et des mains

Secouez votre bras droit pour faire circuler l'énergie puis tapotez avec le bout des doigts votre bras du poignet jusqu'à l'épaule. Redescendez par l'intérieur du bras jusqu'à la main. Recommencez en lissant la peau, de bas en haut puis de haut en bas. Secouez le bras une deuxième fois. En commençant par le pouce, tirez ensuite sur chaque doigt de votre main, en partant de la phalange jusqu'à l'extrémité de l'ongle, comme si vous ôtiez un gant, pour faire circuler l'énergie. Puis massez la paume avec votre pouce. Terminez en secouant à nouveau votre bras et passez à l'autre en répétant la même opération.

Ce massage dynamise le corps en améliorant la circulation sanguine et apporte un bien-être immédiat.

JE DÉCOMPRESSE EN FIN DE JOURNÉE

Je change de tenue

Trois rituels tant décontractants qu'hygiéniques permettent de faire la coupure avec la vie extérieure et de se reposer d'une journée active : quitter ses chaussures, se laver les mains et enfiler une tenue confortable.

« Lorsque je rentre de mon travail, je fonce dans ma salle de bains et je me démaquille. Je fais une rapide toilette et je mets un pantalon confortable. J'ai l'impression que je change de peau, ça me décontracte… »

Laurence D., 35 ans, commerciale

Je lis mon magazine préféré

Dans cette parenthèse de lecture, toute à soi, on s'informe, on s'amuse, on rêve… et surtout on oublie les tracas de sa journée.

Les jambes contre le mur

Allongée et les jambes levées contre un mur, écartez légèrement les bras (paumes orientées vers le ciel). 10 à 15 minutes dans cette position suffisent à vous relaxer. Et pour celles qui ont cette désagréable sensation de jambes lourdes en fin de journée, cette position est efficace pour faire disparaitre immédiatement les lourdeurs et le gonflement des chevilles.

recommandation

Pour sortir de cette posture, pliez les genoux et roulez-vous lentement sur le côté avant de revenir à une position assise.

ZOOM

MES 10 GESTES INCONTOURNABLES

1. Je m'exerce à être présente à ce que je fais.

2. Je fais ce que j'ai à faire, du mieux que je peux, sans vouloir tout faire.

3. Je choisis mes priorités, je résiste aux urgences.

4. Je m'octroie plusieurs petites pauses de détente dans la journée.

5. Je fais au moins 10 minutes de respiration consciente par jour.

6. Je fais une marche méditative.

7. Je fais de l'exercice physique.

8. Je baille chaque fois que j'en ressens le besoin.

9. Je m'offre un petit plaisir par jour.

10. Je décompresse en fin de journée pour bien préparer ma nuit.

JE NOTE MES 10 GESTES ESSENTIELS

1 ....

2 ....

3 ....

4 ....

5 ....

6 ....

7 ....

8 ....

9 ....

10 ....

astucieuse dans mes déplacements

29 gestes & astuces

JE TIRE PROFIT DE MES DÉPLACEMENTS EN TRANSPORTS EN COMMUN

Petite méditation pour me détendre

En focalisant son attention sur la respiration, on se relaxe progressivement. Fermez les yeux et concentrez-vous sur votre respiration en comptant vos temps d'inspiration et d'expiration. Essayez de prendre conscience du souffle qui entre et qui sort de vos narines.

Je détends mes yeux

Lorsqu'on prend le bus ou le métro, au lieu de regarder fixement ou d'avoir les yeux dans le vague, rien de tel que de faire des mouvements oculaires pour stimuler ses yeux et se relaxer. Fermez les yeux et faites des cercles avec vos yeux de droite à gauche et inversement, puis des diagonales de haut en bas et de bas en haut, et des lignes perpendiculaires et horizontales. À faire trois ou quatre fois, sans force dans les mouvements, en respirant tranquillement.

Le cillement, excellent pour la détente

Pensez à ciller de temps en temps ! Non seulement, le cillement permet de répartir le liquide lacrymal sur l'œil, lui apportant ainsi souplesse et humidité, mais il le nettoie, le masse, et le détend. Il lui procure également un instant d'obscurité propice à la détente du mental.

Je fais travailler mes méninges

Remplissez des grilles de mots croisés, de mots cachés, exercez-vous au sudoku, jouez au pendu ou à tout autre jeu de réflexion qui entretient une bonne gymnastique de l'esprit.

Je me cultive

C'est l'histoire du verre à moitié vide ou à moitié plein. Au lieu de vous polariser sur les inconvénients du métro ou du bus, décidez de profiter de chaque déplacement pour lire quelques pages d'un roman, d'un poème, d'un magazine, d'un journal… ou de vous initier à une discipline que vous ne connaissez pas ou peu (l'opéra, l'art gothique, le russe…).

J'améliore mon équilibre statique

Si l'on n'a pas de problème particulier d'équilibre ou de santé, on peut travailler sa stabilité, son sens kinestésique, en évitant de se tenir à la barre du métro ou du bus. C'est également excellent pour exercer votre vigilance !

Je pratique la microsieste pour repartir d'un bon pied

Si vous avez la chance d'avoir une place assise dans le métro, le bus, le tramway... et si vous n'avez pas le temps de vous accorder une vraie pause, offrez-vous le plaisir d'une microsieste à tout moment de la journée et de préférence en début d'après-midi. Bien calée sur votre siège, fermez les yeux et concentrez-vous sur votre respiration. Relâchez tous vos muscles. En quelques secondes, vous allez récupérer de votre fatigue et vous régénérer.

Automassage déstressant

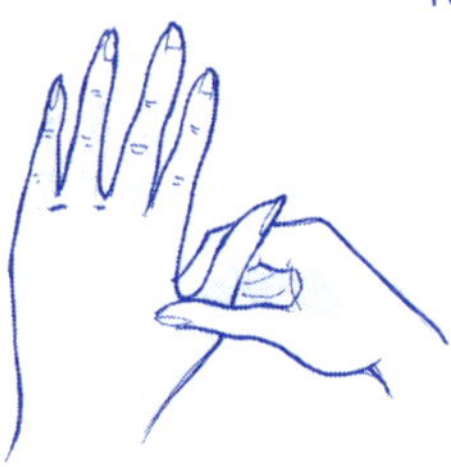

Les mains disposent des mêmes zones réflexes que les pieds. Pensez à les masser pour vous relaxer. Insistez sur les paumes ou bien effectuez de petits massages circulaires ou de petites pressions sur « la gueule du tigre » (point du stress, situé entre le pouce et l'index).

DANS MA VOITURE

Je me défoule

Dans cet espace clos et feutré, on peut chanter à tue-tête, crier haut et fort sa joie, sa rage, sa déception, ses peurs, sa tristesse, réciter un texte que l'on aime avec l'intonation la plus extravagante qui soit, ça ne gêne personne et ça fait du bien. Alors pourquoi s'en priver ? Après ce petit décrassage, on est donc prête pour rentrer à la maison ou au bureau avec le sourire ou pour reprendre posément une conversation qui a mal tourné.

Je bâille largement : détente complète garantie

Ouvrir grand la bouche en plissant les yeux et en contractant tous les muscles du visage pendant quelques secondes, jusqu'à ce qu'un bâillement amène une grande détente : les muscles du visage se relâchent et l'on ressent un grand délassement, aussi bien physique que mental.

Je me relaxe

Si vous êtes assise depuis longtemps dans votre voiture ou si vous n'avez pas bougé depuis un long moment, ce petit exercice vous détendra. Touchez avec vos deux mains l'arrière du crâne, là où se trouve, à droite et à gauche, le cervelet et où les cervicales portent le crâne. Beaucoup d'entre nous ont une bosse à cet endroit. Massez cette zone pendant quelques secondes tout en faisant des 8 avec vos yeux.

Un coup de klaxon malvenu

Derrière vous, un conducteur grincheux fait monter la pression. Avant de réagir, inspirez profondément puis expirez lentement en vous concentrant bien sur votre respiration.

Au volant, je tonifie ma poitrine

À chaque feu rouge, vos mains à l'horizontale sur le volant, poussez sur vos bras comme si vous vouliez les rapprocher l'un de l'autre. Maintenez 10 secondes puis relâchez 5 secondes et recommencez jusqu'à ce que le feu passe au vert. Cet exercice fortifie les épaules et la poitrine.

Je muscle mes abdos et mes fessiers

En voiture, lorsque vous êtes à l'arrêt, contractez vos fessiers sur une inspiration profonde et maintenez la contraction pendant quelques secondes, tout en respirant normalement. Puis relâchez vos muscles en expirant. À faire plusieurs fois, si vous avez le temps, en augmentant progressivement le temps de contraction. Vous pouvez faire la même chose avec vos abdominaux.

JE FAIS DU SPORT SANS M'EN APERCEVOIR

Je mobilise mon attention sur mon corps

On oublie trop souvent son corps au profit de soucis, de problèmes, d'obligations quotidiennes qui nous prennent la tête. La meilleure façon de reposer son esprit est de prendre soin de son corps, de se concentrer sur celui-ci et de saisir toutes les opportunités de le faire travailler : courir pour attraper le métro, monter tous les escaliers à pied, marcher au lieu de prendre le bus... Sentir ses muscles, ressentir l'effort et respirer oxygènent le cerveau.

J'acquiers une bonne démarche

Gardez le buste et les épaules droits tout en respirant profondément. Le pied doit se poser d'abord à plat sur le talon, puis sur le bord externe du pied, pour terminer par le gros orteil.

Je marche 30 minutes !

La marche est la base de l'exercice musculaire quotidien. Elle est bénéfique pour tout le système circulatoire, pour le cœur, elle oxygène le cerveau... Marchez au moins 30 minutes par jour, d'un pas vif, en posant d'abord le talon. Si vous êtes en voiture, prenez le temps de vous balader, de faire une course, de descendre le chien... Si vous prenez les transports en commun, descendez une station avant votre arrêt et faites le reste à pied. Oubliez l'ascenseur ! Montez les escaliers à pied, pourquoi pas les marches deux à deux ou sur la pointe des pieds, et descendez systématiquement par les escaliers…

Je muscle mes fessiers

Debout en attendant le bus ou le métro, contractez vos fessiers sur une inspiration profonde et maintenez la contraction pendant quelques secondes, tout en respirant normalement. Puis relâchez vos muscles en expirant (par le nez). À faire plusieurs fois en augmentant progressivement le temps de contraction.

Je stimule mon énergie grâce à « mula bandha »

Aussi invisible qu'efficace, cette technique qui vient d'Asie consiste à contracter les muscles du vagin tout en faisant remonter le plancher pelvien. Grâce à une pratique régulière, on obtient un vagin plus souple, musclé et lubrifié, et donc une sexualité épanouie.

C'est aussi un vrai booster d'énergie qui demande peu d'efforts ! Entraînez-vous plusieurs fois par jour, dans le métro, au bureau, dans une salle d'attente, dans le bus, en voiture, quand vous vous lavez les dents… en effectuant trois ou quatre contractions. Vous en mesurerez rapidement les effets !

J'assouplis mes doigts

La gymnastique des doigts peut devenir un passe-temps agréable et bénéfique dans le dans le métro, entre deux autobus ou dans les embouteillages, avec des avantages non négligeables pour celles dont la vie professionnelle dépend d'une bonne utilisation de leurs mains (pratique d'un instrument de musique, usage de l'ordinateur, jardinage, bricolage, artisanat d'art...).

JE FAIS L'ÉCOLE BUISSONNIÈRE POUR RENTRER CHEZ MOI

Je regarde autour de moi d'un œil neuf

Foncer tête baissée et marcher en ressassant ses problèmes et ses soucis nous prive des bienfaits d'un parcours effectué avec des yeux neufs. Se promener le nez en l'air, observer le détail d'une façade d'immeuble, se perdre dans le ciel en essayant d'en distinguer les nuances ou la forme des nuages, regarder la cime des arbres, s'attacher au visage des gens que l'on croise... sont autant de trésors qui embellissent nos parcours.

Je fais une halte dans un square avant de rentrer chez moi

Sur le chemin du retour, arrêtez-vous un instant dans un jardin ou un square. Asseyez-vous sur un banc public, choisissez un arbre et observez-le tranquillement. Notez chaque détail : sa couleur, sa position par rapport aux autres, l'aspect du tronc, la forme des feuilles, leur frémissement au gré du vent... Et progressivement, vous vous sentirez emplie d'une grande quiétude.

Je lèche les vitrines

Observer les nouvelles tendances de la mode, essayer une paire de chaussures, flâner chez un antiquaire... changent les idées. Le plaisir de regarder de belles choses dans les boutiques ou de dénicher un objet inattendu aide à oublier le stress de la journée et agrémente le retour à la maison.

Je me déplace léger

Dans un sac à main, il est bon d'emporter le strict minimum. Résultat : on retrouve facilement ses affaires, on se sent alerte, plus légère, prête à suivre sans fardeau le mouvement de sa journée... De même, réduire et alléger au maximum ses bagages apprend à se passer du superflu, à voyager libre de tout chargement inutile, à se pencher sur l'essentiel, à s'adonner au plaisir de découvrir...

JE FAIS DU VÉLO EN VILLE

Ma forme assurée

Prendre son vélo chaque jour présente beaucoup d'avantages pour la santé. On ne dira jamais assez combien cette activité physique « douce » est bonne pour le tonus et le moral. On s'aère la tête tout en faisant marcher ses jambes, avec cette sensation ô combien agréable de se faire du bien, tout en faisant du bien à la planète !

Je débute

Commencez par un parcours agréable dans votre quartier ou une balade le dimanche matin. Progressivement, vous allongerez vos trajets et ne pourrez bientôt plus vous passer de votre bicyclette.

Je fais des petits parcours pour gagner du temps

Tout en roulant à votre rythme, vous pouvez échapper aux embouteillages et éviter les zones très polluées par des chemins malins qu'aucune voiture ou qu'aucun bus ne pourrait emprunter… quelle liberté !

Un autre regard sur la ville…

Le vélo est un moyen de locomotion lent qui nous permet de voir autrement ce qui nous entoure ou de découvrir ce que l'on ne voit pas à cause de la vitesse. Et quand on croise un voisin ou une amie, de prendre le temps de bavarder avec eux...!

Sécurité oblige

De jour comme de nuit, il importe d'être vue. Portez de la couleur et des bandes réfléchissantes au bras ou à la cheville. Et roulez bien à droite. Servez-vous de votre rétroviseur et anticipez sur les risques en levant votre bras longtemps avant de tourner par exemple, et en respectant à la lettre le code de la route.

je gère bien ma vie active

72 gestes & astuces

JE GAGNE DU TEMPS GRÂCE À UNE BONNE ORGANISATION

J'arrive en avance à un rendez-vous

Arriver à un rendez-vous 10 à 15 minutes en avance procure une multitude de bénéfices secondaires. On a le temps de se décontracter, de bien se préparer, de se concocter une attitude mentale positive, et on se donne ainsi tous les atouts pour que le rendez-vous se déroule bien. Pour ma part, mon petit plaisir est de prendre le temps de boire un expresso au comptoir du café le plus proche.

Je suis toujours à l'heure

« Il faut se dépêcher pour être en retard et prendre son temps pour arriver à l'heure. »

Antoine Abril Abkil.

D'aucuns considèrent qu'être en avance à un rendez-vous est une façon de bien gérer leur temps. D'autres qu'arriver à la dernière minute leur réussit bien mieux. Vous en conviendrez avec moi, il n'y a donc pas de règle. Ce qui compte, au final, c'est de bien se connaître afin de ne pas se mettre dans une situation stressante.

Je nettoie régulièrement ma messagerie

Qu'il s'agisse de ma boîte mail ou de mon téléphone. De même, je supprime dans mon répertoire les noms qui me semblent aujourd'hui sans intérêt. J'élimine ainsi le superflu, je m'allège…

La théorie des 3 tiroirs

Pour résoudre les problèmes organisationnels de tous ordres (partir en voyage, traiter le courrier en retard, organiser son travail de la journée…), voici une méthode aussi astucieuse qu'efficace :
– dans le premier tiroir, on détermine ce qui est essentiel, incontournable,
– dans le deuxième, ce qui est utile mais secondaire,
– dans le troisième, le superflu.

En général, le premier est petit, le deuxième un peu plus important et le troisième énorme !

Je planifie chaque jour mes tâches

Lister quotidiennement tout ce que l'on doit faire ou tout ce que l'on veut faire et définir ensuite ses priorités rend plus efficace.

mes recommandations

– Prenez le temps de réfléchir à chaque journée pour dégager ses priorités. Apprenez ainsi à faire la part des choses entre les priorités et les urgences qui, le plus souvent, se règlent d'elles-mêmes.

– Commencez par celles qui vous plaisent le moins. Pour vous en débarrasser plus vite, vous les effectuerez rapidement et efficacement et passerez ensuite à celles qui vous sont plus agréables.

– Réservez-vous chaque jour une plage libre pour caser les « impondérables » et vous faire plaisir de temps en temps, en vous offrant par exemple un rendez-vous chez le coiffeur ou l'esthéticienne...

J'optimise mes déplacements

On y parvient en groupant ses rendez-vous personnels et professionnels ou en les organisant de telle sorte que l'on puisse les accomplir d'une façon logique. Par exemple, répartissez vos rendez-vous en début ou en fin de journée, regroupez-les par lieu, par quartier, prévoyez tous vos rendez-vous personnels le même jour, partagez les déplacements pour les activités extrascolaires de vos enfants avec d'autres parents, etc.

Je fais mes courses une fois par semaine

Prenez le temps de vous poser quelques minutes pour réfléchir à vos menus de la semaine et faites une liste détaillée de vos courses alimentaires et domestiques pour la semaine. Ainsi dégagée de ces courses quotidiennes d'appoint qui surchargent votre emploi du temps, vous trouverez peut-être le temps de faire un peu plus de sport, de vous occuper de façon plus sereine de vos enfants, de lire cette nouvelle que vous avez depuis plusieurs mois sur votre table de chevet...

Je pratique l'art du système D

Les cybermarchés vous offrent aujourd'hui à peu près le même choix que les supermarchés traditionnels et des prix équivalents. Vous pouvez d'ailleurs comparer les prix sur certains sites comme *www.comparer-cybermarches.com*, *www.shopzilla.fr* ou *www.planeteachat.com*. L'avantage, c'est que la livraison s'effectue sur la base d'un forfait généralement très raisonnable vous évitant ainsi frais d'essence et stress. Autre atout non négligeable : vous gérez mieux votre temps puisque vous pouvez choisir le moment le plus approprié – où vous ne serez ni dérangée, ni pressée – pour effectuer vos courses.

Et, cerise sur le gâteau... loin des tentations provoquées par l'ambiance du magasin et la mise en avant des produits, vous vous limitez plus facilement à votre liste. Indéniablement plus sage pour votre porte-monnaie !

Je m'accorde 10 minutes par jour

Ne rien faire, essayer de faire le vide, marcher, faire un tour sur Internet, lire un magazine, faire une recette inédite, appeler une amie, jouer avec son enfant, classer des documents, etc... En bref, s'octroyer une pause quelle qu'elle soit – même si l'on ne fait strictement rien – permet de se détendre, de recharger ses batteries et de reprendre ainsi le cours de sa journée avec plus d'entrain. Prendre du temps pour soi, c'est apprendre à en gagner. On le sait : plus on est bien dans sa peau, plus on est efficace !

Savoir être dans son univers professionnel

– Ce qui est en jeu dans nos relations professionnelles, c'est la manière dont on se présente aux autres, dont on communique et dont on travaille avec eux. Il ne s'agit pas de se mettre à nu dans un univers qui n'offre pas la protection suffisante pour se « déshabiller », mais d'apprendre à fixer des limites à l'expression de ses émotions ou de ses ressentis, sans pour autant se « verrouiller ». S'interdire de dire les choses ou d'être ce que l'on est entraîne, à terme, de véritables souffrances.

Adoptez plutôt la bonne distance, c'est-à-dire apprenez à être, et à établir une marge de sécurité qui protège votre être profond, tout en restant fidèle à vous-même et à l'écoute de vos besoins.

– Souriez sincèrement à votre entourage. On le sait, la bonne humeur au travail donne des ailes : on travaille mieux et on diffuse autour de soi un climat positif, générateur d'efficacité. Tout le monde y gagne.

– La courtoisie adoucit les relations professionnelles et agit comme un sourire. Écrire un mail sans oublier la formule de politesse ou le petit mot aimable, demander quelque chose

avec délicatesse, s'enquérir d'un parent malade auprès de son collègue… permettent d'établir des relations tout simplement humaines dans un monde professionnel souvent dur et déshumanisé.

J'instille dans mon emploi du temps chargé des petites récréations qui me ressourcent

– S'asseoir sur un banc public et regarder autour de soi.
– Scruter le ciel.
– Converser agréablement avec une amie, un inconnu, son mari.
– Prendre un thé avec une ou un ami.
– Se masser les mains.
– Écouter une chanson.
– Aller au kiosque chercher son magazine préféré.
– Feuilleter un atlas, un catalogue d'artiste…
– Chercher et réserver un restaurant pour le lendemain.
– Surfer sur Internet.
– Faire une grille de mots croisés.
– Lire une histoire à son enfant…

À LA RECHERCHE DE L'ÉQUILIBRE

3 petits exercices de centrage

Ces trois techniques inspirées de la kinésiologie sont à effectuer au lever ou dans la journée, aussi souvent que vous en ressentez le besoin.

1 – Reliez votre tête avec votre corps : posez une main sur le nombril et avec l'autre, touchez la partie inférieure et supérieure de la bouche et massez 30 secondes ; puis changez de main et faites de même.

2 – Reliez le présent avec le passé : posez une main sur le nombril et l'autre sur le dos jusqu'à la limite inférieure du sacrum. Massez 30 secondes et changez de main.

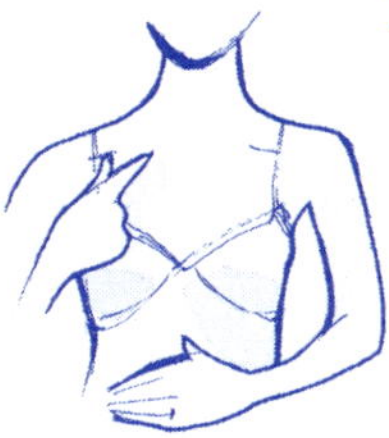

3 – Reliez le côté droit et le côté gauche : posez la main sur le nombril et, avec le pouce et l'index de l'autre main, massez le point R27, petite dépression qui se trouve au-dessous de la clavicule, 30 secondes environ et changez de main.

La bonne humeur à consommer du matin au soir, sans modération

La bonne humeur reste notre meilleure alliée pour vivre chaque journée dans l'équilibre. C'est le petit plus qui permet de relativiser ses problèmes, d'accomplir ses tâches avec entrain, d'agrémenter ses échanges avec les autres, d'avoir la bonne distance en toutes choses et finalement de trouver le bon équilibre. Avec comme avantage supplémentaire non négligeable d'être contagieuse...!

Je fais une pause « humour »

Après une activité qui demande une grande concentration, échanger quelques mots plaisants avec un collègue, rire avec lui ou passer un coup de fil à une personne que vous appréciez pour son humour décapant, voilà qui oxygène les neurones et permet de retrouver son entrain !

Je m'autorise à rire aux éclats, sans retenue, chaque fois que je le peux

Après un fou rire, notre corps est envahi d'une sensation de bien-être agréable. C'est bon pour notre corps et notre moral et, de surcroît, contagieux.

Posture de l'arbre

Cette posture apprend à travailler l'équilibre et active notre énergie.

Position de départ : debout, jambes serrées, bien en contact avec le sol. Placez les mains, paume l'une contre l'autre, au niveau du sternum.

Les yeux ouverts et le regard fixe, contractez la jambe gauche qui va porter tout le poids du corps,

Levez lentement la jambe droite, en faisant glisser la plante droite sur la jambe gauche. Montez-la le plus haut possible, jusqu'à mi-cuisse si vous y parvenez. Puis remontez vos bras au-dessus de la tête, en conservant vos paumes collées l'une à l'autre. Restez immobile pendant 6 à 12 respirations.

Puis changez de pied d'appui et faites de même.

mon conseil

Concentrez-vous sur votre respiration lorsque vous tenez l'équilibre.

ZOOM

Je retrouve l'équilibre grâce à la respiration alternée

Cette technique respiratoire peut se faire à n'importe quel moment de la journée, dans un lieu calme de préférence, en posture assise ou debout.

1re version :

Posez l'index et le majeur entre vos deux yeux.

Temps 1 : fermez la narine droite avec le pouce en expirant à gauche. Inspirez à gauche en maintenant la narine droite fermée.

Temps 2 : fermez la narine gauche avec l'annulaire en enlevant le pouce de la narine droite et expirez à droite. Inspirez à droite en maintenant la narine gauche fermée.

Temps suivants : relâchez la narine gauche, bouchez votre narine droite et expirez à gauche, et ainsi de suite. Terminez par une expiration à gauche.

À pratiquer pendant 5 à 10 minutes en inspirant et expirant sans forcer, calmement et de façon régulière.

Cet exercice respiratoire permet en quelques minutes d'équilibrer les énergies yin et yang. Cet équilibre est générateur de vitalité et permet une bonne concentration. Profitez de ses vertus pour éclaircir vos idées, pour prendre une décision...

2e version :

Au lieu d'utiliser vos doigts pour alterner votre respiration, pensez mentalement que vous respirez par la narine gauche puis par la narine droite. Pour accentuer la concentration, comptez mentalement à rebours de la façon suivante :

Temps 1 : « 108, j'expire à gauche »
« 108, j'inspire à gauche »

Temps 2 : « 108, j'expire à droite »
« 108, j'inspire à droite »

Temps 3 : « 107, j'expire à gauche »
« 107, j'inspire à gauche »

Temps 4 : « 107, j'expire à droite »
« 107, j'inspire à droite »

Et ainsi de suite... jusqu'au chiffre 1 qu'il n'est d'ailleurs pas obligatoire d'atteindre. Pratiquer cette technique respiratoire quelques minutes apporte déjà une grande détente.

Je masse mes oreilles pour me relaxer

Quand vous travaillez ou devez vous rendre dans des endroits très bruyants, massez-vous régulièrement les oreilles. Cet exercice détend et active l'équilibre. Ce geste est particulièrement utile en cas de mal des transports.

Massez-les du haut vers le bas, de l'intérieur vers l'extérieur, comme si vous les lissiez.

ASTUCES POUR BIEN ME CONCENTRER

Je rafraîchis mon esprit

Quand la fatigue se fait sentir ou que l'on se sent déconcentrée, après un long travail devant l'ordinateur ou une tâche complexe, cet exercice délasse. Asseyez-vous confortablement et croisez une jambe sur l'autre (celle que vous n'auriez pas choisie spontanément, la moins confortable pour vous). Tenez le talon de la jambe que vous avez croisée avec la main du même côté et posez l'autre main sur la cheville. Gardez cette position pendant une minute environ.

Je me pince la racine du nez

Chaque fois que vos pensées vous emmènent hors sujet, pensez à effectuer quelques pincements à la racine du nez, entre le pouce et l'index. Vous verrez, cela aide à retrouver ses esprits et à reprendre une activité avec plus de concentration.

Mon geste Reiki

Voici un geste qui vous aidera à vous détendre et à mieux vous concentrer.

Couvrez vos yeux et la partie supérieure de vos joues avec vos paumes de main, doigts serrés. Fermez les yeux et restez dans cette position durant 3 minutes.

Je pratique un massage chinois

Trop d'émotivité entraîne des difficultés à se concentrer. En médecine traditionnelle chinoise, en agissant sur des points d'énergie par pression circulaire douce pendant 1 à 2 minutes, trois à six fois par jour, selon l'intensité du symptôme, on peut enrayer cette difficulté :

1) en cas d'émotivité psychique

2) en cas de faiblesse soudaine ou de trac avant un examen.

Je frotte mes oreilles pour activer ma mémoire

Quand on a du mal à se concentrer, rien n'est plus stimulant que de frictionner ses oreilles. Un bon massage en suivant le lobe de haut en bas et en prenant soin de tirer la pointe vers l'arrière, apporte une sensation de bien-être immédiate.

Je me tiens le front pour stimuler mes neurones

Ce geste inspiré de la kinésiologie est bien plus puissant qu'il n'y paraît. Il est excellent pour activer la réflexion ou la mémoire quand on cherche à se souvenir de quelque chose. Car dès que la main touche le front, la circulation sanguine est avivée dans le lobe frontal.

GESTES QUI FACILITENT LA PRISE DE DÉCISION

Je décide pour moi-même

Avec un brin de concentration et de régularité, la pensée positive nous aide à changer notre façon d'agir. Posez une main sur votre front et l'autre derrière la tête et répétez silencieusement ou à voix haute l'affirmation suivante : « J'ai le courage de décider pour moi-même. Je me concentre sur mes capacités, je les découvre, je les vis et j'atteins mes objectifs. »

Exercice de Qi Gong en lien avec le méridien Vésicule biliaire

Les médecins chinois considèrent que la vésicule biliaire a la charge du juste et de l'exact. Véritable porte-parole et conseiller du cœur empereur, toutes les décisions sont censées dépendre d'elle. On lui attribue également la vertu du courage.

exercice

Écartez légèrement un bras de votre corps. Pour la stabilisation, posez l'autre main sur l'épaule du bras qui travaille. Balancez le bras en avant et en arrière. Essayez de faire ce mouvement aussi en alternance : soulevez un bras, pendant que l'autre descend et vice versa.

mon exercice détente

« LA PETITE CIRCULATION »

Assise en tailleur, les mains posées sur les genoux, inspirez par le nez en visualisant le parcours du souffle qui part du coccyx, en longeant la colonne vertébrale, jusqu'au sommet de la tête. En expirant, concentrez-vous sur le chemin inverse de cette énergie qui redescend jusqu'au coccyx. À faire plusieurs fois pendant une dizaine de minutes sans vous arrêter. Cet exercice de visualisation mis au point par les maîtres tibétains détend et rend les idées plus claires.

SE DÉTENDRE AVANT OU APRÈS UNE RÉUNION IMPORTANTE

Je fais le geste libérateur

On secoue ses mains vers le sol, dans un mouvement sec, comme pour se débarrasser d'un trop plein de négatif.

ZOOM

Les 10 conseils du Docteur François Baumann

médecin généraliste pour
CONCILIER AU MIEUX VIE FAMILIALE ET VIE PROFESSIONNELLE
*auteur de *Quand le travail rend malade*, Éditions J. Lyon.

1) Passez du temps en famille

Vous devez établir des priorités. Même si votre activité professionnelle vous passionne, et surtout si c'est le cas, évitez d'y consacrer trop de temps ! La vie n'est pas si longue et à sacrifier votre vie au travail, vous risquez de passer à côté de bien des bonheurs, dont celui d'être avec vos enfants. Aucune activité ne vaut jamais le sacrifice d'une vie entière.

2) Prenez du temps pour vous

Chaque semaine, imposez vous un temps incompressible que vous n'utiliserez que pour vous et que vous ne laisserez empiéter par personne.

Isolez-vous s'il le faut ! consacrez-le aux activités de votre choix : lecture, musique ou méditation, bricolage… mais ne laissez personne franchir les limites de votre propre espace durant le laps de temps que vous vous accordez, aussi minime soit-il !

3) Apprenez à vivre et à respecter l'instant présent

Qu'il s'agisse de votre activité professionnelle ou de votre vie de famille, considérez que l'instant présent reste toujours la clé du bonheur. Répétez-vous que le présent est le plus important et tâchez d'en tirer le maximum !

4) Apprenez la patience !

Tout arrive toujours au moment opportun, même si souvent les raisons profondes nous échappent ; il ne sert donc à rien – sinon à développer un stress négatif – de s'angoisser à tout bout de champ ! D'imaginer, par exemple que vous seriez mieux, à cette minute, en train de travailler, qu'à jouer avec votre plus jeune fils, qui pourtant ne vous a pas vue depuis deux jours !

Avec la patience, vous apprenez à concilier chaque instant avec sa juste place ; si la vie personnelle, nous l'avons dit, mérite une priorité absolue, il faut cependant de la patience pour attendre que le temps du travail, indispensable lui aussi, ne lui laisse la place.

5) Ne faites jamais plusieurs choses à la fois

Choisissez une activité et concentrez vous à fond dessus ! Courir plusieurs lièvres à la fois va entraîner une perte inutile d'énergie et risquer de gâcher vos rares instants de détente, dans la journée.

6) Votre vie professionnelle est importante, mais ne confondez pas tout !

Il faut apprendre à lâcher prise et surtout à faire des choix. Pas facile quand on aime son métier, plus difficile encore si on se sent « une vocation », car la frustration est alors très forte, lorsque l'on n'obtient pas ce que l'on attend ! Mais ce choix est indispensable à qui veut réussir sa vie sur tous les plans.

7) Faire le point pour définir « la bonne distance » entre votre travail et votre vie personnelle et utiliser au mieux vos talents

La « bonne distance » va alors s'imposer d'elle-même, car après un « grand vide » les idées sont toujours plus claires. C'est certainement un long parcours et il ne vous faudra pas céder aux « sirènes » de la culpabilité sociale !

Soyez-en persuadée, votre vie personnelle est beaucoup plus importante pour vous que la vie professionnelle, et beaucoup moins porteuse de soucis psychologiques !

8) Limitez vos ambitions, ou alors elles se chargeront de vous rappeler vos propres limites

Concilier vos ambitions professionnelles et le désir d'une vie affectivement riche ne restera pas un vœu pieux si vous vous donnez les moyens de vos ambitions. Pour cela, il faut vous efforcer de faire des choix les plus clairs possible. Il faut

ZOOM (suite)

savoir aussi que plus vos désirs de réussite professionnelle seront forts et plus le temps passé dans votre environnement favori va se raréfier. Dés le matin, évaluez votre emploi du temps. Plus il sera précis et plus vous pourrez y voir clair dans votre programme de la journée. N'hésitez pas à noter tout cela pour mieux le mémoriser. Prendre des notes pour établir des programmes est un excellent moyen de s'organiser, surtout si l'on dispose de peu de temps. En décrivant pour vous-même le contenu de vos journées, vous trouverez rapidement les limites de vos possibilités.

9) « Réunissez-vous » plus souvent avec vous-même, pour vérifier que vous respectez toujours vos priorités

Cela signifie prendre, avec régularité, le temps de réfléchir à sa vie, car une décision prise peut toujours être modifiée... surtout si à l'épreuve du temps elle s'avère impossible à réaliser ou plus simplement trop difficile à tenir. Se « réunir avec soi-même » doit permettre de réaliser un véritable dialogue ; et comme au cours d'une conversation, une véritable décision doit en sortir. N'acceptez aucun compromis.

10) Cessez de vous comparer aux autres

Inutile de comparer votre mode de vie avec celui de vos collègues, tant que vous n'aurez pas « chaussé leurs mocassins durant quinze jours » (proverbe indien) ; le mode de vie de chacun est différent, comme ses astreintes et ses plaisirs ; même si vos collègues de travail ont plus d'avancement que vous, même si ils sont mieux rémunérés, qui vous dit qu'ils sont mieux dans leur peau ? que leurs enfants sont plus heureux ? De par ma propre expérience, je sais que c'est souvent le contraire.

Je frotte mon cuir chevelu

Frictionnez avec vos mains votre cuir chevelu comme si vous laviez votre chevelure, profondément, lentement.

Puis tirez doucement sur vos cheveux du bout des doigts.

Je nettoie mon esprit

Confortablement assise, on commence par se frotter les mains l'une contre l'autre. Puis lorsqu'on sent la chaleur se propager dans les paumes, on passe chaque main sur son front de gauche à droite avec la main droite, puis de droite à gauche avec la main gauche, dix-huit fois de chaque main. Symboliquement, on imagine qu'on lave son esprit avec un gant pour chasser ses soucis ou ses tensions.

En 20 secondes, j'évacue l'excès de nervosité

Voici une technique respiratoire conseillée pour toutes les situations stressantes (avant une réunion, entre deux rendez-vous, coincée dans un embouteillage...) : remplissez d'air vos poumons à fond. Puis en libérant un grand « Ho ! » à voix haute, expirez très lentement tout l'air qui stagnait dans vos poumons. Recommencez plusieurs fois. Le diaphragme se libère, la respiration se détend. Vous voilà prête pour reprendre votre activité.

DÉSAMORCER UN CONFLIT

J'écoute le point de vue de l'autre

L'écoute n'est pas un don inné. Elle demande de l'entraînement, un apprentissage assidu. Mais ses effets sont tellement satisfaisants que l'effort initial est vite oublié. Voici une méthode simple qui vous aidera à désamorcer un conflit :

1 – parler de soi : exprimer son point de vue, donner son ressenti,

2 – entendre le ressenti de l'autre,

3 – tenir compte du ressenti de l'autre au lieu de continuer sur le sien.

Je baisse le ton

Baisser le ton quand l'autre le monte reste une tactique simple et efficace pour amener l'autre à réduire son niveau de colère ou d'énervement. Il sera alors plus aisé d'entamer le dialogue avec lui.

J'utilise le sourire salvateur

Il est difficile de trouver plus simple que le sourire pour adoucir la vie. En toutes circonstances, celui qui vient du cœur exerce sa puissance. Il amplifie un sentiment d'amitié ou d'amour, il transforme un événement banal en un moment délicieux, il nous délivre en quelques secondes d'une situation grave ou tendue... Il suffit de le décider.

Alors, n'hésitez pas à vous en servir quand le conflit se profile à l'horizon...!

RÉCUPÉRER À TOUT MOMENT

J'utilise l'élixir d'orme (fleurs de Bach) quand je me sens débordée

Cet arbre méconnu, dont l'espèce est menacée aujourd'hui, est très utile dans une société qui exige de nous rendement et performance. L'orme peut nous aider à faire face au stress et à assumer nos responsabilités. Avant que le surmenage ne vous guette, pensez à l'élixir d'orme (3 gouttes au lever et au coucher, à consommer pur dans la bouche).

Un mudra pour se remettre en selle !

Quand on est bloquée dans un embouteillage, quand on s'énerve devant son ordinateur ou au téléphone, quand on sort de réunion épuisée... un mudra peut nous sauver la mise.

Avec chaque main, pressez légèrement le pouce et l'annulaire l'un contre l'autre, en maintenant les autres doigts tendus. À pratiquer trois à quatre fois par jour pendant quelques minutes. Ce mudra apporte de la vitalité physique ou psychique quand elle nous fait défaut. Il active notre chakra, racine où réside notre force originelle.

J'assouplis mon cou

Quand les tensions s'installent sur le cou après de longues stations assises ou de nombreuses heures passées devant votre ordinateur, prenez 3 minutes pour vous relaxer efficacement.

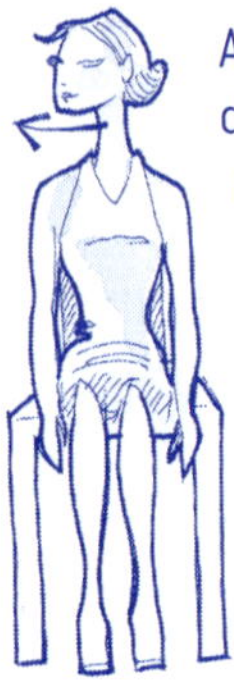

Assise sur votre chaise, les bras pendant le long du corps, la tête bien droite, commencez une rotation de la tête. Tournez lentement le menton en direction de l'épaule droite puis laissez partir la tête en arrière. Poursuivez la rotation en amenant le menton contre l'autre épaule puis revenez à la position de départ. Recommencez en changeant de côté.

Je relaxe mon dos

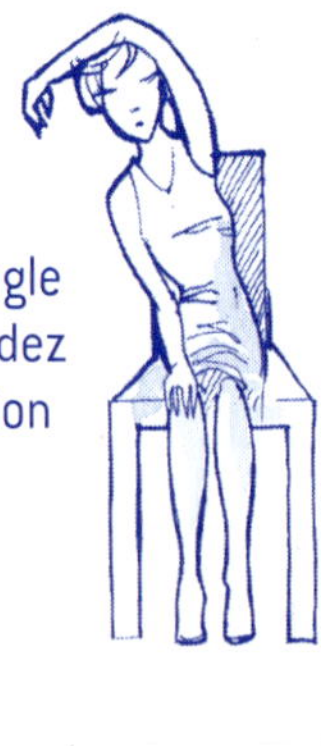

En position assise, posez la main gauche sur la cuisse gauche. Levez le bras droit au-dessus de la tête, coude légèrement fléchi à angle droit (le bras appuyé contre l'oreille). Descendez lentement sur le côté gauche. Gardez la position 30 secondes, puis changez de côté.

À effectuer deux fois de chaque côté.

mon conseil

Ne penchez pas le buste en avant pendant l'exercice.

Je fais des petites rotations pour dénouer le haut de mon dos

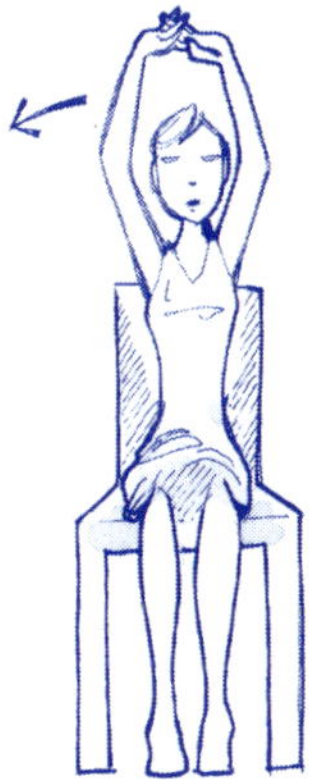

Assise sur votre chaise, les mains entrelacées et les pieds posés à plat, grandissez-vous au maximum en étirant les bras vers le ciel. Puis sur une expiration, tournez lentement vos épaules d'un côté, sans bouger vos genoux ni votre bassin. Il n'y a que votre buste qui bouge. Maintenez votre position quelques secondes puis effectuez la même rotation de l'autre côté.

Je détends le bas de mon dos

Le dos bien droit, les mains posées sur les genoux, bien calée au fond de votre chaise, inspirez lentement. Puis en expirant, amenez lentement un genou vers votre front tout en faisant le dos rond. Faites de même avec l'autre genou. Les tensions logées dans le bas du dos s'estomperont progressivement.

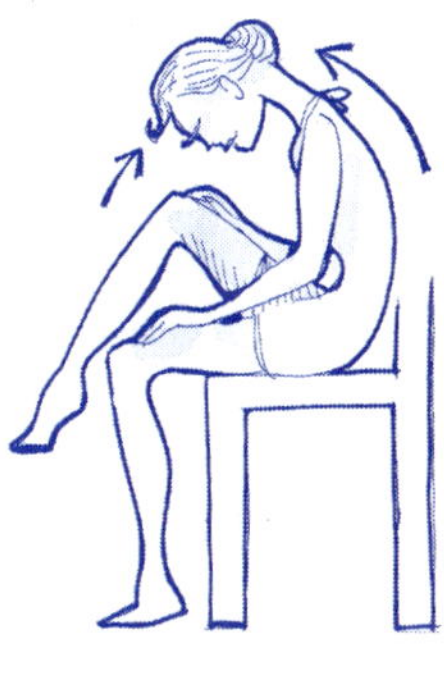

Je décontracte mes bras

Assise, placez la main gauche sur la hanche et levez le bras droit le plus haut possible comme si vous cherchiez à toucher le plafond, paume de main tournée vers le ciel. Gardez la position 10 secondes, puis changez de bras.

À pratiquer deux fois de chaque côté.

mon conseil

Ne décollez pas les fesses de l'assise pour obtenir un étirement maximal.

Je tapote le haut de ma poitrine pour récupérer

Tapotez avec les deux mains le haut de la poitrine en inspirant puis expirez en tapotant avec la paume des mains. Ce massage éclair inspiré de l'Ayurvéda favorise une bonne respiration et permet de développer une bonne énergie.

Je me fais un bon massage des tempes

Pour vous reposer de plusieurs heures de travail sur votre ordinateur, effectuez des petits massages circulaires sur vos tempes. Rien de tel pour ressentir une sensation de légèreté et retrouver une vue claire.

J'apprécie un petit massage pied à pied

Pieds nus sous votre bureau, commencez par masser la plante de votre pied gauche avec le talon droit. Puis faites glisser votre pied sur le dessus du pied gauche, en massant bien cette zone (de la cheville jusqu'au bout des doigts de pieds). Pratiquez de même avec l'autre pied. Cet automassage produit un bon soulagement de la fatigue et exerce une action circulaire stimulante sur les chevilles.

SE MUSCLER ASSISE

Je tonifie mes bras

Une bouteille d'eau pleine dans la main, levez le bras à la verticale. Puis, laissez redescendre la main lentement derrière la tête, en pliant l'avant-bras tout en gardant le bras à la verticale. Remontez la main sans bouger le bras.

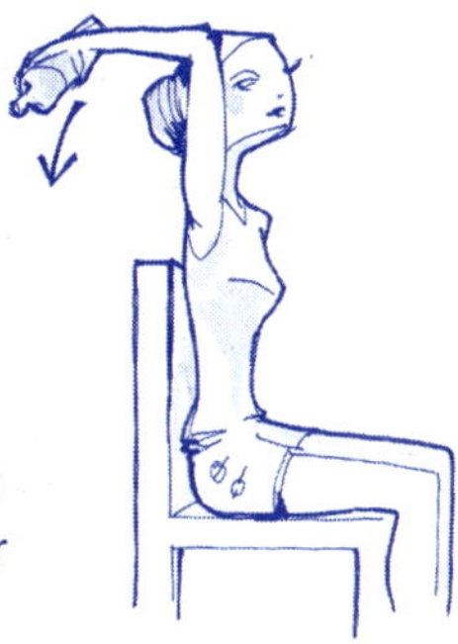

Ce mouvement de va-et-vient est à effectuer une vingtaine de fois pour chaque bras.

mon conseil

Utilisez d'abord des bouteilles de 33 cl, puis de 50 cl. Pour éviter les contractures, faites le mouvement le plus lentement possible, surtout en descendant.

Je veux une belle poitrine

À hauteur de la poitrine, pressez fortement les paumes l'une contre l'autre 10 secondes, puis relâchez 10 secondes.

À effectuer cinq à dix fois.

mon conseil

Les paumes de main doivent être jointes pendant l'exercice.

Je travaille mes abdos

Toujours en position assise, posez les mains à plat sur les cuisses. Levez légèrement une cuisse tout en résistant avec la main du même côté pendant une dizaine de secondes. Puis relâchez et faites de même avec l'autre jambe. En complément, pour travailler les abdominaux obliques et affiner votre taille, mettez la main droite sur le genou gauche et faites le même travail de résistance. À faire des deux côtés.

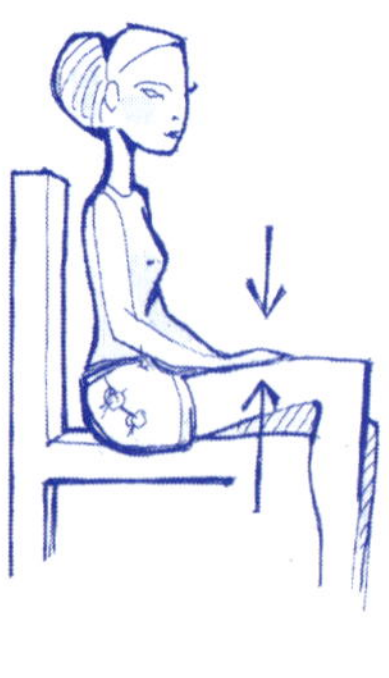

À pratiquer cinq fois de chaque côté.

mon conseil

Gardez la colonne vertébrale bien droite.

Je sculpte mes jambes

Position de départ : assise, le pied droit sur une chaise face à vous, l'autre pied posé au sol.

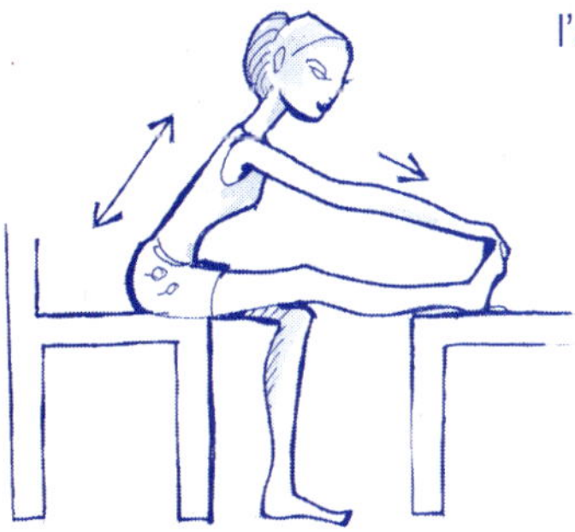

Descendez le buste en expirant et prenez le pied droit dans votre main droite en le tirant vers vous. Maintenez la position pendant une quinzaine de secondes. Faites de même avec l'autre jambe.

mon conseil

Gardez la jambe bien tendue et le buste droit. Évitez à tout prix d'arrondir le dos. Il faut pousser le ventre et la poitrine en avant.

J'améliore ma vision

Cet exercice de stimulation des points oculaires est surtout valable pour ceux qui portent des lunettes et favorise, avec une pratique régulière, l'élargissement du champ de vision :

1 – posez vos paumes de main au-dessus des oreilles, les doigts tournés vers l'arrière de la tête,

2 – la tête droite, massez ces petites dépressions qui se trouvent à l'endroit où se rejoignent les index et les majeurs. Ce sont les points oculaires,

3 – en même temps, faites tourner les yeux dans le sens des aiguilles d'une montre puis dans le sens opposé.

À L'ORDINATEUR

Je repose mes yeux grâce au yoga des yeux

Dès que vous ressentez une légère fatigue oculaire, pensez au yoga des yeux pour stimuler et détendre vos muscles orbitaux. Commencez par effectuer des cercles de droite à gauche puis de gauche à droite. Dessinez ensuite des lignes perpendiculaires et des lignes horizontales. Enfin terminez en louchant et en élargissant au maximum votre champ de vision à droite et à gauche. À pratiquer quatre à cinq fois à la suite.

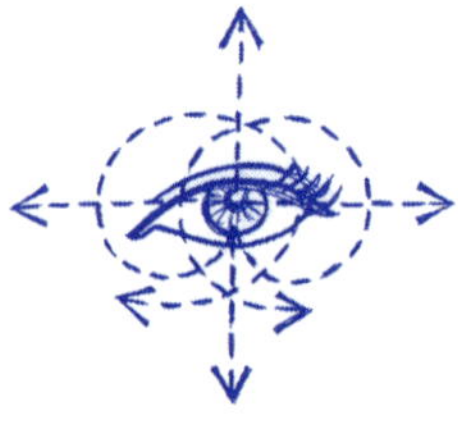

Je pratique le palming, geste bienfaisant pour les « accros » de l'ordinateur

Quand on passe plusieurs heures devant son écran informatique, le palming est idéal pour détendre les yeux. Commencez par frotter vos mains de façon énergique. Puis, lorsque vous ressentez de la chaleur, serrez les doigts et appliquez vos mains devant vos yeux fermés... Quelques minutes de pause revitalisent le nerf optique et apportent une grande détente. À pratiquer 2 à 3 minutes toutes les heures.

J'ai une bonne assise

Une bonne position préserve notre dos et empêche les tensions dans la nuque. Enfoncez-vous sur votre siège et veillez à avoir le dos bien droit. Vous êtes à la bonne hauteur lorsque vos genoux et vos coudes forment des angles droits et que le haut de votre écran d'ordinateur se trouve au même niveau que vos yeux. Ainsi installée, vos avant-bras sont naturellement posés devant votre clavier.

ZOOM

JE NOTE MES 10 GESTES ESSENTIELS

1 ....

2 ....

3 ....

4 ....

5 ....

6 ....

7 ....

8 ....

9 ....

10 ....

ma nuit en rose

77 gestes & astuces

MA JOURNÉE PRÉPARE MA NUIT

Je me ménage tout au long de la journée

Du lever au coucher, la façon dont on va vivre sa journée aura une incidence sur la qualité du sommeil. Trop de fatigue perturbe le sommeil qui devient plus capricieux, discontinu, superficiel. Il est de moins en moins réparateur. Il peut même devenir une source de stress supplémentaire.

Se réveiller progressivement, s'octroyer des pauses dans la journée, travailler avec plaisir, faire le point, gérer son stress, éviter d'enchaîner les conflits, rire… préparent notre sommeil !

Je fais de l'exercice

Notre mode de vie occidental nous conduit à être de moins en moins active sur le plan physique. On passe des heures devant son ordinateur, dans sa voiture, les transports en commun. La fatigue est souvent liée à une vie trop renfermée et sédentaire. Alors, pour vous détendre, bougez au moins 20 minutes par jour : une promenade, un exercice d'étirement, quelques respirations profondes. Évitez cependant de faire du sport après 18 heures.

Je bâille souvent

N'oubliez pas de bâiller un bon coup chaque fois que vous ressentez le besoin de vous détendre. C'est simple et efficace !

Je m'octroie des pauses

Chaque jour, offrez-vous quelques instants entre deux activités, avant ou après un moment de stress ou en fin de journée... pour souffler, vous détendre et conserver le bon tempo.

Je m'entraîne à expirer

Quand on vide bien ses poumons, on accueille plus d'air nouveau et donc plus d'énergie. Pour cela, concentrez-vous pleinement sur l'expiration. L'inspiration suit tout naturellement. Puis regardez-vous dans le miroir et riez de tout votre cœur. Cette technique ultrasimple vide vos poumons de l'énergie utilisée et vous maintient en bonne santé.

Je fais la sieste

Quelle qu'en soit la durée, la sieste apaise, rend plus efficace ensuite, et stimule la mémoire.

Elle répond à un besoin latent nous permettant ainsi de recharger nos batteries.

De nombreuses études montrent que la sieste effectuée en début d'après-midi n'affecte pas le sommeil nocturne et qu'elle en améliore même la qualité, exception faite pour les insomniaques et les personnes âgées. À vous de définir la durée idéale, sachant qu'une microsieste de quelques minutes jouera son rôle réparateur où que vous soyez (métro, taxi, bureau…).

MA SOIRÉE IDÉALE

Confort et ressourcement

Quitter ses chaussures, marcher pieds nus, adopter une tenue relax, douillette et néanmoins élégante, se laver les mains… permettent de se couper agréablement du monde extérieur et de se ressourcer dans sa bulle personnelle.

Je prépare le dîner avec amour

Préparer un repas simple peut être un véritable plaisir. Essayez par exemple une nouvelle recette, un nouvel ingrédient, ajoutez une herbe aromatique que vous faites pousser vous-même, soignez la présentation de vos plats… Ces petits détails se voient dans l'assiette et font la joie de vos convives.

Des auto-massages me garantissent le bien-être en fin de journée

Le massage du « marécage des vents »

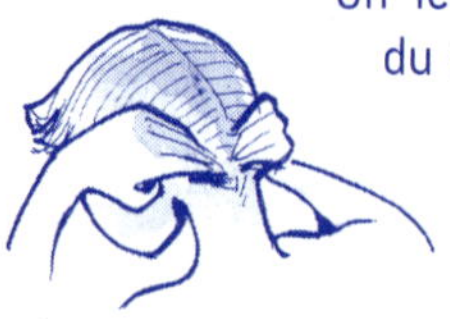

On le pratique pour faciliter la circulation du souffle : avec le dos des deux pouces fléchis, pressez les orifices auriculaires. Les autres doigts prennent appui sur l'occiput, au-dessus de la nuque. Maintenez la pression et relâchez plusieurs fois. Massez circulairement la nuque dans les creux situés au niveau du lobe des oreilles. Ces points se massent très facilement en positionnant les index des deux mains de chaque côté de la vertèbre et légèrement en dessous.

Libérer les tensions musculaires de la partie supérieure du corps (globes oculaires, nuque, gorge) et faciliter la clarification de l'esprit

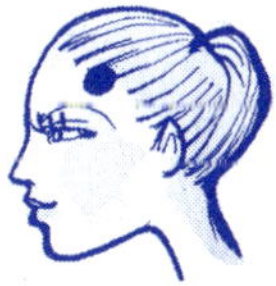

Massez circulairement les points des « Racines de l'Esprit » situés en haut des tempes, à la limite des cheveux, à la verticale des commissures externes des paupières.

Massez les « Portes de l'Esprit » points situés au milieu des plis du poignet, sur l'axe du petit doigt. À gauche d'abord, puis à droite. Ce sont les points du calme intérieur.

Évacuer le stress

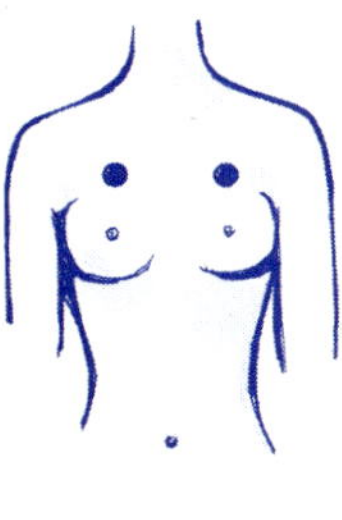

Massez les points situés au-dessus des mamelons, à quatre travers de doigt, dans le second espace inter-costal. Expirez en pressant, relâchez en inspirant, quatre fois. Secouez les épaules comme un chien qui s'ébroue en exprimant le son Héé.

Je rééquilibre souffle, énergie et mental

Opérez pour cela quelques rotations circulaires de la tête autour de l'axe vertébral. Dans le sens des aiguilles d'une montre, quatre fois, dans le sens contraire quatre fois également. Terminez en basculant la tête d'avant en arrière (regardez le sol puis le plafond, inspirez en montant, expirez en descendant), cinq fois.

Je dîne léger

Rappelez-vous ce vieux dicton qui a fait ses preuves au fil du temps : un petit-déjeuner de roi, un déjeuner de prince et un dîner de pauvre. Trop lourd, votre repas du soir peut vous rester sur l'estomac. Trop gras, trop alcoolisé... il alourdit la digestion et peut compromettre la qualité de votre sommeil. La nourriture doit être simple, facile à digérer, non excitante (éviter la viande rouge, par exemple) et représenter en quantité la moitié du déjeuner.

La règle des cent pas

Marcher après chaque repas facilite le processus de digestion. C'est encore plus vrai quand il s'agit du dîner. Car plus le processus de digestion est avancé par rapport au moment du coucher, plus le sommeil est de qualité. Ne l'oubliez pas, la digestion devient très lente pendant le sommeil.

La douche du soir me régénère

Une bonne douche détend et nettoie le corps, tant physiquement que psychiquement. Quand l'eau ruisselle sur le corps, on éprouve la sensation de se laver des soucis de la journée, de se purifier pour aborder la nuit avec candeur.

Et si vous osez le faire (et que vous êtes en bonne santé), terminez par un jet d'eau froide. Contrairement aux idées reçues, le jet froid « éteint le feu ». Cette pratique est connue dans la médecine chinoise pour ses qualités stimulante le matin et apaisante le soir.

Une thalassothérapie à domicile

Au sortir de l'eau, enveloppez-vous dans une serviette chauffée et reposez-vous pendant 10 minutes...

Je prends ma plume

Avant de s'endormir, prendre quelques minutes pour faire le point sur les bons moments de sa journée, ce que l'on a fait, ses progrès... c'est une habitude très positive, confortant la prise de conscience de ce qui participe à notre bonheur. D'aucuns choisissent d'écrire leurs difficultés et les problèmes rencontrés dans la journée, méthode a priori efficace pour chasser ses soucis durablement, car les coucher sur le papier permet la mise à distance.

En tout état de cause, ce tête à tête avec soi donne du contenu à la journée écoulée, invite à la clore sereinement, à formuler ses désirs et à se préparer un lendemain tout neuf !

La tendresse adoucit ma nuit

Penser à ceux que l'on aime, leur manifester notre affection et recevoir la leur nous préparent à passer une bonne nuit. Embrassez votre enfant, tenez-lui la main avant qu'il ne s'endorme, caressez ou massez votre compagnon de vie (époux, compagnon, amant...), faites-vous masser, regardez-vous tendrement, caressez votre chien, observez tendrement votre chat, téléphonez à votre vieille tante, votre grand-père... juste pour leur souhaiter une bonne nuit... Ces gestes d'affection, parce qu'ils nous recentrent sur les choses essentielles, nous apaisent.

Indispensable, l'auto-massage des pieds

Ils nous portent toute la journée et nous avons tendance à les oublier... Nous ne nous en préoccupons que lorsqu'ils nous font souffrir. Un massage quotidien des pieds a l'avantage de stimuler la circulation veineuse des jambes tout en apportant une extrême détente, en particulier à la fin de la journée. Faites un massage de la voûte plantaire, avec douceur. Commencez par un pied : les pouces en appui sur le dessus du pied, massez la voûte sur la longueur, des orteils au talon. Puis remontez lentement de la cheville jusqu'au genou, en effectuant des pressions légères avec les deux mains.

Un exercice de contraction-détente juste avant de m'endormir

Allongée sur votre lit, faites deux ou trois respirations abdominales profondes. Puis à la fin d'une inspiration, crispez fortement tous vos muscles, y compris ceux du visage, pendant quelques secondes. Relâchez lentement en expirant (par le nez). Vous pouvez recommencer une ou deux fois. Vous verrez, cette technique très relaxante vous prépare à passer une bonne nuit.

Je suis attentive aux premiers signes

Dormir est la meilleure façon de rester belle et d'accroître notre vitalité diurne. Aussi, il importe de préserver ce temps précieux et de s'endormir ni trop tôt ni trop tard. Se coucher dès que l'on commence à bâiller et à sentir que les paupières s'alourdissent, c'est la meilleure façon de s'endormir.

Je m'endors en rêvant

Nous le savons, notre inconscient travaille pour nous pendant la nuit. Après deux ou trois respirations profondes, les yeux clos, projetez votre scénario tant désiré, imaginez le succès du projet qui vous tient tant à cœur... et endormez-vous... heureuse. Il n'y a plus qu'à laisser faire...!

Je fais l'amour

Faire l'amour apaise et prédispose au sommeil, produisant aussi d'excellents effets sur la santé. Les Chinois inscrivent la sexualité au cœur de la vie, au même titre que la bonne nourriture, l'air pur ou l'exercice physique... De nombreuses études l'attestent, une sexualité épanouie est bonne pour tout : elle favorise un bon équilibre hormonal, active la circulation sanguine, renforce le système immunitaire... et favorise la longévité, sans oublier ses effets ultra-positifs sur le moral et la vitalité du couple. Faire l'amour régulièrement rend belle car plaire, séduire, être désirée, être aimée renforce la confiance en soi et l'image qu'on a de soi-même.

Ou encore...

Je prends du plaisir à prendre soin de mon bébé.

Je téléphone à un parent, à une amie, à une vieille connaissance.

Je passe une soirée intime en famille, sans télévision, sans radio, téléphones éteints ou sur messagerie.

Je joue avec mes enfants, je leur lis une histoire.

Je réfléchis en toute tranquillité à un projet.

J'invente une histoire.

Je prépare un voyage...

MES RITUELS, DOUX PRÉLUDES AU SOMMEIL

Un bon sommeil conditionne ma forme du lendemain

Tout aussi important que la nourriture, le sommeil a une fonction régénératrice pour le corps et l'esprit. Le jour est fait pour travailler, la nuit pour se reposer et avoir une bonne détente physique, mentale et émotionnelle. Avec un bon sommeil, on efface ses fatigues physiques et nerveuses, on se régénère. En un mot, on récupère ! Le sommeil, ça s'apprivoise et se chouchoute !

Qu'est-ce qu'un rituel ?

Les rituels sont, dans ce cas, un ensemble de gestes et d'habitudes qui nous préparent à passer du rythme actif de la journée à celui plus paisible de la nuit. La plupart d'entre nous effectuent d'ailleurs ce cérémonial sans en avoir conscience (fermer les volets, faire quelques mots croisés, écouter une musique douce, boire une tisane, se brosser les dents...).

Je crée mes rituels, prélude à mon sommeil

Essayez d'identifier ces petites activités rituelles qui précèdent votre coucher (une demi-heure avant) et que vous répétez chaque soir. Notez-les sur un carnet et réfléchissez à la manière dont vous pouvez améliorer ce « passage au ralenti » qui doit vous mettre en condition de calme et préparer sereinement votre sommeil dans un climat douillet.

J'écoute une musique douce

Comme une invitation à la rêverie, les notes douces, mélodieuses, délicates d'un concerto ou d'une chanson douce permettent de changer d'univers et de passer agréablement du rythme de la journée au silence de la nuit.

Je prends un verre de lait chaud au miel ou une tisane...

De nombreuses plantes ont un effet calmant. La tisane de tilleul, de valériane, de lavande ou de fleurs d'oranger favorisent le sommeil. On peut y ajouter du miel.

Je m'évade par la lecture

Rien de tel qu'une lecture appropriée à l'endormissement pour oublier ses tracas et s'ouvrir à d'autres dimensions d'imaginaire, de beauté, d'aventure, de poésie, de découvertes. Évitez les pages sérieuses ou graves des magazines, éteignez votre télévision et plongez-vous dans la lecture d'un poème, d'un roman, d'une aventure extraordinaire et... faites de beaux rêves !

Je recense mes trois petites joies de la journée

Quand la journée est facile, cela coule de source. Quand elle a été semée d'embûches, l'exercice est plus difficile. Mais cherchez bien, vous trouverez...! Les petites joies se cachent dans les minuscules détails de la journée. Une fois dénichées, elles apportent à votre perception de la journée un éclairage différent et vous entraînent paisiblement dans le sommeil...

Je lambine dans la salle de bains

Une activité diurne intense réclame compensation. C'est pourquoi vous devez vous accorder du temps et de la bienveillance pour la toilette du soir. Commencez par vous démaquiller. Ce geste indispensable débarrasse votre peau du maquillage, des cellules mortes et des impuretés.

Détendre les traits de mon visage

Étalez la crème ou l'huile de soin sur la paume des mains et lissez les traits en respirant profondément. Commencez par le cou, le menton, les joues, le front puis frottez doucement les oreilles et les tempes. Ce doux automassage détend et relaxe le soir.

Un bon lavage de pieds chaque soir !

Les Chinois ont toujours considéré le pied comme la base de l'être humain. Pour eux, « se laver les pieds chaque soir vaut mieux que prendre des médicaments ». Cela stimule la circulation sanguine, rétablit la fluidité de l'énergie vers le cœur, les reins et conduit à une détente bénéfique.

Mes pieds, je les bichonne

L'Ayurvéda préconise un massage léger des jambes et de la plante des pieds avant d'aller se coucher. Il ramène « la conscience vers le bas, vers l'élément Terre et apporte calme et sommeil » (Kyran Vias).

Je brosse ma chevelure

Nos grand-mères avaient coutume de brosser leur chevelure chaque matin et chaque soir pour en ôter la poussière et la rendre plus soyeuse. Cent coups de brosse le soir ont aussi la vertu d'apaiser le mental.

Massage antisécheresse

Plus fragiles que notre visage, nos mains peuvent vieillir rapidement si nous n'en prenons pas soin. Avant de vous coucher, il est bon de vous masser précautionneusement les mains avec une huile ou une crème nourrissante et de laisser agir pendant la nuit.

trucs malins

UNE CRÈME ADOUCISSANTE MAISON

Mélangez 10 g de beurre de karité et 20 g d'huile d'amande douce. Ajoutez à ce mélange 2 gouttes d'huile essentielle de citron.

Conseils

Un conseil d'Alexandre Delovane, médium-voyant, pour optimiser son sommeil :

« Avant de vous endormir, videz votre esprit par la respiration abdominale : inspirez lentement par le nez puis expirez pendant 5 minutes en visualisant un fil de connexion partant de votre nombril et se diffusant à l'énergie universelle.

Cet exercice vous permettra de réassocier votre corps à l'esprit afin d'éliminer les pollutions accumulées au cours de votre journée.

Le plus : placez une améthyste et/ou un quartz rose sous votre oreiller pour un sommeil réparateur... et peut-être prophétique... »

QUAND JE ME RÉVEILLE AU COURS DE LA NUIT

Je me lève tous les jours à heure fixe

Car, on le sait, il est difficile de récupérer ses heures d'insomnie au petit matin, en retardant son lever.

J'évite de boire avant de me coucher

Si vos réveils nocturnes sont provoqués par l'envie d'uriner, il est préférable de limiter au maximum toutes les boissons après le dîner : eau, tisanes, jus de fruits…

J'évite d'avoir toute activité autre que celle de dormir et de faire l'amour dans mon lit

Réservez vos lectures sérieuses, professionnelles, stressantes à d'autres moments de la journée. De même, préférez le salon ou un bureau pour travailler, classer, surfer ou jouer sur votre ordinateur, regarder la télévision…

Je bois un verre d'eau

Si l'on se réveille en pleine nuit et que le sommeil ne revient pas immédiatement, boire un verre d'eau apaise et nous aide à rejoindre les bras de Morphée.

Je croque une pomme

Si vous ressentez une légère sensation de faim, n'hésitez pas à manger une pomme. Cela calmera votre appétit, sans vous alourdir, car la pomme est peu calorique.

Je prends un bon livre

Si après un réveil nocturne, le sommeil tarde à venir, la lecture de quelques pages d'un roman ou d'un recueil de poèmes vous transportera dans un monde imaginaire, onirique, dans une autre histoire...! Épatant pour se vider la tête en douceur et replonger dans ses rêves.

J'AI DU MAL À M'ENDORMIR

À éviter

Les excitants dans l'après-midi

La caféine contenue dans le café ou les boissons comme le Coca-Cola, la théine du thé, la théobromine contenue dans le chocolat peuvent avoir des effets excitants si on les consomme en grande quantité ou plus près du coucher.

Le soir, les activités ou les sujets qui génèrent de la nervosité

Comme les jeux sur ordinateur, la télévision, les discussions sur des sujets épineux ou trop sérieux...

À faire

Dîner ni trop tôt ni trop tard

Pour bien digérer votre repas du soir, prenez-le au moins 3 heures avant le coucher.

Trop tôt, vous pouvez ressentir une petite faim juste avant de vous mettre au lit et être tentée de grignoter, ce qui va déclencher un nouveau processus de digestion et peut-être nuire à la qualité de votre sommeil.

Trop tard, vous retardez l'heure de votre coucher ou vous ne respectez pas le temps nécessaire à une bonne digestion, ce qui peut également perturber votre sommeil. Quand on est allongé dans son lit, la digestion s'effectue plus lentement et favorise le stockage.

Prendre une infusion calmante

Avant de vous coucher, prenez une infusion de marjolaine ou de thym (laisser infuser 10 à 15 mn). Le thym – comme les autres plantes – libère tout d'abord des excitants, puis les tanins qui neutralisent les premiers extraits et procurent un effet calmant, voire soporifique, sur le système nerveux.

Savoir sortir de son lit

Si vous ne dormez pas au bout d'une vingtaine de minutes, inutile de vous énerver et de tourner en rond dans votre lit ; il est préférable de vous lever et de sortir de votre chambre. Écrire si vous êtes tourmentée par certaines pensées négatives, lire, écouter une musique douce, faire quelques respirations profondes… et retourner vous coucher quand le sommeil vous gagne.

Glisser un coussinet de fleurs de lavande sous l'oreiller

Cette jolie fleur mauve, si chère à nos grand-mères, est vraiment agréable. Il est difficile de résister à ses senteurs apaisantes. La lavande est aussi connue pour ses effets calmants en cas d'anxiété, de dépression, d'insomnie, de fatigue, d'irritabilité…

Se mettre au lit, les pieds et les mains chauds

Se coucher avec les pieds glacés est un facteur de perturbation pour s'endormir. Il est plus facile de vous endormir quand vos mains et vos pieds ont une température plus élevée que celle de la chambre. La différence de température (cutanée et ambiante) favorise la circulation sanguine et la perte de calories, vecteurs de chaleur. Prenez une douche bien chaude ou au moins un bain de pieds chaud avant de vous glisser dans le lit ou enfilez une bonne paire de chaussettes.

Une bouillotte chaude

Douillette et chaude, la bouillotte sur le ventre ou sous les pieds vous apporte confort et détente. Elle a pour effet de vous entraîner naturellement vers le sommeil ou de soulager certaines douleurs musculaires. Parmi les nombreux modèles existants (bouillotte micro-ondes, écologique…), la bouillotte traditionnelle a ma préférence. Faire chauffer l'eau, remplir la bouillotte et refermer le bouchon rappellent les gestes affectueux et réconfortants de nos grand-mères…

Faire le noir complet

Notre rétine sait repérer la lumière pour déclencher le réveil, et le noir pour entraîner l'endormissement. C'est pourquoi il est préférable de dormir dans une pièce bien noire et de vous protéger de tous les points lumineux : appareils en veille, néons dans la rue… peut-être responsables de vos difficultés à dormir.

En week-end ou pendant les vacances

Essayez de vous lever avant midi, de façon à ne pas trop décaler vos horaires.

MES ASTUCES POUR BIEN DORMIR

Je mange de la laitue braisée au dîner

Nos grand-mères connaissaient les vertus soporifiques de cette recette toute simple : supprimer les feuilles vertes et dures du pourtour des laitues. Blanchir les feuilles restantes 5 minutes à l'eau salée. Les rafraîchir, les presser afin d'en extraire toute l'eau de cuisson. Les attacher par deux ou trois. Les étaler dans un plat allant au four, sur un léger fond d'eau, les recouvrir et laisser cuire environ 50 minutes à feu moyen. Puis égoutter les laitues, déficeler les paquets. Partager chaque laitue en deux sur la longueur et les replier sur elles-mêmes. Les faire sauter dans du beurre et arroser au dernier moment du fond de cuisson réduit. Vous verrez, c'est efficace et délicieux !

Pour bien dormir, je pense à autre chose qu'à dormir

Pensez à un lieu, à une personne, à une situation que vous aimez, que vous désirez ou dont vous rêvez depuis longtemps… Quand le sommeil tarde un peu, je m'imagine allongée sur une plage au bord de l'océan, le corps léché par les vaguelettes. Je roule avec volupté sur la plage, je m'abandonne aux sensations agréables de l'eau, du soleil, de la chaleur, du sable sur ma peau… et je finis par m'endormir !

Je fuis toute source d'excitation !

Évitez tout ce qui peut perturber votre sommeil : l'alcool, le thé, le café, la cigarette, mais également les exercices physiques trop violents après 18 heures et, d'une façon générale, toute activité stressante en fin de journée.

J'évite aussi les discussions stressantes

L'avant-sommeil doit être un moment de détente absolue.

Après une journée stressante

En cas d'énervement, se doucher les jambes à l'eau froide apaise.

Un exercice respiratoire de kinésiologie pour m'endormir facilement

Allongée dans le lit, posez une main sur le sommet de votre tête et l'autre sur le nombril.

À l'inspiration, pensez à la main qui est sur votre tête.

À l'expiration pensez à celle qui est sur le nombril.

À faire jusqu'à ce que vous touchiez mentalement – sans les mains – votre tête en inspirant et le nombril pendant l'expiration.

Et si je dois me lever de bonne heure, je règle mon réveil interne avant de m'endormir

Quand on doit prendre un avion ou se lever tôt pour un événement important, on s'est programmé pour un lever très matinal et on se lève avant même que le réveil ne sonne… N'oubliez donc pas de programmer votre horloge interne le soir avant de vous endormir, vous vous lèverez plus facilement.

J'AI UNE CHAMBRE SAINE

J'aère ma chambre chaque matin

Dès que je sors de mon lit, je renouvelle l'air de ma chambre. Car il me faut de l'air frais pour bien respirer. L'aération quotidienne de la chambre (combinée à une relative fraîcheur) conditionne une bonne oxygénation et, par voie de conséquence, un bon sommeil. Je profite de ce temps d'aération pour prendre mon petit déjeuner.

Je soigne ma literie

On oublie trop souvent que l'on passe plus de temps dans son lit que dans sa voiture et pourtant on dépense infiniment moins pour lui. C'est pourquoi, il importe d'investir dans une literie de qualité, en choisissant de préférence un matelas confortable et assez ferme, et des couvertures et des draps en fibres naturelles (coton, lin, chanvre…). Quant au sommier, celui en bois est préférable à celui à ressorts (qui peut modifier l'environnement géomagnétique de façon néfaste).

J'écarte les nuisances électromagnétiques

Pour cela, il convient de supprimer le radio-réveil à cristaux liquides ou à diodes non compatibles, les fils électriques derrière la tête de lit ou près de la table de nuit. Et de mettre à distance (dans une autre pièce) la télévision et l'ordinateur.

La bonne température

Une chambre fraîche (aux alentours de 18°) est la condition d'un sommeil de qualité, sans être pour autant une règle absolue. Évitez de dormir dans une pièce surchauffée ou glaciale et choisissez la température qui vous convient, sachant que ce qui compte avant tout c'est de respirer un air sain.

Je fais bien mon lit le matin

Un vieil adage prétend qu'on dort mieux dans un lit bien fait que dans un lit défait...! Il est certain qu'une literie bien aérée, des draps frais, un lit fait dans les règles de l'art (draps et couvertures bien tirés et bordés...) augmenteront le plaisir de vous glisser dans la nuit.

Une chambre calme

Les rideaux et les volets favorisent le sommeil car ils filtrent la lumière et le bruit extérieurs, facteurs de stress importants. Le bruit peut gêner l'endormissement mais aussi augmenter la durée de la phase de sommeil léger.

Je crée une ambiance agréable dans ma chambre à coucher

La chambre doit réunir toutes les bonnes conditions pour favoriser le sommeil. Optez pour des couleurs pastel apaisantes (blanc, beige, rose, bleu…) ou des gris colorés et un éclairage indirect (ne provenant pas du plafond). Une chambre apaisante est un espace décoré – avec peu mais de beaux objets – et dépouillé (pas de télévision, pas de vêtements (visibles du lit) en tas sur une chaise ou jetés en boule.

ZOOM

MES 10 RÈGLES D'OR POUR BIEN DORMIR

1 – Je résiste au stress pendant la journée : je m'octroie quelques pauses, je fais de l'exercice, je respire, je me fais plaisir…

2 – Je me détends en arrivant chez moi le soir (relaxation, bain, auto-massage, lecture, musique…).

3 – Je dîne légèrement.

4 – Je prends une douche pour me laver des soucis de ma journée.

5 – J'évite les excitants à partir de 18 heures.

6 – J'ai du plaisir à prendre soin de mon entourage (faire la cuisine, lire une histoire à mes enfants, préparer un contrôle avec eux, parler avec mon conjoint, téléphoner à une amie, une parente…

7 – Je respecte mes rituels avant d'aller me coucher.

8 – Je crée une ambiance calme et fraîche dans ma chambre.

9 – Je fais un bilan de ma journée avant de m'endormir.

10 – Je m'abandonne à la tendresse, à l'amour, à la poésie, à la littérature… avant de rejoindre les bras de Morphée.

ZOOM (suite)

JE NOTE MES 10 GESTES ESSENTIELS

1 ....

2 ....

3 ....

4 ....

5 ....

6 ....

7 ....

8 ....

9 ....

10 ....

le calendrier des bons gestes

121 gestes & astuces

CHAQUE SEMAINE

JE ME CHOUCHOUTE

La semaine défile à toute allure ! Pour ne pas être « sacrifiée sur l'autel de la vitesse », pensez à vous ménager quelques pauses « beauté » agréables !

Mes cheveux

Une belle chevelure en six étapes

À l'instar des femmes indiennes qui soignent avec amour leur chevelure depuis des millénaires, prenons le temps pendant le week-end de bichonner l'un des plus féminins et flatteurs de nos atouts :

– la veille, enduisez la pointe de vos cheveux d'une huile nourrissante (argan, avocat, coco, jojoba, ricin…),

– avant le lavage, effectuez une friction du cuir chevelu. Il n'y a pas de beaux cheveux sans un cuir chevelu en bonne santé. Un bon massage du crâne avec le bout des doigts pendant 5 minutes réactive la circulation et détend,

– choisissez un shampoing doux, adapté à la nature de vos cheveux. Les cheveux n'apprécient pas l'eau calcaire des villes. Deux shampoings par semaine semblent être une bonne moyenne,

– rincez abondamment votre chevelure en évitant de tordre les pointes. Faites le dernier rinçage à l'eau froide. Ajoutez 2 à 3 cuillérées de vinaigre de cidre pour éliminer toute trace de calcaire et la faire briller,

– essorez vos cheveux avec une serviette en éponge et laissez-les sécher le plus possible à l'air libre. Dans ce cas, les cheveux courts sont avantagés. Si vous vous servez d'un sèche-cheveux, réglez-le sur la basse température pour éviter toute déshydratation,

– n'utilisez pas de peigne en métal sur les cheveux mouillés. Préférez le bois ou le plastique. Le fin du fin étant l'écaille qui cumule deux inconvénients : elle est chère et fragile…

Le persil fait briller les cheveux

Une recette de grand-mère préconise de laver ses cheveux avec un shampoing doux. Puis de les rincer avec un produit résultant de la cuisson pendant 20 minutes d'un litre d'eau dans lequel on fait infuser du persil frais. Laissez-les sécher à l'air ou passez-les au séchoir en position intermédiaire (jamais avec de l'air chaud).

Mon corps

Un gommage naturel tout simple

Une fois par semaine, il est recommandé de faire un gommage du corps pour débarrasser votre épiderme des cellules mortes et permettre ainsi à votre peau de mieux respirer et d'être plus réceptive aux produits de soin que vous utilisez.

Rien de plus simple que de confectionner un gommage avec de l'huile d'olive et une quantité équivalente de gros sel. Enduisez votre corps de ce mélange après la douche. Massez et rincez bien. L'huile d'olive embellit la peau, les cheveux et les ongles.

Rincez-vous puis massez-vous avec un lait, une crème ou mieux une huile végétale.

Mon visage

Les masques complètent les soins que vous prodiguez à votre peau chaque jour et lui apportent du bien-être. À pratiquer chaque semaine après avoir effectué un doux gommage.

Un gommage points noirs

Coupez en deux un citron d'origine biologique et pressez le jus sur un coton ou un coton tige que vous appliquez directement sur le point noir. Laisser agir une dizaine de minutes. Puis rincez à l'eau tiède.

Un gommage à l'huile

Mélangez un peu d'huile végétale (jojoba, argan, olive, amande douce...) et de sel marin (fin ou gros). Effectuez un massage très délicat de la peau du visage afin d'enlever les cellules mortes. Rincez à l'eau tiède (de source).

Un masque à l'argile verte pour peau normale et grasse

L'argile verte est reminéralisante, elle absorbe et régularise les excès de sébum. Elle est recommandée pour les peaux normales et grasses.

Mélangez 3 cuillères à soupe d'argile verte, 1 cuillère à soupe de jus de citron et 1 cuillère à soupe de miel. Appliquez sur le visage en évitant le contour des yeux. Laissez poser un bon quart d'heure et rincez à l'eau tiède.

Un masque à l'avocat pour peau sèche

Ce légume-fruit, bourré de vitamines (et de graisses aussi), nourrit de façon extraordinaire votre peau.

Réduisez en purée un demi-avocat et ajoutez quelques gouttes d'huile d'olive. Mélangez bien et étalez sur votre visage et votre cou cette pâte onctueuse. Laissez poser une vingtaine de minutes puis rincez à l'eau tiède ou mieux avec une infusion de thym (voir page 206).

Un masque à la carotte pour peau fatiguée

Extrayez la valeur d'un verre de suc de carottes. À l'aide d'un coton, étalez ce jus sur votre visage en prenant soin de protéger vos cheveux. Laissez poser une vingtaine de minutes puis essuyez avec un mouchoir en papier.

Un masque antirides

Sur votre visage et votre cou préalablement nettoyés, appliquez un blanc d'œuf. Laissez poser environ 20 minutes et rincez avec une eau minérale. À faire une fois par semaine.

Des pincements effet lifting

Avec les années, l'ovale du visage se fatigue. Un automassage tonique et régulier redonne à la peau du tonus : effectuez de petits pincements vifs et rapides avec le pouce et l'index, sans l'aide des ongles, en partant du menton et en remontant jusqu'aux oreilles.

Mes mains

Elles sont souvent agressées au quotidien. Pour éviter qu'elles ne s'abîment, penser régulièrement à ces petits gestes qui les protègent.

Un bain de mains à l'huile d'amande douce

Mélangez dans un bol 6 cuillérées à soupe d'huile d'amande douce avec un peu de jus d'orange. Trempez vos mains dans cette préparation un quart d'heure chacune. Puis essuyez-les avec un mouchoir en papier. À faire de préférence avant de vous mettre au lit afin de conserver toute la nuit cette pellicule de douceur. Mains plus douces et détente assurées !

Une lotion adoucissante

Mettez une cuillérée à soupe de fleurs séchées de matricaire dans un quart de lait. Faites bouillir 10 minutes. Puis appliquez la lotion sur les mains.

JE ME PROGRAMME UNE ACTIVITÉ DÉLASSANTE

Mes petits exercices de contraction-détente du visage

L'agitation, le stress… finissent par se lire sur notre visage, de plus en plus contracté et dépourvu de son éclat et de sa tonicité. Rien de tel pour le réveiller que de vous entraîner à muscler vos zygomatiques. Sans contracter vos épaules, prononcez les voyelles de l'alphabet. Tordez bien la bouche dans tous les sens pour libérer les tensions.

Un bain de pieds au tilleul pour ma détente

Mélangez une infusion de tilleul à l'eau de la cuvette et laissez-y tremper vos pieds pendant une vingtaine de minutes.

La sieste, ma meilleure alliée pour la détente

Inutile de passer l'après-midi au lit pour se requinquer : 20 minutes de sieste suffisent pour vous débarrasser des tensions physiques et psychiques, récupérer d'une fatigue accumulée pendant la semaine et retrouver un bon équilibre.

Je me remets à l'aquarelle

Ou à une activité créative qui vous tient à cœur : le dessin, la peinture, l'écriture, la broderie, le tricot... Et vous vous demanderez comment vous avez pu abandonner ou oublier une passion qui vous fait tant de bien.

Je me prélasse dans mon bain

Pendant le week-end, enfermez-vous 10 à 20 minutes dans votre salle de bain et glissez-vous dans un bain chaud (de 30 à 37°). C'est idéal pour relâcher vos tensions et apaiser votre esprit. Attention ! il n'est pas bon de trop le prolonger, car il ramollit la peau de façon excessive.

JE FAIS DU SPORT

La corde à sauter, un sport complet

Du point de vue des dépenses énergétiques, la corde à sauter l'emporte sur le vélo, le jogging et la marche ! Elle fait travailler la posture et les muscles inférieurs, tonifie le dos et les abdos. À pratiquer le ventre vide, de préférence le matin, pour faire circuler l'énergie.

Allez-y doucement pour commencer : alternez les sauts avec des pauses de 1 à 3 minutes. N'oubliez pas : 10 minutes de corde à sauter correspondent à 30 minutes de footing. Il suffit que la corde passe sous vos pieds, ne sautez donc pas trop haut ! À faire deux à trois fois par semaine.

Reprendre mon souffle après l'effort

Pour récupérer rapidement, prenez une petite respiration régulière, silencieuse, avec un souffle très léger. Veillez à ne faire aucun bruit à l'expiration.

Avoir de beaux bras

Les bras fermes sont un signe de jeunesse et de force. Cet exercice permet de les modeler harmonieusement :

Sur un mur

Appuyez vos deux mains sur un mur, avec un écart correspondant à la largeur de vos épaules, au niveau de votre poitrine. Placez-vous à environ un mètre du mur, le corps droit. En inspirant par le nez, fléchissez les bras en approchant la tête du mur, sans plier le corps. Et expirez, toujours par le nez, en poussant sur vos bras pour revenir à la position de départ.

JE ME FAIS DU BIEN

J'oublie volontairement ma montre

Une fois par semaine, essayez de vivre sans votre montre. Sans montre, on prend conscience de l'instant, on apprend à mieux observer les variations du jour, à se fier à son horloge intérieure, à intérioriser ses perceptions. En cas de panique, vous avez toujours la possibilité de regarder l'heure sur votre ordinateur, votre portable ou une horloge, ou de demander l'heure à votre voisin !

Je ne fais rien... ou presque

Les artistes connaissent bien cet état de vacance où l'inspiration peut survenir. Ils se « mettent en disponibilité » tout simplement ! Ne rien faire est une manière de renouer avec sa vie intérieure, de s'ouvrir à de nouvelles idées, de laisser parler son intuition, de trouver des réponses à des questions en suspens... Arrêtez-vous au moins une fois par semaine sur un banc de jardin, à une terrasse de café, dans une église... Installez-vous dans un fauteuil, allongez-vous sur votre lit en laissant vagabonder votre esprit...

Je ralentis un geste mécanique

Chaque jour, on effectue de façon mécanique des quantités de gestes. Essayez d'en choisir un par semaine à faire en toute conscience. Par exemple, vous brosser les dents, arroser une plante, donner à manger à votre chat, ou encore mettre le couvert... Faites-le avec lenteur, décomposez chaque séquence tout en étant attentive à vos mouvements, à votre respiration, à vos sensations, à votre environnement. Vous allez alors prendre conscience d'un tas de détails que vous ne voyez jamais habituellement : les yeux pétillants de votre chat, l'odeur qu'exhale la plante que vous arrosez, une sensibilité particulière sur une gencive...

Je change une habitude

« Faire au moins une fois ce qu'on ne fait jamais. Suivre, ne serait-ce qu'un jour, une heure, un autre chemin que celui où le caractère nous a mis. (Christian Bobin, *Autoportrait au radiateur*, Gallimard NRF, 1997.)

Osez une chose que vous ne faites jamais ou déplacez une habitude à un autre moment. Par exemple, prendre une douche au réveil plutôt que le soir, changer d'itinéraire pour aller à votre travail, laisser l'initiative d'un repas le week-end à votre entourage... suffisent parfois à redonner du sens, de la densité, à vos actes et à vos journées.

« Lorsque mon chat est assis près de moi, je me sens apaisée. Il me ressource et me transmet sa sérénité, sa sagesse presque... » (Adeline C., 41 ans, employée de bureau).

Je me vide la tête

Jardiner, bricoler, coudre, peindre, cirer un meuble... mobilisent notre concentration au point que toutes nos pensées se focalisent sur ce que l'on fait. Et quand on a terminé son activité, on a la sensation d'avoir la tête légère comme lavée de ses soucis. Il s'ensuit en général une grande détente.

CHAQUE MOIS

Non, on ne veut ni se laisser embarquer dans un rythme infernal ni être submergée par un emploi du temps tyrannique. Rien de tel qu'une vraie parenthèse pour se ressourcer...

JE METS MON ORGANISME AU VERT !

Une petite diète, c'est pas mal aussi

Tout concourt à fatiguer notre organisme : notre rythme véloce, des soucis en pagaille, une alimentation pas toujours adaptée, trop d'alcool, de cigarettes, de café... Bref, un nettoyage de notre organisme s'impose de temps en temps ! Profitez d'un week-end pour le mettre au repos en mangeant léger pendant un ou deux jours, cela ne peut que vous faire du bien, ou plus précisément réduisez la quantité de nourriture en privilégiant les aliments légers (fruits et légumes cuits ou crus à volonté, protéines végétales, un peu de féculents...). Évitez l'alcool et le café et n'oubliez pas de boire de l'eau plate et des tisanes...

Le bouillon de légumes de la diète

Faites bouillir dans 2 litres d'eau salée 2 navets, 2 carottes et 2 poireaux pendant au moins une heure à feu doux. Buvez le liquide seul plusieurs fois par jour. Se contenter de ce léger bouillon de légumes pendant une journée repose l'organisme.

Quelques infusions détox

De nombreuses plantes nous aident à détoxiquer notre organisme. Vous avez le choix : astragale, mélilot, feuilles de myrtille, chardon Marie, marjolaine et menthe douce... Elles ont fait leurs preuves auprès de nos grand-mères. Alors, essayez-les !

JE PRENDS SOIN DE MOI

Savoir tirer des leçons

Chaque fin de mois est propice à se poser les questions nécessaires à sa progression personnelle. Faire un petit bilan de ses erreurs, de ses échecs évite de les renouveler. Il est tout aussi bon d'analyser ses succès pour en tirer le meilleur. Vous aurez ainsi tous les atouts pour aborder sereinement le mois suivant.

Ma parenthèse « solo »

Aussi nécessaire qu'agréable, l'isolement permet de remettre les pendules à l'heure : on se donne le temps de réfléchir à soi, à ses desseins, de faire un bilan de la semaine, de reprendre plus calmement les données d'un problème ou d'un projet. C'est aussi un espace très privé où l'on décide d'être et de faire ce que l'on aime, ce que l'on veut. Comme il est doux de s'écouter, de se faire plaisir et de se sentir ainsi plus riche de soi et paradoxalement plus disponible pour les autres.

À CHAQUE SAISON

ZOOM

Le point de vue du Docteur Michel Frey, acupuncteur,

sur l'adaptabilité du corps humain aux variations climatiques et saisonnières

« Selon le principe de l'adaptabilité de la médecine chinoise, notre organisme est calqué sur les variations climatiques et saisonnières.

Les quatre principales saisons régissent les mouvements d'énergie dans notre organisme selon une orchestration remarquablement rythmée.

En d'autres termes, le printemps favorise la montée de la sève énergétique (notre sang) en stimulant les fonctions du foie et de la vésicule biliaire, l'été distribue et répartit le réseau vasculaire en périphérie (capillaire et petits vaisseaux) en activant l'énergie du cœur et de l'intestin grêle. En automne, c'est le repli des énergies vers l'intérieur qui doit s'effectuer grâce à la sollicitation du poumon et du gros intestin, et en hiver, l'hibernation se réalise en activant les souffles énergétiques du rein et de la vessie.

Tout manquement à ce principe saisonnier risque d'engendrer un désaccord organique et de fragiliser chaque viscère dans sa saison.

Ainsi et pour exemple, une mauvaise adaptation énergétique au printemps peut engendrer des troubles allergiques (le foie est responsable de la reconnaissance des facteurs allergènes).

De la même manière, une désadaptation du cœur en été peut provoquer des troubles cardio-vasculaires (l'énergie du cœur gère la répartition du sang dans nos organes). »

Alimentation et principes énergétiques :

Pour chaque saison, il existe une alimentation spécifique pour renforcer l'énergie de l'organe représenté.

Cette alimentation se définit en termes de saveur et de nature ; en effet, à partir de la rate, les saveurs (au nombre de cinq) vont être distribuées dans tous les organes, alors que les natures alimentaires (au nombre de quatre) vont maintenir la spécificité de chaque viscère.

Selon que vous êtes de type « grand Yang » ou de type « petit Yin », vous allez pouvoir modifier votre alimentation tout en respectant les organes dans leur saison.

AU PRINTEMPS

La nature renaît, les plantes se réveillent, les fleurs s'épanouissent lentement, les jours rallongent, tout semble muer, se renouveler, se vivifier. Profitons de cette période, saison du recommencement, pour faire peau neuve et nous régénérer !

Une cure de citron pour purger mon foie

En médecine chinoise, cette saison correspond à l'éveil de l'énergie. L'activité hépatique d'élimination des toxines bat son plein. C'est donc la saison idéale pour détoxifier votre foie par une cure de jus de citron, le matin à jeun, dans un grand verre d'eau.

L'infusion de romarin

Pour nettoyer le foie, le romarin est excellent. Faites bouillir un demi-litre d'eau et plongez-y hors du feu un brin de romarin. Laissez infuser 15 minutes. Il est recommandé de boire cette infusion le matin à jeun. Alternez avec une tisane de tilleul et de thym.

Je profite de la lumière

Dès le lever, ouvrir les volets, tirer les rideaux, invitent la lumière à entrer chez soi. Respirez l'air frais, même s'il est froid, nourrissez-vous de cette première luminosité, symbole d'un nouveau jour. Et ressentez-en douceur et satisfaction.

Les pieds nus de bon matin

Chez soi ou dans son jardin, marcher pieds nus le matin permet d'endurcir le corps et de mieux résister aux intempéries et aux microbes. Cette singulière promenade procure de surcroît une merveilleuse sensation de bien-être pour toute la journée.

J'ai bonne mine

On dit que la carotte rend aimable ou donne les joues roses. Une cure de carottes est, de toute évidence, idéale pour colorer votre teint. Commencez la journée par un verre de jus de carottes à jeun. À pratiquer pendant 15 jours.

trucs malins

LE MENU PRINTANIER DU DOCTEUR MICHEL FREY

Aux repas, privilégiez les légumes à saveur douce : asperge, céleri, concombre, épinard, soja...

Choisissez les viandes et produits animaux tels que : porc, volaille (poulet ou canard), œufs (le midi mais pas le soir).

Terminez votre repas par un fruit (banane, mangue, datte...) et par une tisane de badiane, cannelle, fleurs d'oranger ou réglisse.

La sève de bouleau fraîche, un dépuratif pour le printemps

À l'instar des peuples du Nord de l'Europe qui avaient coutume de nettoyer leur sang et de préparer leur organisme aux changements de saison avec la sève de bouleau, on peut profiter des bienfaits de cet arbre pour reminéraliser l'organisme, le détoxifier et lui donner un bon coup de fouet. Dès les prémices du printemps (fin février à avril), pensez à faire une cure.

Des astuces et exercices pour avoir un ventre plat

Chaque jour, je me masse le ventre

Posez la main gauche sur la main droite et la main droite en bas de votre abdomen. Massez-vous en décrivant un cercle dans le sens des aiguilles d'une montre. Un tour se fait en 5-6 secondes environ. Faites au moins neuf tours, en vous concentrant sur votre respiration.

Je tonifie mes abdos grâce à la respiration thoracique

Debout, inspirez en remplissant vos poumons d'air et en creusant légèrement la paroi abdominale. Pour cela, vous devez contracter vos abdominaux. Expirez en expulsant l'air de vos poumons et en relâchant votre ventre. À pratiquer plusieurs fois de suite.

À retenir

Si vous posez la paume de vos mains sur votre ventre, vous sentirez alors le souffle intérieur et libérerez le contrôle de vos tensions. Plus vous vous concentrez sur votre respiration, plus vous vous libérez de ce qui se passe dans votre tête.

Je détends ma ceinture scapulaire

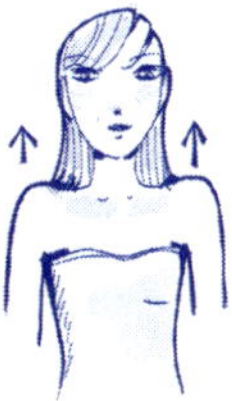

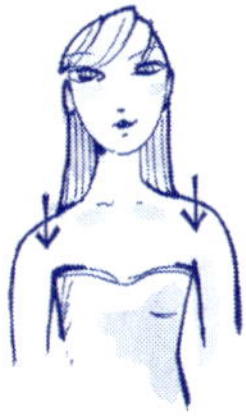

Le ventre perd de sa tonicité et devient mou quand les tensions se logent dans la ceinture scapulaire (composée des clavicules et du sternum et, à l'arrière, de l'omoplate). D'où l'importance de veiller à sa mobilité. Un geste ultra-simple permet d'éviter ce problème : en inspirant, haussez les épaules sans contracter la nuque. Puis expirez en laissant tomber les épaules, sans forcer sur votre respiration. À faire plusieurs fois de suite, lentement, au rythme de votre respiration.

Précautions au quotidien pour préparer le travail des abdominaux :

– monter les marches d'escalier deux à deux, afin d'intensifier l'effort au niveau des fessiers ,

– équilibrer les poids dans chaque main quand on porte ses courses pour éviter de trop tirer sur le dos ,

– bien s'asseoir devant son bureau ou son ordinateur : les pieds posés à plat sur le sol avec un écartement de la largeur du bassin et les avant-bras posé naturellement sur le bureau pour redresser la colonne vertébrale .

Des exercices pour tonifier la sangle abdominale

À savoir avant de commencer tout exercice : ne pas confondre « rentrer le ventre » et « contracter le ventre ». Jean-Pierre Clémenceau, préparateur physique à domicile, insiste bien sur cette notion fondamentale. Pour rentrer dans un vêtement étroit quel qu'il soit, il vous faut généralement rentrer le ventre en étirant la fibre abdominale vers le haut, sans tonification particulière. Mais si vous voulez renforcer votre sangle abdominale et tonifier toute cette partie du corps, vous devez contracter vos muscles abdominaux et compresser vos fibres. Cela suppose un vrai travail de contraction qui demande un peu de pratique avant de devenir naturel…

Le transverse d'abord !

Aussi surprenant que cela soit, le transverse, muscle abdominal profond, ne se travaille que par la respiration ! Alors ne négligez pas la respiration qui, outre tous les effets décrits ci-avant, vous aide à entretenir votre sangle abdominale. Soyez aussi prudente à l'égard des séries de certains exercices trop intensifs ou mal conçus. Dans le doute, préférez l'avis d'un professionnel compétent qui vous recommandera quelques exercices simples et équilibrés.

Variante de l'exercice page 145 avec une bouteille d'eau

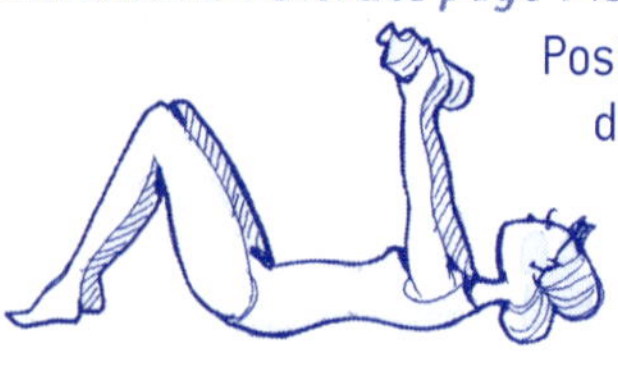

Position de départ : allongée sur le dos, les jambes fléchies, les plantes de pied au sol, une bouteille dans les mains, bras tendus vers l'avant.

Montez le torse et redescendez-le, sans poser la tête ni les épaules. Quatre séries de quinze, avec 30 secondes de récupération. Montez en inspirant et expirez sur la descente.

mon conseil

Si c'est trop difficile, faites le même mouvement avec les mains sur les tempes ou la nuque.

La planche

Amenez votre corps à l'horizontale, en appui sur les orteils, les épaules à la verticale des poignets. Maintenez les jambes tendues, le dos et la tête dans l'alignement des jambes. Contractez la sangle abdominale. Tenez dans cette position immobile pendant quelques respirations. Cette posture fortifie les jambes, les bras, le haut du corps et tonifie les muscles abdominaux.

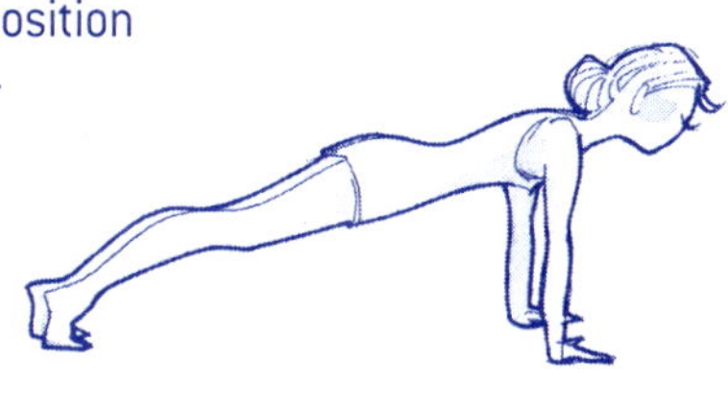

Travailler le grand droit pour avoir le ventre plat

Position de départ : assise en équilibre sur les fessiers, les bras tendus vers l'avant, les jambes pliées à 20 centimètres du sol. Tenez une dizaine de secondes.

Allongez les jambes sans toucher le sol tout en inclinant le buste vers l'arrière et en repliant les coudes vers vous. Et revenez dans votre position initiale.

J'ai une taille de guêpe

Un exercice pour étirer la taille

Position de départ : assise en tailleur.

Faites dix flexions lentes de chaque côté. Commencez par le bras droit, en l'étirant vers le ciel tout en inspirant et en vous penchant du côté gauche puis relâchez en expirant. Sans bouger le bassin, augmentez la flexion à chaque inspiration tout en tirant au maximum sur le bout des doigts. Remontez à la position de départ sur une expiration. Puis renouvelez ces mouvements de flexion successifs de l'autre côté.

EN ÉTÉ

C'est la saison de la chaleur, de la lumière, de ces journées qui s'étirent en longueur. Se lever tôt est un bonheur, se coucher tard un vrai plaisir. Votre vitalité bat son plein. Vous avez envie de vivre à fond chacune de vos journées, de sortir de chez vous, de vous amuser, de découvrir... Quelques conseils vous aideront à profiter au mieux de cette énergie toute particulière que vous apporte l'été tout en évitant certains désagréments.

Conseils du Docteur Michel Frey

Une alimentation adaptée selon les principes de la médecine chinoise

C'est la culmination des énergies, le sang est florissant en surface à l'égal de la sève nourricière. Le cœur orchestre cette séquence saisonnière en réchauffant notre organisme. Il faut le protéger par une alimentation de nature froide et de saveur acide.

trucs malins

EXEMPLE DE MENU ESTIVAL :

Aux repas, privilégiez les légumes de saison, les tomates, la salade de pourpier, l'oseille... les fruits de mer et poissons de mer du Nord, les crabes et crevettes, l'agneau ou le bœuf accompagnés de riz...

Terminez par un dessert frugal, en évitant le chocolat, aliment de nature trop chaude et provoquant un conflit avec la vésicule biliaire.

De même, évitez les alcools forts, car ils sont également de nature trop chaude et peuvent endommager les vaisseaux en été.

Je privilégie les fruits et les diminue en hiver

Plus il fait chaud, plus on brûle, plus on oxyde les acides. Et plus il fait froid, moins on les brûle.

Une douche fraîche de bon matin

On se sent détendue, la tête légère, les poumons libres, le foie dégagé et un cœur de 20 ans.

Le chaud-froid

Alterner eau chaude et eau froide sur tout le corps ou sur une partie du corps active la circulation du sang et exerce son action sur le système nerveux, le jet froid agissant comme un massage énergique sur le corps.

L'eau, remède miracle

L'eau ne calme pas seulement la soif, elle est aussi le plus accessible et le meilleur des remèdes : marcher dans les ruisseaux, sur la plage, les pieds dans l'eau… stimule la circulation sanguine mais lave aussi la tête de ses soucis…!

J'évite les coups de chaleur

En été, on ne pense pas toujours à protéger son crâne, pourtant plus exposé que toutes les autres parties du corps aux dangers de la chaleur et du soleil. Dosez progressivement vos expositions au soleil, prenez des bains d'ombre, hydratez-vous aussi souvent que votre corps le réclame et n'hésitez pas à porter une casquette ou un chapeau de paille si vous devez prolonger votre station au soleil !

Je protège ma peau du soleil

Le soleil et ses rayons ultraviolets nous sont indispensables. Cependant faites attention aux expositions prolongées pendant les heures chaudes.

L'huile d'argan

Cette huile végétale est un excellent protecteur et régénérant de la peau à la condition de l'appliquer le soir, après votre exposition au soleil. Attention ! Coup de soleil assuré si vous vous enduisez d'huile avant votre bain de soleil.

Revitaliser mes cheveux

Avant de vous coucher, appliquez de l'huile d'argan sur vos cheveux et laissez poser toute la nuit. Puis lavez les cheveux le lendemain matin et rincez abondamment. Cette huile riche en oméga 6 et en vitamine E donne un vrai coup de fouet à votre chevelure, sans la graisser. À pratiquer une ou deux fois par semaine quand vos cheveux sont fatigués ou lorsque vous vous exposez longtemps au soleil.

J'oublie le savon

Évitez de vous savonner après les bains ou l'exposition au soleil, afin de conserver le stock de vitamines que votre peau vient de fabriquer.

Un spray protecteur pour mes cheveux

Avant de vous exposer au soleil et pour vous protéger du vent, du chlore, du sable, des UV... vaporisez votre chevelure avec ce baume protecteur composé d'huiles végétales nourrissantes et filtrantes :

Mélangez 2 cuillérées à soupe d'huile de coco et 7 cuillérées à soupe d'huile de sésame et faites chauffer au bain-marie jusqu'à ce que l'huile de coco ait fondu. Puis, hors du feu, ajoutez une cuillère à café d'huile d'olive et d'huile de germe de blé. Versez cette préparation dans un spray et laissez refroidir. Bien agiter avant chaque utilisation.

Je mange léger et sain

Que fait une poubelle en plein soleil ? Elle fermente... Pour vous préparer en toute sérénité aux bains de soleil, choisissez une alimentation légère et hypotoxique, afin de ne pas surcharger votre peau de toxines.

À L'AUTOMNE

C'est la saison où les jours déclinent, les feuilles tombent, le soleil refroidit... Les brumes apparaissent, l'hiver s'annonce. Votre corps doit se nettoyer des excès de l'été et se préparer à la retraite que l'hiver vous imposera d'ici quelques semaines...

Conseils du Docteur Michel Frey

En médecine chinoise, c'est le repli des énergies

On se prépare à l'hibernation en intériorisant nos souffles (Qi). C'est le poumon qui ventile la qualité du souffle vital en cette saison et prépare l'hydratation de notre peau et la régénération de nos cellules épidermiques. C'est également la période ou les muqueuses intestinales doivent être rebactérisées par des souches probiotiques de qualité. C'est donc l'occasion ou jamais de faire une cure de raisin qui contient une réserve importante de ferments, parfaits pour la constitution des probiotiques sur nos muqueuses intestinales.

trucs malins

EXEMPLE DE MENU AUTOMNAL :

La saveur amère et la nature tiède harmonisent les énergies du poumon et du gros intestin, il faut donc préparer vos repas autour de cette saveur.

Au petit déjeuner, un pamplemousse accompagné d'un thé.

À midi, une belle tranche de foie et une salade de soja ou un gratin de chou-fleur.

Le soir, cuisinez tous vos légumes en y ajoutant des têtes d'asperges vertes ou blanches.

Le dessert sera composé d'un yaourt de brebis accompagné d'une marmelade d'orange.

Je cherche la lumière quand mon moral commence à décliner

En automne, lorsqu'on ressent une petite dépression liée au changement de saison (morosité, pas d'envie, moins de libido, moins d'appétit...), l'exposition à la lumière blanche (luminothérapie) est un bon moyen de booster son moral. Une séance quotidienne d'environ une demi-heure (pendant le petit déjeuner, quand on travaille...) jusqu'au début du printemps peut vous permettre de passer un hiver ensoleillé !

Le simulateur d'aube adoucit la journée

Cette version douce de la luminothérapie s'avère également très efficace pour le moral. On programme son heure de réveil et on se laisse réveiller progressivement par une lumière douce simulant le lever du jour. Une manière agréable de se réveiller avant le soleil et d'adapter son rythme biologique au raccourcissement des jours.

Une bonne cure de raisins pour désintoxiquer mon organisme

Riche en potassium, pauvre en sodium, le raisin est connu pour ses propriétés diurétique et laxative. Une minidiète au raisin va permettre à votre organisme de se débarrasser des déchets et toxines qui le polluent.

Comment faire ?

Une semaine avant, allégez votre alimentation en diminuant progressivement les quantités de protéines animales jusqu'à les supprimer la veille. Puis pendant un ou deux jours, mangez exclusivement du raisin [de préférence bio] et buvez de l'eau. Et reprenez ensuite graduellement une alimentation normale.

Nota bene : rincer soigneusement le raisin avant de le consommer afin de le débarrasser de toute substance toxique.
Consulter votre médecin au préalable.

Je me recentre sur les joies de l'intérieur

Cuisiner, se prélasser devant un feu de cheminée, lire un bon bouquin quand il pleut dehors, boire un thé entre amis, se lancer dans la déco, s'exercer à la couture…

Les petits trucs pour résister au froid

– **Infusion de romarin** : faites infuser pendant 15 minutes 40 grammes de romarin dans un litre d'eau bouillante. Ajoutez une cuillérée à café de miel si vous voulez sucrer votre tisane. Cette tisane est très stimulante pour l'organisme.

– **Infusion de lavande :** versez 15 grammes de fleurs séchées de lavande dans un litre d'eau bouillante et laissez infuser un quart d'heure.

– **Vapeurs d'eucalyptus dans la maison :** l'eucalyptus – connu pour son action préventive des affections pulmonaires et contagieuses tout autant que pour son odeur agréable – vous protégera du froid de l'hiver.

EN HIVER

En novembre, notre moral fait souvent grise mine… on se sent fatiguée, déprimée parfois. Une bonne hygiène de vie et quelques conseils vous aideront cependant à passer la saison en toute quiétude…

Hiberner, si je le peux

En cette saison, le corps comme la nature a besoin d'hiberner. C'est une période où l'on doit faire provision d'énergie pour les saisons suivantes et suivre notre rythme biologique : se reposer (se lever plus tard, se coucher plus tôt), travailler moins, se protéger du froid… Hélas ! dans nos sociétés modernes, cette période est marquée par une activité ô combien intense, où le stress bat son plein, générant fatigue, déprime et autres désagréments…

Les conseils du Docteur Michel Frey

L'énergie est au plus profond de notre organisme et se met au repos. Peu de soleil et de luminosité, les carences vitaminiques et en sels minéraux sont fréquentes.

L'énergie des reins est responsable de la qualité du stockage de nos souffles afin de mieux les préparer à l'éveil printanier. Peu d'activité, beaucoup de sommeil et un plein de méditation, voila les conseils pour bien conclure notre cycle saisonnier.

Je stimule mes reins

Les reins, selon les Chinois, sont le siège de notre énergie ancestrale et vitale. Il est donc important de bien les couvrir quand il fait froid et de les stimuler avant de sortir ou de retour à la maison en les tapotant légèrement avec la paume de ses mains, pendant quelques secondes.

Je couvre bien mes extrémités, plus fragiles qu'on ne le pense

Les extrémités [pieds et mains, mais surtout la tête] sont les zones du corps les plus exposées et d'où la chaleur s'échappe le plus vite. Il convient de protéger tout particulièrement le sommet du crâne afin d'éviter de prendre froid ou de souffrir d'éventuels maux de tête... Pensez aux bonnets de laine, aux chapeaux. Gants et chaussettes vous aideront aussi à mieux supporter l'hiver.

Des gestes simples pour réchauffer mes extrémités

Si vous êtes sujette aux extrémités glacées, vous pouvez effectuer ces gestes simples :

– frotter vos paumes de mains l'une contre l'autre,

– masser tout d'abord le bout des doigts de chaque main, puis faire de même avec les orteils, un à un. Puis tapoter ou frictionner l'un après l'autre, vos deux bras avec la main opposée, en remontant du poignet jusqu'à l'épaule,

– sous la douche, laisser couler de l'eau chaude sur la 7e cervicale, là où l'on sent sur la nuque une légère protubérance de la colonne vertébrale. C'est radical, on se réchauffe immédiatement,

– masser fermement, le point situé juste sous l'oreille au niveau du lobe, de chaque côté, jusqu'à vous réchauffer.

Je garde les pieds au chaud quand il fait froid

Comme le dit un vieux dicton chinois : « Les pieds restés longtemps humides et gelés, peuvent provoquer rhumes, rhinites, asthme et troubles du cycle menstruel chez les femmes. » Il est vital, pour se prémunir de ces désagréments, d'empêcher que le froid passe par le sol, en tenant au chaud ses pieds pendant les mois d'hiver.

Je respire mieux

Passer régulièrement les mains sous l'eau très chaude détend le plexus solaire et libère la respiration.

Conseils

Le menu d'hiver conseillé par le Docteur Michel Frey

Pour réchauffer votre organisme, il vous faudra une alimentation de nature chaude, et pour harmoniser les reins, des produits de saveur piquante.

Au petit déjeuner : la soupe de riz au gingembre ou à défaut un thé pimenté, du pain grillé avec de la confiture de mandarine (avec la peau de préférence).

Au déjeuner : une grillade de viande ou de poisson sans matière grasse mais bien relevée aux épices.

Cuisinez vos légumes avec de la coriandre en poudre ou mieux encore avec des feuilles de coriandre. L'origan se cuisine bien durant cette saison.

En fin de repas, une tisane à l'écorce de cannelle réchauffe les reins et stimule les éliminations hydrolipidiques.

Je prends des forces en mangeant

Il est bon d'augmenter les matières grasses pour fortifier l'organisme en hiver et de les diminuer en été.

Pensez aux céréales, germées ou non, aux légumineuses (haricots, lentilles, pois cassés), aux racines (navets, carottes...), à l'avoine car elle active la thyroïde... Privilégiez les œufs, le foie, les fruits de mer car ils apportent la vitamine D3 favorisant la calcification, ce qui compense le manque de soleil.

Les graines germées me donnent de l'énergie

Elles sont tellement énergisantes qu'il est préférable de les consommer au petit déjeuner ou au déjeuner, si vous voulez passer une bonne nuit.

Le ginseng, un dynamisant puissant

Cette plante dont la racine est connue pour ses propriétés stimulantes et revitalisantes lutte contre la fatigue et accroît les défenses immunitaires. En cas de fatigue ou pour passer un bon hiver, une bonne cure de ginseng permet de recharger ses batteries.

Avec les produits de la mer, je me régale et me protège des infections de l'hiver

Riches en iode et en zinc, les produits marins stimulent notre immunité. Avec les huîtres, on couvre les besoins quotidiens en zinc. Crues, servies avec un filet de citron ou de vinaigre à l'échalote, en tartare... ou cuites, légèrement rôties au four, les huîtres vous enchantent sans alourdir votre silhouette. Pensez également aux algues, peu caloriques, riches en oligoéléments, en vitamines en couleurs et en goûts... À consommer crues ou cuites selon les espèces.

trucs malins

DEUX TISANES D'HIVER POUR LUTTER CONTRE REFROIDISSEMENTS OU RHUMES

- À la cannelle

Dans un 1/2 litre d'eau, ajoutez un bâtonnet de cannelle, 4 feuilles d'eucalyptus et 4 clous de girofle. Faites bouillir. Laissez infuser 10 minutes. Filtrez.

Il est recommandé d'en boire 3 à 4 tasses par jour en ajoutant une cuiller de miel et le jus d'un demi-citron.

- Au thym

Dans un 1/2 litre d'eau bouillante, laissez infuser 2 cuillérées à soupe de serpolet ou de thym pendant environ 10 minutes. Filtrez et buvez trois à quatre tasses par jour, loin des repas.

À CHAQUE CHANGEMENT DE SAISON

à savoir

LES INTERSAISONS SELON LE CALENDRIER CHINOIS

Transition hiver/printemps : aux environs du 5 février.

Transition printemps/été : aux environs du 5 mai.

Transition été/automne : aux environs du 5 août.

Transition automne/hiver : aux environs du 5 novembre.

* le calendrier chinois étant lunaire, les dates peuvent varier d'une année à l'autre.

Je m'adapte aux intersaisons selon les principes de la médecine chinoise

La transition intersaisonnière d'une durée de 15 jours est sous la responsabilité de la rate et de l'estomac, organes au centre de notre métabolisme. Ils sont donc les chefs d'orchestre de tout changement alimentaire.

Les menus à privilégier, selon le Docteur Michel Frey

Afin d'harmoniser cette fonction, l'alimentation sera de nature neutre [ni trop froide, ni trop chaude] et de saveur douce.

Les volailles sont à privilégier, ainsi que tous les produits laitiers [brebis et chèvre de préférence].

Les œufs sont conseillés le matin ou à midi, mais jamais le soir, et les légumes peuvent être variés et de saison, à condition qu'ils soient bien cuits et consommés tièdes.

Enfin, la pomme reste le fruit tout indiqué en intersaison mais de préférence de saveur douce.

Je nettoie mes intestins

Jour après jour, déchets et toxines liés à l'alimentation, au stress, à la pollution, aux maladies... encrassent progressivement notre côlon qui perd de son efficacité. Le corps tout entier subit une intoxication progressive, provoquant certaines maux et fragilisant ainsi votre santé. Le nettoyage intestinal permet l'élimination des gaz et des déchets incrustés dans les replis de la paroi intestinale [matières fécales, résidus irritants, parasites, toxines...]. Ce qui lui permet de retrouver son fonctionnement optimal : une meilleure immunité et un rééquilibrage du processus assimilation/élimination. Cette pratique ancestrale datant de l'antiquité assure à l'organisme une hygiène parfaite et un grand confort. Le nettoyage intestinal s'effectue en général à des périodes clefs de l'année, en termes de régénération ou de transition, que sont le printemps et l'automne. Selon les cultures et les périodes, les méthodes varient [Ayurvéda, lavements de nos grand-mères, aromathérapie intestinale, shankaprakshalana, technique de hatha yoga, hydrothérapie du côlon...] mais le but poursuivi reste le même.

Le radis noir, idéal pour éliminer mes toxines

Une cure de suc de racines de radis noir fraîchement pressées à chaque changement de saison, est idéale pour détoxiner le foie ainsi que la vésicule biliaire et régénérer l'organisme.

Une recette de grand-mère

Pour purifier le sang, les anciens buvaient à chaque changement de saison et chaque soir une infusion d'achillée mille-feuille ou de racine de pissenlit.

trucs malins

ÉLECTUAIRE DE POIRES DE SAINTE HILDEGARDE

Cette préparation a été mise au point par Hildegarde de Bingen, religieuse allemande du XIIe siècle pour le nettoyage des intestins.

Ingrédients :
- 2 kilos de poires bio
- 250 gt de miel
- 100 g d'épices (racines de fenouil, galanga, réglisse, sarriette)

Couper les poires sans les peler, rejeter le cœur et les cuire à gros bouillons jusqu'à ce qu'elles soient tendres. Les égoutter puis les écraser, en y ajoutant le miel et les épices. Amener, la marmelade à ébullition et remplir des pots que l'on conservera au réfrigérateur ou que l'on stérilisera.

À consommer trois fois par jour pendant un mois, à raison d'une cuillérée le matin, 2 à midi et 3 le soir.

Pour aller plus loin, consulter le site *www.lesjardinsdhildegarde.com*

Le recentrage sur soi, grâce au Qi Gong

Ce mouvement est recommandé à tous les changements de saison. Il permet d'éliminer tensions et stress, grâce à une respiration profonde.

Debout, pieds écartés de la largeur des hanches, croisez vos mains sur la poitrine, en positionnant l'extrémité des doigts au niveau des épaules. Fermez les yeux et, pendant 2 à 3 minutes, visualisez la couleur blanche, très apaisante. Inspirez profondément en remplissant d'air vos poumons et expirez en faisant le sifflement d'un serpent (psiiiiii !), en pressant vos mains sur la poitrine et en fléchissant lentement et légèrement les jambes. Puis remontez en inspirant. Faites un mouvement fluide, à la manière d'une vague qui va et vient. À répéter neuf fois.

2e partie :

MON ITINÉRARAIRE BIEN-ÊTRE

mon alimentation

129 gestes & astuces

MANGER SAIN, PEU ET DE TOUT : LA CLEF DE MA BONNE SANTÉ

Une alimentation frugale et variée

Plus on étend sa gamme d'aliments, plus on tire profit des saveurs et des couleurs qu'offre une alimentation variée et plus on couvre ses besoins en vitamines, minéraux, fibres et autres éléments essentiels. Car aucun aliment n'est complet !

L'alimentation

Quel que soit notre âge, tous les aliments sont nécessaires. Cependant, en vieillissant, nos capacités éliminatrices diminuent, amenuisant ainsi les capacités fonctionnelles du rein, du foie, des poumons. Il faut donc apprendre à ajuster au fil du temps la production de résidus digestifs et métaboliques aux fonctions d'élimination, en sachant réduire intelligemment les quantités alimentaires. Vous l'avez compris, manger frugalement nous préserve de l'altération inéluctable et progressive de ces fonctions.

Les Chinois affirment d'ailleurs que « chaque individu naît avec à côté de lui un monticule de nourriture. Quand ce monticule est mangé, l'individu meurt ». Alors mangeons-le lentement !

Du chaud et du froid à chaque repas

Doser le chaud et le froid à chaque repas favorise une bonne digestion et préserve la santé. Par « froid », on entend « glacé », faisant ainsi allusion aux aliments solides et liquides qui sortent du frigidaire. Ces derniers produisent un véritable choc thermique dans notre estomac. Pensez à inclure dans chacun de vos repas un aliment chaud, qu'il soit liquide ou solide, en commençant par une soupe ou une tisane, par exemple...

Viandes, volailles, œufs, charcuterie	Vitamines B, fer, sodium, zinc, sélénium.
Poissons, crustacés	Vitamines A, B, D, iode, sodium, calcium, zinc, cuivre, sélénium.
Produits laitiers	Vitamines A, B, calcium.
Légumes secs, céréales complètes	Vitamines B, E, potassium, calcium, magnésium, fer, cuivre, sélénium, fibres.
Huiles végétales	Vitamine E.
Fruits et légumes	Provitamine A, vitamines B, CX, fer, potassium, calcium, magnésium, fibres.

« *Les essentiels* » Prima.

Du cru et du cuit

En consommant du cru, vous profitez à l'état pur de toutes les vitamines et autres richesses contenues dans les légumes et les fruits. Mais l'inconvénient, c'est qu'ils se digèrent plus difficilement que les aliments cuits. Rappelez-vous... l'homme ne peut en aucun cas se nourrir comme un animal. Prenons la pomme de terre : son coefficient de digestibilité passe de 20 à

80 % quand elle est cuite. Il est donc quatre fois supérieur à celui des aliments crus. La meilleure combinaison est d'associer le cuit et le cru pour obtenir un bon équilibre en termes d'apport et de digestibilité des aliments.

J'adapte mes aliments au moment de la journée

« Manger comme un roi le matin, déjeuner comme un prince et dîner comme un pauvre ». D'après Robert Masson, naturopathe, ce diction nous rappelle ce que des études plus récentes ont démontré, à savoir que les mêmes aliments n'ont pas les mêmes effets sur notre santé selon leur moment de consommation. Ainsi, les protéines, excellentes le matin pour l'énergie, font grossir, alourdissent la digestion ou peuvent favoriser les maladies cardiovasculaires quand on les consomme le soir ! »

Je privilégie une alimentation naturelle et bio

Rien ne vaut pour notre santé les aliments frais, complets et bio ! Ils sont vivants ! Contrairement aux produits industriels qui ont subi de nombreux traitements et voyagé longtemps avant d'arriver sur notre table. Les aliments bio sont exempts de pesticides et d'engrais artificiels. On parle aussi de polyphénols, présents dans les végétaux, qui nous protègent de certains cancers et des maladies cardiovasculaires. Disposant d'une teneur en matière sèche plus élevée, ils sont donc plus riches en éléments nutritifs ! De même, l'agriculture biologique prête plus d'attention au bien-être des animaux. Et, cerise sur le gâteau, ils ont du goût et des saveurs incomparables !

Mes apports quotidiens en protéines

Il est bon de consommer des protéines lors de nos deux premiers repas (viande, poisson, œufs, crustacés), selon Robert

Masson, naturopathe, car notre organisme en a besoin pour trouver son équilibre. Modulez néanmoins la quantité en fonction de votre appétit et de la prise de repas (petit déjeuner ou déjeuner qui doit être plus léger !).

Une alimentation équilibrée

Il faudrait au moins deux repas équilibrés par jour, midi et soir, si le mode de vie est « classique ». Si votre repas de midi est incomplet ou pris sur le pouce, veillez à l'équilibre alimentaire matin et soir.

Le petit déjeuner idéal

Pain + viande froide (ou œufs ou jambon).

Un demi ou un verre de jus de légumes pressés au mixer.

Une infusion ou malt ou thé ou café.

Selon l'Ayurvéda, le choix d'une alimentation dépend aussi de mon aptitude à digérer

Il n'existe pas a priori de bons ou mauvais aliments, mais seulement des aliments qui sont bons ou mauvais pour soi. L'Ayurvéda définit ainsi trois profils de personnes en fonction de trois types de digestion spécifiques :

– Vata : digestion irrégulière et souvent délicate,
– Pitta : digestion plutôt forte et intense,
– Kapha : digestion lente et souvent lourde.

Digérer la nourriture avec efficacité est l'un des indicateurs essentiels d'une bonne santé.

Pour en savoir plus, lire *Santé parfaite*, Dr Deepak Chopra, J'ai lu.

ZOOM

Une alimentation personnalisée : le point de vue de Robert Masson, naturopathe,

fondé sur 60 années d'observation

« Tout être vivant a besoin d'une alimentation variée, équilibrée apportant glucides (farineux et féculents), protides (viande, poisson, œufs), lipides (oléagineux, huile, corps gras animaux), vitamines, minéraux, oligo-éléments, fibres, flavonoïdes, etc.

Les besoins alimentaires diffèrent selon que l'on est longiligne (nerveux, teint blanc...) ou que l'on a des rondeurs (lymphatique, teint coloré...) car on ne brûle pas les aliments de la même façon. Ainsi, les personnes minces peuvent consommer des protéines midi et soir, manger beaucoup de fruits car elles brûlent abondamment les aliments, oxydent mieux les acides, ce qui n'est pas le cas des personnes plus fortes.

Par exemple, les fruits aqueux (fraises, poires, pommes, abricots, framboises, orange, ananas, cerises, etc.) apportent, outre des vitamines, des sucres, des fibres, etc., des acides citriques, maliques, tartriques...

Ces acides fruitariens sont brûlés en gaz carbonique et en eau dans l'organisme.

Cette combustion s'effectue parfaitement bien si l'individu est sanguin, bréviligne (trapu, de petite taille), pas frileux du tout et plutôt enveloppé. Le fruit aqueux est pour lui « tout bénéfice ».

Cette combustion des acides s'effectue mal si l'individu est maigre, nerveux et frileux. Si telle est la typologie, le corps détruit les acides (non comburés) en donnant ses bases minérales, il associe à l'acide citrique son calcium pour donner des citrates de calcium, son magnésium pour donner des citrates de magnésium pour former des sels qui seront éliminés par les urines. Même chose pour les autres acides.

Ainsi le pH du sang ne varie pas mais l'organisme se déminéralise, d'où frilosité, nervosité, fatigue, baisse de la libido, etc., inexpliqués...

Vous l'avez compris, tout se joue dans la façon de s'alimenter, le type de physique, l'âge, le lieu... gardons-nous bien d'avoir des diktats trop rigides en la matière. »

Pour en savoir plus sur le problème des fruits en nutrition humaine, lire *Diététique de l'expérience* de Robert Masson, Éditions Guy Trédaniel.

ET S'IL Y AVAIT QUELQUE CHOSE À ÉVITER, CE SERAIT

Les sodas, les jus de fruits avec sucre ajouté, les eaux minérales aromatisées et autres boissons chimiques

Leur consommation excessive va de pair avec l'obésité. Ils sont bourrés d'inconvénients pour la santé pendant et en dehors des repas. Ils encrassent l'organisme et sont de gros producteurs de radicaux libres. À retenir : un verre de soda contient environ six morceaux de sucre.

mon conseil

Reposez-les de temps en temps dans les rayons de votre magasin et remplacez-les par des jus de fruits frais, bio de préférence, de l'eau ou des tisanes…

Les grignotages

Le processus de digestion d'un repas est long (entre 4 et 6 heures en moyenne). Chaque grignotage, aussi minime soit-il, intervenant avant la fin du cycle, perturbe l'état de digestion en cours et re-déclenche une nouvelle programmation, ce qui fatigue notre organisme. Robert Masson, naturopathe, affirme qu'une suralimentation au cours des trois repas principaux est moins nocive pour la santé que l'abus de grignotages…

Produits sucrés : j'en réserve la consommation à la fin des repas

Miel, confitures, marmelades… consommés en dehors des repas donnent une forme artificielle qui diminue immédiatement quelques secondes plus tard. C'est ce qu'on appelle une décharge glycémique. À consommer de préférence au petit déjeuner, à la fin des repas et des collations.

Conseils

Il y a des moments propices à la consommation de certains aliments, selon Robert Masson, naturopathe…

Les sucreries

« Les desserts sucrés, hormis l'apport calorique qui doit être évalué en fonction des apports totaux du repas, seront toujours consommés en fin de repas, car le glucose et le fructose qui résultent de la digestion du saccharose (sucre) passent dans le sang très lentement. Lorsque les sucreries sont ingérées dans la matinée ou entre 16 h 30 et 18 h 30, la digestion du saccharose est ultrarapide, le glucose et le fructose passent dans le sang à très grande vitesse. Les risques de diabète, d'obésité, d'infections chroniques, de maladie d'Alzeihmer sont alors considérablement majorés. »

Les fruits

« Les fruits sont à ingérer loin des repas principaux, vers 17 h 30, moment pendant lequel l'oxydation des acides fruitariens est à son optimum, surtout chez les individus longilignes et frileux. »

Le lait : j'opte pour les produits biologiques

Le lait abonde en protéines, glucides, lipides, sels minéraux et vitamines A, B et D. Un demi-litre de lait entier apporte autant de protéines que 100 grammes de viande. Dans la Grèce antique, le lait était d'ailleurs considéré comme un symbole d'abondance.

Néanmoins, le lait est un aliment fragile – car facilement contaminé par les microbes – qui réclame une extrême hygiène. Il peut être pollué par les antibiotiques et les produits chimiques que l'on donne aux vaches. Or, aujourd'hui, les animaux sont bourrés d'antibiotiques, de psychotropes, d'hormones qui sont rejetés dans le lait, ce qui en fait un produit malsain pour l'organisme, à l'exception bien entendu des produits laitiers biologiques. Sachez que le lait de chèvre ou de brebis est plus digeste que le lait de vache, mais aussi plus gras.

Je remplace ma cigarette par de nouveaux plaisirs !

Si vous êtes fumeuse, ce chiffre vous fera peut-être réfléchir au moment où vous allumerez votre première cigarette : une cigarette équivaut à 10 puissance 15 radicaux libres !

En lisant cela, on ne peut que songer à l'arrêt de la cigarette. Mais hélas ! ce n'est pas si simple. Pour compenser la perte de plaisir donné par la cigarette, il va falloir dompter ce manque à coups de diététique ou de sport. Et remplacer la cigarette par un autre plaisir (musique, nouveau hobby, sorties entre amis – non fumeurs bien sûr –, expos…) ou par la satisfaction narcissique d'admirer son teint redevenu éclatant et de retrouver son souffle en montant les escaliers…

trucs malins

UN PETIT TRUC POUR LES ACCROS DU TABAC

Dès que vous sentez l'envie de fumer, respirez à fond. En position assise ou debout, faites 5 à 10 respirations abdominales profondes, calmes et en vous concentrant sur votre souffle.

Les stimulants, une question de dosage

Un peu de vin [un verre par jour], de café, de thé [2 à 3 tasses par jour…] fait du bien. La caféine et la théine contiennent par exemple des tanins qui diminuent le taux de fer dans le sang. Or, le fer est indispensable pour un bon fonctionnement de la mémoire. Mais l'excès fait du mal !

LES SECRETS D'UN REPAS BIEN DIGÉRÉ

« Un individu qui digère mal perd une partie de son pouvoir de décision et épuise son "instinct" » [Georges Charles, enseignant de pratiques chinoises de santé].

« Ce qui importe, c'est ce qu'on assimile et non ce qu'on ingurgite » [André Van Lysebeth, *J'apprends le yoga*].

Ralentir mon rythme facilite ma digestion

Sachez que les repas pris à toute allure peuvent avoir des répercussions fâcheuses sur notre forme et notre santé. Du stress supplémentaire, en premier lieu, qui entraîne pour certains le recours aux excitants comme le café, les cigarettes, l'alcool ou le thé... et à la longue des troubles digestifs (régurgitations, ventre ballonné ou douloureux...). Et surtout, une baisse d'énergie car notre estomac se fatigue beaucoup plus. Alors, donnez-vous du temps pour manger si vous voulez éviter ces désagréments !

Je mange quand j'ai faim

Les conventions sociales et familiales, certaines habitudes alimentaires ou le stress conditionnent la prise de nos repas. Le plus souvent, on mange sans éprouver un réel appétit. Et si l'on mange sans faim, même si la quantité ingurgitée est minime (un fruit, un biscuit, un yaourt...), le corps va stocker. À l'inverse, si l'on mange avec appétit, le corps se chargera de métamorphoser cette nourriture en énergie. Dans ce cas-là, on garde le meilleur et on élimine le surplus.

Je mange en toute conscience

Il faut environ une vingtaine de minutes pour éprouver une sensation de satiété. Vous en avez fait maintes fois l'expérience : si vous déjeunez en pensant ou en faisant autre chose, vous avalez votre repas sans même vous en apercevoir. Conséquence : vous risquez de mal digérer et d'avoir faim dans l'après-midi.

J'évite les boissons réfrigérées

Que ce soit pendant ou en dehors des repas, les Chinois considèrent que les boissons à leur sortie du réfrigérateur ou servies avec des glaçons, affaiblissent le « feu digestif », ce qui entraîne une déperdition de l'énergie vitale et une utilisation excessive de l'énergie viscérale issue de la rate. Préférez-leur les boissons à température ambiante.

Je respire profondément avant de passer à table

Trois ou quatre respirations abdominales effectuées avant le repas favorisent la sécrétion de la salive et, par conséquent, une bonne assimilation des aliments.

Je bois une infusion de menthe verte à la fin du repas

Cette plante très odorante est connue pour ses propriétés digestives. Laissez infuser quelques feuilles dans de l'eau bouillie durant une dizaine de minutes.

Je bouge après le repas

Marcher un peu à la maison ou à l'extérieur favorise la digestion. C'est une bonne façon de stimuler la descente des aliments et la montée de l'énergie !

JE MANGE LENTEMENT

Je mastique

Quand on mastique, on imprègne les aliments de salive, ce qui permet de les prédigérer et d'en faciliter la digestion. Les yogis recommandent de mâcher les aliments le plus longtemps possible y compris les aliments liquides (lait, eau, soupe, tisane...). Autre avantage : en mastiquant, on devient plus attentif à ce que l'on mange et on découvre de nouvelles saveurs, car le goût des aliments se transforme. N'insistez pas trop, cependant, avec la viande qui se digère dans l'estomac sous l'action des sucs gastriques et qui prend un goût désagréable avec la mastication.

Je compte jusqu'à 10

Prendre le temps de mastiquer n'est certes pas une tâche facile. Il va donc falloir y aller progressivement. Au début de chaque repas, prenez une petite bouchée et comptez jusqu'à 10 avant de l'ingurgiter. Puis le lendemain, faites la même chose pour les deux premières bouchées. C'est l'affaire de quelques secondes seulement. Exercez-vous à chaque repas. Vous serez étonné des premiers bienfaits ! Tout d'abord, vous mangerez moins. Ensuite, vous libérerez de l'énergie pour d'autres tâches.

Les baguettes, idéales pour manger en petites quantités !

Pourquoi utiliser des baguettes ? Parce qu'elles nous obligent à nous concentrer sur le geste et ainsi à ralentir notre rythme d'alimentation. On doit aussi découper la nourriture en petits morceaux pour en faire de petites bouchées. Ce qui rend la nourriture plus digeste et plus rapide à cuire. Et plus la cuisson est courte, plus les aliments conservent leurs vitamines.

Je mange assis

Les mauvaises habitudes se transmettent. Les enfants qui ont coutume de voir leurs parents manger à toute allure ou debout font la même chose ensuite. Il est donc important de privilégier le temps du repas et de manger assis, le dos droit. De même, évitez de croiser les jambes car cette attitude nuit à la bonne circulation de l'énergie.

Je pose mes couverts entre chaque bouchée

Ce n'est pas si simple, car cela va vous demander une grande concentration ! Mais si vous vous habituez à poser vos couverts entre chaque bouchée, vous allez nettement ralentir votre vitesse et apprécier chacune d'entre elles.

Un bon plan pour ma ligne

Bon nombre de nutritionnistes attestent que l'estomac met environ 20 minutes à envoyer un signal de satiété. Si l'on mange trop vite, ce signal arrive trop tard. Et l'on ingurgite plus d'aliments que nécessaire sans même le savoir, c'est pourquoi il est préférable de manger lentement.

Réapprendre à manger, c'est difficile

1re étape : concentrez-vous sur ce que vous mangez.

2e étape : mâchez.

3e étape : appréciez ce que vous mangez (pour vous aider, fermez les yeux !).

Changer ses habitudes exige patience et persévérance. Mais une fois acquises, vous ne pourrez plus manger autrement !

APPRÉCIER MES REPAS, TOUT UN ART !

Mes aliments « maison »

L'aliment acheté est chargé d'une valeur commerciale. Au moins une fois par jour, manger un aliment que l'on n'a pas acheté et que l'on a fait soi-même produit le même effet qu'offrir à quelqu'un une chose que l'on a réalisée soi-même… Faites par exemple pousser des graines germées, des herbes aromatiques, et ajoutez-les dans vos plats : votre plaisir sera accru !

Je redonne du temps au goût

En prenant le temps de mastiquer ses aliments, on apprend à ressentir le goût de ce que l'on mange, à discerner la qualité des mets. On perçoit avec plus de finesse les saveurs. Cette découverte du goût va de pair avec le plaisir de déguster des produits frais, des produits sains et de saison, de savourer une cuisine familiale aux accents du terroir ou d'apprécier la gastronomie qui enchante nos palais si l'on s'abandonne à sa magie et à celle de l'instant roi.

Les aliments chauds ont plus de goût

Goûtez un dessert tiède et renouvelez votre expérience une fois refroidi. Vous vous apercevrez que le dessert froid a moins de goût. On ressent moins le sucre et le gras. C'est pourquoi les pâtissiers ou les cuisiniers doivent ajouter du sucre et du gras aux mets servis froids pour les rendre sapides.

J'évite de boire trop froid ou trop chaud

Le froid dissimule l'excès de sucre ou une mauvaise qualité de production pour bon nombre de boissons type sodas qui, consommées à température ambiante, seraient imbuvables. Un vin servi trop froid perd ses valeurs gustatives et son nez. De même, un vin servi « trop chaud » aura tendance à s'oxyder rapidement et à faire ressortir son côté acide.

Je choisis un endroit calme

Le contexte a une importance majeure dans la manière dont on va apprécier son repas. Dans un lieu calme et agréable, on prend plus facilement du temps et du plaisir à manger, même si l'on se nourrit d'un sandwich, et l'on digère mieux. Double avantage : d'une part, on se détend en mangeant parce que l'on est plus présent à ce que l'on fait. Et après un déjeuner pris dans le calme, on est plus efficace pour reprendre son activité.

J'ai une attitude sereine

Mettre ses soucis entre parenthèses et éviter les discussions houleuses ou trop sérieuses pendant les repas sont deux conditions pour passer un bon moment à table !

Un repas en bonne compagnie détend

Partager un repas convivial a un effet apaisant, voire fédérateur. Manger ensemble crée un lien et contribue à augmenter notre capacité à mieux communiquer. Des études montrent que les familles qui prennent régulièrement leurs repas ensemble donnent plus de chances à leurs enfants de réussir leur vie scolaire et les exposent moins aux risques de souffrir de stress ou d'addiction à la cigarette, à l'alcool…

Je prépare tout à l'avance…

Pour éviter que mes invités me voient toutes les 5 minutes faire la navette entre la cuisine et le salon, ou préparer au dernier moment une sauce « maison » express, j'ai un secret : je m'organise et, résultat : je ne me lève pas de table. Je prépare un plat unique qui généralement rime avec chaleur et convivialité. Je pose tout sur la table et profite de chaque moment de la soirée, sans perdre le fil de la conversation !

Les plats mijotés me changent la vie

Arrangez-vous pour être complètement zen lorsque vos invités arrivent, en préparant la veille ou quelques heures avant, des plats qui demandent peu de préparation et de surveillance et qui rappellent la cuisine tendre et délicieuse de nos grands-mères : baekoff, bœuf aux carottes, blanquette de veau… Ils cuisent à feu très doux, à l'étouffée, dans une marmite en fonte, pendant des heures, embaumant la maison de leurs saveurs et vous donnant ainsi la liberté de vaquer tranquillement à d'autres occupations, d'aller vous promener, regarder un film… et préparer sans aucun stress votre repas.

Je m'y mets la veille

Préparez la veille une terrine, un plat qui, réchauffé le lendemain, sera encore meilleur (un bœuf bourguignon, une blanquette de veau, un osso bucco...). Certains desserts offrent les mêmes qualités : charlotte aux fruits, au chocolat, mousse au chocolat...

Je m'autorise à enfreindre les règles de temps en temps

Le dogmatisme ne fait pas toujours loi, pas plus en matière de nourriture que dans les autres domaines. Une ligne de conduite est indispensable mais n'exclut pas pour autant ces petits écarts qui nous font tant de bien. Se laisser tenter par une barre de chocolat, un saint-honoré, un saucisson-beurre... n'a jamais fait de mal, surtout quand on le mange avec plaisir.

Je sors de table, nourrie mais pas remplie

Il est bon de quitter la table en s'étant nourrie d'une façon sobre, légère et équilibrée. La frugalité conserve !

Je retrouve mon odorat

Apprécier un aliment, c'est aussi le ressentir, le sentir à la manière des animaux qui reniflent leur nourriture avant de la saisir. Une façon de développer sa vigilance, sa sensibilité, son appétence pour tel ou tel aliment indépendamment de son aspect extérieur ! En un mot, réapprendre à vivre avec ses sens !

Je soigne ma déco !

Que vous mangiez sur le pouce, seule, en famille, entre amis, une soupe, une salade, des pâtes... le plaisir sera au rendez-vous si vous veillez aux moindres détails de votre table : de jolies serviettes en papier plutôt qu'un bout d'essuie-tout, les fromages servis sur une assiette au lieu de les laisser dans leur emballage, un couvert bien mis, une cuisine rangée avant de passer à table, évitant le désagrément de manger avec le spectacle de casseroles sales devant les yeux... Vous l'avez compris, ces petites attentions ont leur importance pour apprécier un repas !

Un lieu lumineux

Des études américaines démontrent que la lumière, parce qu'elle apporte de la gaité, favorise une bonne régulation de l'appétit. Tandis que la pénombre, qui donne la sensation d'être dans son cocon, à l'abri du regard des autres, entraîne la prise de nourriture.

L'EAU ET SES MULTIPLES VERTUS

Boire, ça sert à quoi ?

On élimine ses toxines grâce à l'eau – même si elle n'y participe que pour une très faible part (20 % environ) – et l'on purifie son corps. L'eau participe aux apports énergétiques en oligo-éléments de notre organisme et favorise la bonne assimilation de nos aliments, grâce aux enzymes qu'elle transporte. Avec l'âge, le corps se déshydrate, alors soyez vigilante !

Je bois à ma mesure

Ni se restreindre ni se forcer ! Il importe avant tout d'écouter ce que notre corps nous réclame et d'en tenir compte. Les tisanes, les soupes, les jus maison comptent dans la quantité d'eau que vous absorbez, mais pas le café, le thé noir et les boissons sucrées. La quantité d'eau est à moduler en fonction de votre alimentation [plus ou moins hydratée], de votre pratique d'exercices physiques, de votre âge, de la température extérieure…

Quoi boire ?

De l'eau, bien sûr ! Une eau plate et tempérée, car une eau froide, glacée ou trop chaude fatigue l'appareil digestif. Évitez les eaux gazeuses qui provoquent des ballonnements. L'alternance et la variété d'eaux de source et d'eaux minérales combinées à l'eau du robinet permet l'équilibre. Pensez aux carafes Brita qui filtrent l'eau en réduisant considérablement sa quantité de calcaire.

Je me rappelle que l'eau est précieuse pour la santé

Boire de l'eau permet le bon fonctionnement de notre corps. Les bienfaits de l'eau sont nombreux : elle draine notre organisme, participant ainsi à l'élimination des déchets. Elle hydrate notre corps et notre peau. Elle nourrit et oxygène nos muscles, elle régule notre température thermique, sans oublier ses apports énergétiques en oligo-éléments…

Retenez le plus important : buvez de l'eau chaque jour pour avoir une bonne forme physique et mentale !

L'eau, un bon coupe-faim

L'eau a l'avantage de procurer une sensation de satiété, sans apport de calorie, due aux fibres qui gonflent grâce à elle et facilitent le transit. À retenir en cas d'envie de grignotage : buvez quelques gorgées d'eau.

5 ALIMENTS EXTRAORDINAIRES SELON ROBERT MASSON

Les fruits de mer

Ils sont riches en oméga 3 [antidépresseurs], zinc, cuivre, fer et sélénium.

La palourde est la championne du monde du zinc, la moule du cuivre [également très riche en fer] et l'huître des oligo-éléments.

Ce sont de véritables merveilles pour la santé et le moral !

La noix

Les fruits oléagineux sont une excellente source de vitamine E. Ils sont riches en protéines, en fibres et constituent un apport intéressant en magnésium. La noix se caractérise par sa richesse exceptionnelle en acides gras polyinsaturés (plus de 44 %) dont on sait qu'ils jouent un rôle important dans la prévention des maladies cardio-vasculaires. À consommer au petit déjeuner, par exemple. Sous forme d'huile (l'une des meilleures sources d'oméga 3), elle agrémentera subtilement le goût de vos salades.

Le pollen

Ces petites graines magiques sont un véritable cocktail d'éléments vitaux qui nous apportent, en grande quantité, vitamines, oligo-éléments, minéraux… ainsi que des flavonoïdes (substances colorées des végétaux possédant d'excellentes propriétés antioxydantes). C'est un générateur de vitalité et un régulateur du transit intestinal extraordinaire. À déconseiller cependant aux personnes allergiques au pollen.

La sardine

Les poissons gras (maquereau, thon, hareng, sardine et saumon) nous fournissent quantité d'oméga 3. Résultat : sang plus fluide, cœur protégé, humeur au beau fixe, traitement des inflammations. La sardine, riche en apports d'oméga 3, de coenzyme Q10, de calcium, de protéines, est un aliment formidable pour la santé. Elle permet une bonne perméabilité des membranes de nos cellules, en particulier des cellules nerveuses. C'est l'aliment numéro un pour les étudiants et les sportifs…!

LES ALIMENTS DE CHOIX

Le germe de blé, excellente source naturelle

Les germes de blé sont très riches en nutriments (vitamines E et B excellente pour le cerveau et le système nerveux, magnésium, phosphore, potassium) mais aussi en protéines et fibres. La poudre ou les paillettes accompagnent agréablement salades, potages et plats cuisinés. Au petit déjeuner, la poudre délayée dans du lait d'amande est un véritable régal ! Autres atouts : le germe de blé ravive le teint et fortifie la chevelure.

Le sésame

Ajoutez du sésame dans vos plats. Les Chinois l'apprécient pour ses vertus antivieillissement mais aussi pour son subtil goût de noix. Sous forme d'huile, de pâte ou de graines, le sésame parfume agréablement nos aliments.

Les graines germées

Aliments vivants par excellence, les graines germées permettent à l'organisme de se maintenir en excellente forme car elles lui fournissent tout ce dont il a besoin. Elles contiennent dix fois plus de vitamines que la graine d'origine. On peut les faire germer ou les acheter toutes prêtes, les plus courantes étant l'alfalfa, le radis blanc ou rose, la moutarde, les lentilles, l'orge, etc. Vous pouvez les consommer mélangées à des salades ou à des crudités, avec une sauce vinaigrette, et pour orner (sans les faire cuire) les plats de leur goût et de leur couleur.

CES MERVEILLEUSES ÉPICES ET HERBES AROMATIQUES QUI PARFUMENT NOS METS

Le basilic : originaire d'Asie, il en existe environ 150 variétés (pistou en Provence, herbe royale, basilic romain, oranger des savetiers...).

La coriandre : nommée également persil arabe, est une herbe aromatique introduite en Europe par les Égyptiens. Elle se caractérise par son acclimatation dans les pays tempérés : c'est ainsi qu'au XVIIIe siècle, on la cultivait dans la Région parisienne !

L'estragon : originaire de la lointaine Arabie, il nous fut rapporté par les croisés. Cet excellent condiment peut remplacer le sel, le poivre et le vinaigre.

Le laurier : ce végétal en provenance d'Asie Mineure disposait, selon les anciens, d'un pouvoir magique : il transmettait le don de prophétie, éloignait la foudre et le mauvais œil...

Le romarin : on trouve cette plante dans le sud de la France, en Italie, en Espagne... La légende affirme qu'elle procure l'éternelle jeunesse.

Le thym (également nommé serpolet, pillolet, sepoulet) : ses multiples vertus en font une plante précieuse, inégalée, à avoir sous la main à chaque instant de votre vie.

PROPRIÉTÉS

Tonique, antiseptique intestinal, calme les angoisses, les vertiges, la toux, favorise le sommeil, régularise les règles, soigne les piqûres d'insectes, les verrues...	
Excitant (aphrodisiaque et stimulant la mémoire selon les anciens), soulage en cas de digestions pénibles, de flatulence, d'aérophagie, de douleurs rhumatismales...	
Ouvre l'appétit, favorise la digestion, calme le hoquet, les rages de dent, combat les rhumatismes, la goutte... On le dit également excellent pour le cœur !	
En usage interne : stimule l'appétit, active la digestion, combat l'insomnie, la dépression, la neurasthénie...	En usage externe : soigne les foulures...
En usage interne : stimulant général, antiseptique, antidiarrhéique, stimule la mémoire, diurétique... Il lutte contre l'impuissance, l'asthme, les migraines, les vertiges...	En usage externe : cicatrise les plaies, calme les douleurs musculaires, les rhumatismes...
En usage interne : tonique, stimulant général (physique et mental), ouvre l'appétit, serait aphrodisiaque, antiseptique intestinal, pulmonaire, diurétique... Prévient et combat la grippe, les rhumes, les angines. Soulage les crampes d'estomac, ou les crampes causées par les règles ainsi que celles du bas-ventre.	En usage externe : antiseptique, cicatrisant, antirhumatismal... Calme les foulures, les contusions, les maux de dents.

Précieuses céréales complètes

Riches en sucres lents, les céréales contiennent des trésors pour la santé : fibres, vitamines, minéraux et protéines. Consommez-les de préférence bio. On dit que les enveloppes et le germe du grain de blé contiennent 10 à 12 fois plus de polyphénols que l'intérieur du grain qui donne la farine. Elles rassasient et luttent contre le surpoids.

Le quinoa, la star des graines !

Déjà prisée par les civilisations précolombiennes, la graine de quinoa est aujourd'hui plébiscitée pour sa très grande richesse en protéines, en acides gras essentiels, en fibres. C'est une véritable mine d'oligo-éléments et de vitamines. Elle figure en tête des aliments les plus nutritifs : elle contient bien plus de protéines, de sucres lents, de micronutriments tels que le fer, zinc, manganèse, magnésium, potassium, cuivre, calcium… que le blé.

Je mange la peau des fruits et des légumes bio

Pour les fruits et légumes issus de l'agriculture traditionnelle, l'épluchage est indispensable afin d'éliminer une partie des résidus de pesticides. Avec les légumes et les fruits bio, retrouvez le plaisir et l'avantage de les manger avec leur peau, plus riche en vitamines, en fibres et en polyphénols.

Antipépin de santé : je croque la pomme !

« Une pomme par jour éloigne le médecin », nous assure ce vieux dicton.

La pomme, en effet, regorge de vitamines, de sucres assimilables, d'acides et de sels minéraux nécessaires au bon fonctionnement de l'organisme.

Riche en pectine, vitamine C et fibres, tout en étant peu calorique, ce fruit « défendu » est à consommer absolument : il améliore le transit, coupe la faim, lutte contre l'asthénie physique et intellectuelle, résiste à la grippe... En cas d'insomnie, mangez une pomme avant d'aller au lit. Il faut la croquer avec la peau jusqu'au trognon !

La banane

Excellente source de potassium, la banane est bourrée de vitamines du groupe B (B1, B2, B6, B12) qui favorisent le bon fonctionnement du cerveau et de la mémoire.

La tomate

Excellente source de bétacarotène et de vitamines A et C. Elle protège le cœur et sans doute les muscles, les cellules cérébrales et les articulations.

De précieux légumes

Le brocoli : ce petit chou est une véritable source de calcium, potassium, fer, zinc, fibres et vitamines A, B9, C et E. Il est bon pour les poumons car riche en antioxydants.

Le poireau : c'est un excellent détoxifiant, à consommer sous forme de bouillon aux intersaisons.

Les épinards : ils contiennent beaucoup de vitamines A et C, fer, calcium et magnésium. On prétend qu'ils rendent fort ! Des études récentes montrent qu'ils améliorent la vue.

Le thé vert, la boisson des centenaires !

Avec son lot de polyphénols, il préserve le cœur, le foie et la santé en général. La théine, moins agressive que la caféine, aide à fondre en douceur.

Une gousse d'ail par jour

L'ail est un des produits de la terre les plus populaires dans la cuisine, en même temps qu'un véritable « médicament » : antiseptique très efficace aux propriétés antimicrobiennes et antioxydantes reconnues, laxatif, dépuratif… il combat les affections cardiaques et le mauvais cholestérol. Consommez-le avec délice.

Un conseil

Pour préserver votre haleine et bien le digérer : enlevez le cœur et mangez-le cru avec du persil.

Le gingembre

En plus de son goût particulier que je trouve délicieux pour ma part, il se révèle être un excellent stimulant, il favorise la circulation sanguine et apaise coliques et gaz.

trucs malins

RECETTE DE GINGEMBRE CONFIT

Épluchez une racine de gingembre frais que vous découpez en petits dés.

Préparez un sirop en faisant fondre dans 4 tasses d'eau, une tasse de sucre. Versez cette préparation sur le gingembre et laissez mijoter jusqu'à ce qu'il devienne tendre. Laissez macérer au moins pendant une nuit. Égouttez et conservez dans des bocaux stériles. On peut le consommer à la fin d'un repas en accompagnement d'un dessert, le manger tout seul comme une gourmandise, le déguster avec son café. Vous verrez, c'est délicieux !

CE QUE MA GRAND-MÈRE RECOMMANDAIT EN CAS D'EXCÈS ALIMENTAIRES !

Dans la perspective d'un repas copieux

Le jus de radis noir

Deux heures avant un repas copieux, il est conseillé de boire un jus de radis noir. C'est un excellent draineur du foie et de la vésicule biliaire qui favorise l'élimination des déchets et des toxines. Absorbé avant un repas copieux, il prépare le fonctionnement harmonieux de ces organes, facilitant ainsi notre digestion. On le trouve sous forme d'ampoule, bio de préférence, dans les magasins spécialisés.

Une gorgée d'huile d'olive

Une heure avant le repas, prenez une cuillère à soupe d'huile d'olive qui diminuera les effets de l'alcool. L'huile agit comme un véritable rempart protecteur de la muqueuse intestinale, ralentissant ainsi le processus de diffusion de l'alcool.

Du blanc d'œuf

Ingurgitez avant le repas, le mélange suivant : de l'eau et des blancs d'œufs [4 par litre] dans un bol de bouillon de légumes.

trucs malins

Pensez aux amuse-gueules pendant l'apéritif, surtout si vous êtes à jeun. Mieux vaut grignoter avant de boire de l'alcool : à jeun, les boissons alcoolisées passent immédiatement dans le sang. Ivresse et malaise garantis !

Pendant les agapes...

Il va de soi qu'une consommation raisonnable d'alcool est la première règle à observer !

Le vin blanc est déconseillé après le vin rouge. De même, consommez de préférence le champagne en apéritif car il a tendance à bloquer la digestion. Et si le champagne ne vous réussit pas après le vin rouge, faites tout au champagne !

Choisissez de bons vins : les vins de mauvaise qualité passent beaucoup moins bien car bon nombre d'entre eux contiennent des substances chimiques qui augmentent leur degré d'alcool.

Alternez un verre de vin et un verre d'eau. L'eau réhydrate et dilue l'alcool qui passe ainsi moins vite dans le sang. La meilleure tactique : avoir toujours un verre rempli d'eau devant soi.

Malgré ces précautions, si vous avez un problème de digestion :

– Buvez un petit verre d'eau dans lequel vous avez ajouté une cuillère à café de vinaigre de cidre bio.

– Prenez une tisane de menthe concentrée.

– Buvez un demi-verre d'eau. Inspirez et expirez lentement et profondément, et restez en apnée, poumons complètement vides, le plus longtemps possible, en joignant les mains par le bout des doigts. Recommencez trois ou quatre fois.

– Buvez « l'aigueboulide » (eau bouillie longtemps avec 4 gousses d'ail pour la valeur d'un litre, un brin de sauge et un peu de sel). Cette préparation est recommandée pour laver son corps quand on a la sensation d'avoir trop mangé.

– Veillez à ce que le repas suivant soit léger : un velouté poireaux-pommes de terre, carottes-pommes de terre... par exemple.

En cas de hoquet...

– Suspendez votre respiration en buvant de l'eau en toutes petites gorgées rapprochées.

– Croquez lentement un morceau de sucre auquel vous avez ajouté quelques gouttes de vinaigre de cidre bio.

– Massez-vous les tempes en faisant des petits cercles et en respirant tranquillement.

– Mâchez des grains de poivre.

JE FAIS MES COURSES

Je respecte la chaîne du froid pour les surgelés

Il est preférable de faire les achats de produits surgelés en dernier lieu. Mettez-les impérativement dans des sacs isothermes et rentrez vite chez vous. Rangez-les en priorité dans votre congélateur.

Me nourrir bio n'est pas plus coûteux

Les consommateurs en témoignent : passer d'une alimentation conventionnelle à une nourriture biologique s'accompagne souvent d'une modification des habitudes alimentaires. Un régime bio comporte moins de viande, plus de fruits et de légumes, moins voire plus du tout de sodas sucrés, de gâteaux, d'en-cas gras et sucrés et, au final, coûte moins cher. Du fait du goût et de la fermeté des aliments, on compose un repas avec des quantités moindres et on est plus vite rassasiée.

Je décrypte les étiquettes

Prenez le temps de lire les étiquettes qui vous renseignent sur les aliments. La quantité, la date de consommation, le lot de fabrication, les coordonnées du fabricant... mais aussi la liste des ingrédients classés par ordre d'importance. Si la liste commence par sucre ou gras, méfiance ! Vous avez là un explosif en termes de sucre ou de graisses, car hypercalorique.

Et quid des additifs ?

Les additifs alimentaires sont des produits ajoutés aux aliments de base pour en améliorer la conservation, la couleur, le goût, l'aspect... On devrait toujours avoir sur son réfrigérateur la liste des additifs alimentaires. Mais on n'y pense jamais et on sait encore moins où la trouver. Allez-donc sur le site *www.wikipedia.com* qui vous donnera une liste complète des additifs autorisés au niveau européen (bénéficiant du code Exxx) et classés par famille (colorants, conservateurs, anti-oxydants...). Vous n'avez donc plus d'excuses !

Se repérer avec les labels de l'agriculture biologique

• *Le label européen pour les produits biologiques*

Les exigences de l'agriculture biologique sont définies dans la réglementation européenne. Un produit porte la mention « issu de l'agriculture biologique » lorsqu'il est composé de 95 % au moins d'ingrédients issus de ce mode de production.

• *Le label AB*

En France, la certification Agriculture Biologique (AB), reconnue par le ministère de l'Agriculture, est attribuée à des produits répondant à un cahier des charges précis et plus exigeant encore que la législation européenne. Régulièrement contrôlés par des organismes indépendants agréés par les pouvoirs publics, les produits portant le logo AB sont fiables et élaborés dans le respect de l'environnement.

• *Le label Nature et progrès*

Ce label est plus exigeant encore que le label Agriculture Biologique. Il concerne les produits alimentaires et depuis 1998, les cosmétiques. Les producteurs appartenant à l'association Nature et progrès s'engagent à respecter un cahier des charges précis et sont contrôlés par un organisme indépendant.

• *Le label Demeter*

Déposé en 1932, le label Demeter concerne des produits issus de l'agriculture biodynamique. La biodynamie est une méthode agricole qui proscrit, comme l'agriculture biologique, l'emploi de traitements chimiques. Elle vise à respecter l'équilibre des sols, à favoriser leur régénération par l'application de traitements naturels et accorde une grande importance aux rythmes cosmiques (cycle lunaire, cycle saisonnier...).

ZOOM

Où trouver des produits biologiques ?

• Les marchés « bio »

http://www.planetecologie.org/ENCYCLOPEDIE/EnvironQuotidien

• Les producteurs et commerces de proximité

Vous souhaitez acheter vos légumes directement aux producteurs, trouver un boulanger « bio » près de chez vous ? L'Agence Bio a mis en ligne l'annuaire des professionnels http://annuaire.agencebio.org. Vous y trouverez, par département, tous les producteurs, préparateurs, distributeurs et importateurs de produits biologiques.

• Les Jardins de Cocagne

Le réseau Cocagne regroupe 75 jardins biologiques à travers la France (15 jardins supplémentaires sont en projet). Par la distribution de paniers de fruits et de légumes, il permet la réinsertion sociale de personnes en difficulté.

Adresse : 2, Grande-Rue, 25220 Chalezeule, tél. : 03 81 21 21 10.

Site : www.reseaucocagne.asso.fr

• Le Campanier livre chaque semaine, dans des point-relais, des paniers de produits frais de saison biologiques. Petit plus : quelques suggestions de recettes et des informations sur les produits .

Site : www.campanier.com

• Les supermarchés et les grandes surfaces

Certains supermachés se sont spécialisés dans la vente de produits biologiques. Vous trouverez aussi dans toutes les grandes surfaces, un rayon consacré à l'alimentation biologique.

Je gère mes achats

En premier lieu, faites une liste et tenez-vous y ! Il faut apprendre à résister à la tentation des miniproduits nettement plus chers qui envahissent les rayons et encombrent vos poubelles. Votre porte-monnaie en bénéficiera !

Je fais mes courses le ventre plein

Évitez de faire vos courses quand vous avez un creux, avant le déjeuner par exemple ou avant le dîner. C'est une sage précaution pour résister aux tentations que vous regretteriez quelques heures plus tard !

LES MODES DE CUISSONS QUI ONT MA PRÉFÉRENCE

Toutes les cuissons ont leurs vertus mais ne se valent pas sur le plan hygiénique et nutritionnel.

La cuisson à la vapeur

Elle se pratique dans un faitout appelé cuit-vapeur (à deux étages). Dans la partie inférieure se trouve l'eau et dans la partie haute les légumes. Cette cuisson non agressive préserve le goût et la valeur nutritive des aliments qui gardent aussi leur forme et leur texture. Petite recommandation : un filet de citron sur les légumes évite le brunissement et préserve la vitamine C.

La cuisson à l'étouffée

Les plats mijotés évoquent les fumets sortant des marmites de nos grand-mères où mijotaient pendant plusieurs heures un bœuf bourguignon, une blanquette de veau… et qui nous régalaient tant. Utiliser ce mode de cuisson aujourd'hui permet de cuisiner facilement quand on réunit des amis ou sa famille. On laisse mitonner tranquillement tandis que l'on vaque à d'autres tâches. On conseille d'utiliser une cocotte en fonte pour cette cuisson lente et à basse température qui permet de faire des plats savoureux et digestes.

Une recette de légumes mitonnés

Avec un minimum d'eau et de graisse (ou une cocotte en terre sans eau ni graisse), on peut cuisiner léger. Versez une cuillère à soupe d'huile dans le fond de la cocotte et placez les légumes en commençant par les plus juteux (oignons, feuilles de choux, de blettes, tomates…). Terminez par des herbes aromatiques. Ajoutez un peu d'eau (la valeur du couvercle) et recouvrez. (Temps de cuisson : 1 à 2 heures environ.)

LES AUTRES MODES DE CUISSON

La cuisson à l'eau

Dans ce type de cuisson, les légumes perdent une grande partie de leurs vitamines, de leurs minéraux et, hélas, de leur goût. N'ayez aucune hésitation à utiliser la vapeur ! Pour le riz ou les céréales, faites-les cuire dans deux fois leur volume d'eau et laissez gonfler jusqu'à ce que toute l'eau soit absorbée.

La cuisson au four

Cette cuisson ne pose en général pas de problème si l'on respecte les spécifications du fabriquant. Veillez seulement à ne pas cuire trop fort et trop longtemps les aliments pour maintenir la digestibilité des protéines (qu'une cuisson modérée améliore) et la valeur vitaminique. À favoriser : la cuisson en papillotes (proscrivez le papier alu) et dans des cocottes en terre.

À la poêle

La température modérée est là aussi à privilégier. Utilisez de préférence des ustensiles antiadhésifs, en particulier pour les fonds en Téflon. Préférez les poêles en fonte, très solides, excellentes conductrices de chaleur. La fonte résiste bien aux hautes températures et permet une cuisson délicieuse. Il importe d'utiliser des huiles qui tiennent bien à la chaleur comme l'olive et l'arachide, car bon nombre d'huiles composées destinées à la friture ne sont pas adaptées à certaines températures excessives.

un conseil

Après chaque utilisation d'un ustensile en fonte, passez à l'intérieur un chiffon imbibé d'huile afin que les aliments n'attachent pas à la prochaine cuisson.

En friteuse

La friteuse à thermostat est idéale pour respecter la température prescrite. Grâce à son couvercle, vous évitez le contact de l'air et la propagation dans votre maison des odeurs désagréables. Il est indispensable de filtrer l'huile après chaque friture et de changer l'huile tous les dix jours environ. Et, surtout, n'ajoutez pas une huile nouvelle à une huile qui a déjà chauffé.

LES MODES DE CUISSON À ÉVITER

La cocote-minute

La température et la pression élevées détruisent la valeur nutritive des aliments : ils perdent leurs propriétés actives et bénéfiques pour l'organisme.

Le four à micro-ondes

Bien que très pratique et ultrarapide, ce mode de cuisson est à éviter. Il entraîne de nombreuses modifications de la structure des aliments, aux effets nocifs pour la santé. Des études dénoncent certains troubles (irritabilité, fatigue, perturbations du sommeil...) principalement dus au champ électromagnétique de l'appareil. Sachez que lorsque les appareils sont mal isolés, leurs micro-ondes s'exercent dans un rayon de 5 mètres ! Par ailleurs, l'aliment cuit ou réchauffé est complètement détruit sur le plan énergétique.

Le gril et le barbecue

Le barbecue évoque les vacances, les réunions entre amis, la convivialité... Il faut bien reconnaître que cette cuisine est agréable de temps en temps. Mais évitez-la au quotidien car elle présente de sérieux inconvénients. Elle peut accroître certains risques en termes d'hygiène et de nutrition : les protéines brûlées sont indigestes. De plus, la cuisson des aliments sur les charbons entraîne la formation de composés toxiques nuisibles à la santé. Alors prudence !

Préférez le gril de la cuisinière ou un barbecue vertical, afin que l'aliment soit placé devant les charbons et non dessus.

LA CONSERVATION AU FROID

Du bon usage du réfrigérateur

Incontestablement, le réfrigérateur a transformé notre vie. Mais n'oublions pas qu'il favorise le développement de germes friands du froid, comme la Listeria dont les médias se font souvent l'écho. Quelques précautions sont donc à prendre pour utiliser la conservation à froid à bon escient.

J'enlève ou nettoie les emballages

Cette mesure toute simple limite déjà considérablement bon nombre de risques de dégradation des aliments.

Je respecte les limites de consommation

Même si le froid ralentit, il ne supprime pas les processus de dégradation des aliments. Respectez bien les dates de consommation précisées sur les emballages. Il est en général déconseillé de laisser les aliments plus de 3 ou 4 jours dans le réfrigérateur. Évitez de laisser les légumes dans les sacs plastiques. En ce qui concerne les plats cuisinés par vos soins, ne les laissez pas plus de 48 heures. L'astuce étant d'en congeler une partie si vous ne pouvez pas les consommer dans ce délai.

Chaque aliment a sa place dans mon réfrigérateur

Il convient de suivre les indications précisées dans les notices d'utilisation de votre réfrigérateur. Chaque type d'aliment a sa place.

Il est bon, par exemple, de séparer les viandes non cuites des légumes et des aliments cuits et prêts à consommer. De ranger le cru à l'endroit le plus froid, en hauteur. De mettre les fruits et légumes dans le bac à légumes.

Laissez les plats refroidir à l'extérieur et rangez-les ensuite, après les avoir couvert d'un film étirable ou mis dans une boîte hermétiquement fermée.

Une bonne hygiène s'impose

Tout d'abord, lavez-vous les mains. Cette recommandation est valable pour toute manipulation de produit alimentaire, quand vous cuisinez et avant de vous servir de chaque produit. Utilisez un couteau pour chaque aliment. Lavez les couteaux, planches ou autres instruments après la manipulation d'aliments non cuits. Et, au moins une fois par mois, nettoyez votre réfrigérateur avec du vinaigre blanc, connu pour ses propriétés antiseptiques.

trucs malins

Un truc à savoir : après avoir extrait le jus d'un citron, déposez les deux moitiés dans le réfrigérateur (pas plus de deux jours). Le citron désinfecte et supprime efficacement les mauvaises odeurs.

Des boîtes hermétiques et lavables

Évitez les emballages jetables et conservez vos aliments dans des boîtes hermétiques. Vous pourrez les laver régulièrement et, ainsi, mieux maîtriser leur conservation.

Les surgelés

Avec la congélation, l'aliment reste à son état initial : il est congelé sur son lieu de récolte, de pêche ou juste après sa cuisson, avec une fraîcheur garantie. La première règle est de respecter la chaîne du froid. Il ne faut pas recongeler un produit décongelé mais on peut le recongeler après cuisson, car la cuisson, a détruit les bactéries éventuelles.

mes instants beauté

79 gestes & astuces

MES DENTS

Belles dents et gencives saines

Avec de l'huile d'olive vierge extra, d'origine biologique, frottez-vous les dents et les gencives. Gardez aussi longtemps que possible l'huile dans la bouche.

Des dents blanches

Utilisez comme dentifrice votre savon de Marseille, en humidifiant (ou pas) la brosse à dent. Vous verrez, le résultat est superbe !

Des dents éclatantes

Brossez vos dents avec du bicarbonate de soude que vous déposez sur une brosse préalablement mouillée. À faire une fois par semaine environ.

Des dents jaunes

Cette recette de grand-mère s'adresse plus particulièrement aux fumeuses : frottez vos dents régulièrement avec un zeste de citron bio.

MES LÈVRES

Les lèvres desséchées

Passez sur vos lèvres, régulièrement, un peu d'huile d'olive vierge et laissez pénétrer.

Les lèvres gercées

Mélangez une cuillère de miel à une cuillère à soupe d'huile d'olive, et appliquez ce baume sur vos lèvres. Laisser agir environ 15 minutes.

La protection des lèvres

Enduisez vos lèvres avec du beurre de karité, en particulier par temps froid ou ensoleillé. Le beurre de karité est une protection d'origine naturelle contre les ultraviolets. Grâce à la présence du latex, il favorise la prévention de certaines allergies solaires. Riche en Vitamine A, il lutte également contre les gerçures. Idéal pour protéger vos lèvres et leur donner une légère brillance.

MON VISAGE

C'est le miroir de ce que je suis

Pont entre notre monde intérieur et le monde extérieur, notre visage est la partie la plus exposée de nous-même. Il témoigne de notre santé, de la manière dont nous avons traversé les événements ou dont nous avons transformé ou pas nos douleurs… Il parle de notre propension au bonheur ou à la tristesse, il affiche aussi nos peurs, nos tensions qui, bien souvent, masquent notre potentiel. C'est en lui accordant de l'attention et un soin bienveillant que vous pourrez le « laver » de ses marques et retrouver vos véritables traits.

Des démaquillants naturels

Je nettoie mon visage méticuleusement

Retrouvez, à l'instar de nos grand-mères, le lavage à l'eau chaude puis froide le matin pour faire disparaître les impuretés et conserver à votre visage tout son éclat. Vous pouvez aussi utiliser un lait démaquillant (de préférence bio) et le retirer avec un coton imbibé d'eau florale à choisir selon la nature de votre épiderme.

Le beurre frais

Faites fondre doucement la valeur d'une cuillère à soupe de beurre frais dans une casserole et versez dans un récipient. Démaquillez-vous avec ce beurre encore tiède et rincez votre visage avec une eau filtrée ou une eau de source.

Une lotion démaquillante au lait

Démaquillez-vous avec du lait frais, de préférence bio, puis rincez votre visage à l'eau filtrée ou de source.

Un nettoyage à l'ancienne

Enduisez votre visage d'huile d'argan ou de jojoba. Puis, avec une serviette humectée d'eau chaude, enlevez le surplus.

LES EAUX FLORALES

Bleuet	Rafraîchissante, décongestionnante et adoucissante pour les yeux. S'applique à l'aide d'une compresse.
Camomille	Calme les irritations des peaux fragiles. Excellente lotion démaquillante, en particulier pour les paupières gonflées. Redonne de l'éclat aux cheveux blonds.
Fleur d'oranger	Calmante. Apaise les peaux fragiles et déshydratées. Éclaircit le teint, atténue les tâches brunes. Retarde le vieillissement de la peau.
Hamamélis	Adoucissante pour toutes les peaux, mais plus particulièrement adaptée aux peaux sensibles, exposées à la couperose.
Lavande	Astringente, antiseptique et relaxante. Stimulante également. Équilibre les peaux grasses.
Romarin	Cicatrisante, appréciable en cas d'irritation cutanée. Destinée aux peaux mixtes et grasses. Redonne de l'éclat aux épidermes relâchés.
Rose	Adoucissante, astringente, tonifiante et purifiante. Raffermit les tissus. Appropriée pour tous les types de peau.
Sauge	Nettoyante, purifiante, spécialement adaptée aux peaux grasses. Améliore la respiration cutanée.
Thym	Antiseptique, idéale pour revitaliser les peaux mixtes, fatiguées et ternes.
Tilleul	Apaisante pour les peaux sèches et délicates. Éclaircit le teint et freine le vieillissement de la peau.

Un démaquillant maison

Mélangez dans un bol un jaune d'œuf, une cuillère à soupe d'huile d'olive vierge extra et une cuillère à café de jus de citron. Démaquillez-vous avec cette préparation et rincez à l'eau filtrée ou de source tiède. Ce mélange nettoie en profondeur et rend la peau douce.

La peau sèche

Nettoyez votre visage avec du lait de concombre ou à l'huile d'amande douce.

Des crèmes et lotions de beauté

Le soin de la peau

Rendons au mot « soin » sa vraie signification, car si les huiles et crèmes de beauté donnent à la peau un aspect provisoire plus lisse et plus coloré, c'est grâce à une alimentation équilibrée, à un sommeil réparateur et à une bonne hygiène de vie que nous obtenons réellement et durablement une bonne mine.

Mon premier geste fondamental : j'hydrate ma peau

Les Indiens comparent la peau à l'écorce terrestre, les artères à des fleuves et les veines à des rivières. Pour eux, la peau est la première écologie du visage, ce qui implique comme première nécessité de l'hydrater. Une fois nettoyée, la peau a donc besoin d'être nourrie avec une bonne crème ou une émulsion hydratante provenant d'un mélange harmonieux d'eau et de corps gras. Choisissez de préférence des produits naturels. Et n'oubliez pas de boire tout au long de la journée pour hydrater votre corps et nourrir votre épiderme.

Une crème de beauté pour les peaux sèches

Mélangez à un yaourt une à deux gouttes d'huile essentielle d'amande douce jusqu'à obtenir une pâte onctueuse. Appliquez sur tout le visage et le cou et laissez agir 10 minutes environ. Puis rincez à l'eau (de source ou filtrée).

Je protège ma peau

L'huile de jojoba mélangée à quelques gouttes d'essence de géranium constitue une excellente huile protectrice naturelle. À appliquer sur votre visage, vos cheveux, vos lèvres et vos mains.

La nuit, je répare

La nuit prépare la journée, affirment les spécialistes en chronobiologie. Selon eux, entre minuit et 4 heures du matin la peau s'occupe de sa régénération. D'où l'importance de bien la nourrir pendant la nuit. Pensez aux produits naturels et, en particulier, aux huiles végétales biologiques aux vertus multiples et avérées depuis des millénaires.

ZOOM

Les huiles végétales

Elles pénètrent dans le derme et l'épiderme et hydratent bien la peau. De tout temps, les femmes utilisent les huiles végétales pour leurs soins de beauté. Tombées dans l'oubli, les huiles reprennent aujourd'hui leurs lettres de noblesse, car leurs bienfaits sont innombrables et leurs applications nombreuses : en massages, comme démaquillant ou pour enrichir masques et crèmes. Elles servent également à diluer les huiles essentielles.

L'huile d'amande douce, en provenance du Bassin méditerranéen, est riche en vitamines, nourrissante, calmante et onctueuse. Comme base, elle est parfaite car elle convient à tous les types de peau. Elle calme les démangeaisons ainsi que les brûlures superficielles.

L'huile d'argan provient de l'arganier et est utilisée depuis des siècles par les Berbères de l'Atlas pour ses vertus culinaires, thérapeutiques et cosmétiques. Riche en oméga 6 et en vitamines antioxydantes (A, B, C, D, E et PP), cette huile augmente la teneur en nutriments des cellules cutanées et contribue à ralentir le vieillissement de la peau. Elle calme les peaux gercées et craquelées et nourrit à la perfection les peaux sèches et les cheveux fragiles ou ternes.

L'huile d'avocat, obtenue à partir de la pulpe du fruit, est nourrissante, adoucissante, riche en vitamines, elle convient aux peaux sèches et fragiles. Elle pénètre dans la peau d'une façon extraordinaire, sans laisser de pellicule de gras, permettant ainsi son utilisation aussi bien le jour que la nuit.

L'huile de bourrache favorise la régénération de la peau. Elle est connue pour ses propriétés revitalisantes et hydratantes. Elle lutte contre le dessèchement de la peau et la formation des rides. Elle convient tout particulièrement aux peaux sèches, fatiguées et dévitalisées.

L'huile de jojoba est extraite des graisses d'un arbuste originaire du désert du Mexique et de l'Arizona. Elle hydrate, nourrit, revitalise et protège les peaux sèches et normales, et régularise le flux séborréique des peaux grasses et mixtes. Dans le bain, elle rend la peau plus douce, lisse et satinée. L'huile de jojoba n'est pas grasse : elle peut être employée comme démaquillant des yeux et du visage.

L'huile d'olive, à la fois très nourrissante et régénérante, elle convient à toutes les peaux. Elle pénètre bien dans la peau, mais elle a un inconvénient : son odeur prononcée qu'on apprécie dans les plats mais beaucoup moins sur la peau !

L'huile d'onagre, riche en acides gras et en vitamines, est régénérante et agit comme un véritable antirides. On peut la mélanger à l'huile d'amande douce.

ZOOM (suite)

Ma préférée :

L'huile de rose musquée est extrêmement revitalisante. Elle nourrit la peau en profondeur, assouplit les tissus et stimule la régénération cellulaire. Agissant comme un puissant antirides, elle est tout particulièrement adaptée aux peaux sèches, irritées ou matures. On peut l'utiliser pure ou mélangée à d'autres huiles végétales, comme l'huile d'onagre, de bourrache ou d'argan (pour les peaux très sèches). Elle est également réparatrice et cicatrisante (ongles cassants, légères brûlures...).

Un truc pour bien conserver les huiles végétales qui ont tendance à s'oxyder facilement : bien les enfermer dans un flacon opaque de préférence, à l'abri de l'air, de la chaleur et de la lumière.

Mes masques préférés

Un teint éclatant

Le matin, badigeonnez votre visage de jus de carotte frais [environ une cuillère à soupe] et laissez poser une vingtaine de minutes. Rincez à l'eau de rose.

Je nettoie ma peau en profondeur

Cette recette est utilisée par les habitants de la Martinique, du Congo et du Sénégal : mélangez une cuillère à soupe de miel et une cuillère à café d'huile d'amande douce. Ajoutez en tournant 2 ou 3 cuillérées à soupe de farine blanche pour rendre le mélange très épais. Puis appliquez sur le visage, en évitant le contour des yeux, pendant 20 minutes environ. Retirez à l'eau tiède puis pulvérisez à l'eau de rose. Ce masque a l'avantage de resserrer les pores.

Petits exercices de beauté pour mon visage*

Je pince mes ridules verticales

Efficace contre les petites rides verticales des yeux [celles qui marquent un visage], ce massage s'effectue par de petits pincements très légers de bas en haut sur une peau nettoyée.

Le yoga pour stimuler mon visage

Le yoga du visage permet de retrouver notre vraie physionomie et de soulager nos maux. C'est à la fois une pratique de relaxation et d'auto-massage, une gymnastique associée à la réflexologie faciale qui agit sur le visage mais aussi sur tout le corps et le mental, en réactivant la circulation des canaux énergétiques [connue par les Chinois depuis des millénaires]. Si vous voulez obtenir des résultats, une pratique de 4 à 5 minutes par jour est nécessaire. Quel que soit votre âge, vous obtiendrez des résultats au bout de quelques mois, à la condition bien sûr de le faire régulièrement.

Je fais la tortue pour corriger mon double menton

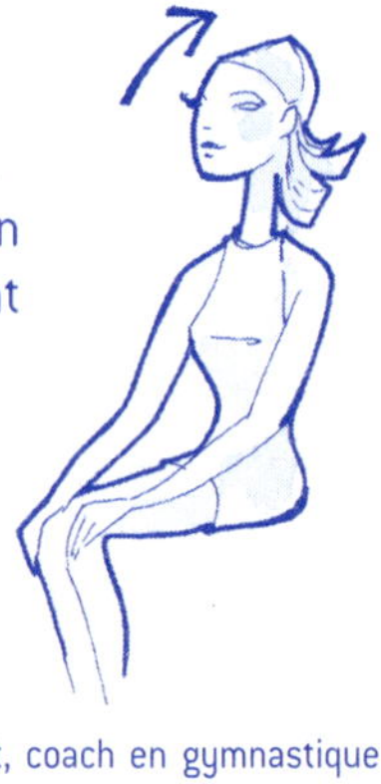

1] en position assise, les épaules basses, les mains sur les genoux, la colonne bien droite. Levez la tête lentement en inspirant par le nez. Comptez 5 secondes.

2] Dans cette position, suspendez votre souffle pendant 5 secondes en

* Inspirés des techniques enseignées par Alain Pénichot, coach en gymnastique faciale.

fermant les yeux et en faisant passer la lèvre inférieure sur la lèvre supérieure, comme si vous étiez en train de bouder !

3] Puis, rapprochez le menton de votre poitrine, lentement, en expirant par le nez, et en respectant le même temps [5 secondes].

Ce geste simplissime issu du Qi Gong est à faire plusieurs fois de suite et à pratiquer chaque jour pendant 1 à 5 minutes. Vous pourrez augmenter les temps d'inspiration, de rétention et d'expiration jusqu'à 10 secondes.

Le geste du tiroir caisse !

Dans la même position, la tête dans l'alignement de la colonne vertébrale, avancez votre menton en avant et maintenez-le quelques secondes. Peu flatteur, il faut le dire, ce geste n'en reste pas moins excellent pour le double menton. À pratiquer plusieurs fois de suite et tous les jours si l'on veut obtenir des résultats !

Je muscle mon visage grâce aux voyelles !

Bien articuler et exagérer la prononciation de chaque voyelle, rien de tel pour faire travailler et raffermir les muscles.

A : ouvrez grand la bouche et riez en même temps.

E : avancez bien les lèvres, comme si vous alliez faire un baiser.

I : prononcez cette voyelle en fermant la bouche et en souriant en même temps.

O : formez un ovale avec les lèvres, d'un air étonné, et ourlez au maximum les lèvres.

U : à prononcer d'un air mécontent, les lèvres serrées.

Des clins d'œil pour me détendre

Fermez votre œil droit puis le gauche. Cette alternance détend les yeux tout en apportant une sensation de bien-être. .

Pour éviter les yeux de cocker !

Maintenez fermement les deux index sous les arcades sourcilières en remontant celles-ci vers le haut du front et cherchez à fermer les yeux, à la façon d'un myope. Cela évite d'avoir les yeux tombants. Puis lissez le front horizontalement et verticalement avec la paume de la main.

Je fais l'étonnée pour dérider mon front

Posez vos deux doigts sur les deux points situés au dessus de l'arcade sourcilière, en tirant vers le bas du visage, tandis que vous levez vos sourcils le plus fermement possible. Ce mouvement d'antagonisme permet de décontracter le front.

Petit massage à 4 doigts

De petits pincements secs et toniques (les pincements Jacquet) effectués du bout des doigts sur tout le visage lui assurent un bon drainage et tonifient ses muscles. Les pouces appuyés sur l'épiderme, pincez en remontant légèrement la peau à l'aide de l'index. À effectuer sur toutes les zones du visage en dehors des yeux, trop fragiles pour ce type de traitement.

MON BUSTE

Le massage des seins

Les Chinoises pratiquent le massage de la poitrine, inspiré du Qi Cong, dès leurs premières règles jusqu'à la ménopause. Il est bénéfique à la vie génitale et tonifie la poitrine.

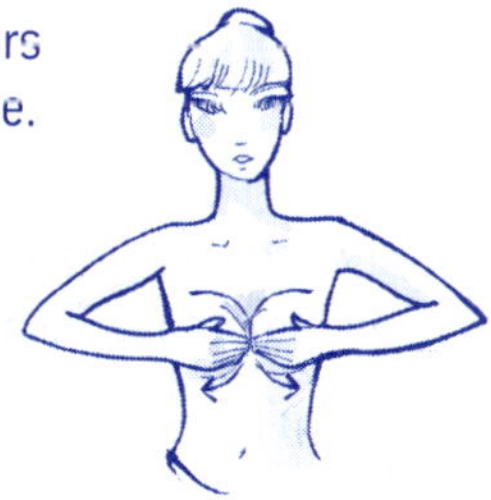

Les mains posées sur vos seins, vos doigts se touchant au centre de la poitrine, vos paumes de main appuyées sur vos mamelons, effectuez une dizaine de cercles complets dans un sens puis une dizaine dans l'autre. Lentement et en respirant profondément. Votre tête et vos épaules suivent naturellement ces mouvements.

J'ai une belle poitrine

Aspergez-vous chaque matin la poitrine à l'eau froide.

J'ai des seins fermes

Massez et laissez fondre doucement des glaçons sur la peau des seins et terminez par un rinçage à l'eau froide.

La beauté du buste

Si des ridules apparaissent sur vos seins, appliquez des compresses d'huile d'olive recouvertes d'une serviette humide chaude. Laissez agir 5 à 10 minutes et rincez.

MON CORPS

L'automassage éclair

Issu du Qi Gong, ce massage active en une minute l'énergie dans tout le corps.

Commencez par une respiration profonde. Puis frottez vos mains jusqu'à ressentir de la chaleur. Commencez par le visage, de bas en haut, puis massez votre cuir chevelu. Revenez vers le cou, la poitrine. Lissez trois fois vos bras. Continuez par le ventre, les reins, les fessiers et lissez trois fois aussi les jambes.

Je confectionne mon huile protectrice

Pour protéger votre peau, pensez à l'excellent mélange d'huile de jojoba avec 1 à 2 gouttes d'essence de géranium. À utiliser régulièrement sur tout le corps : mains, visage, cheveux et lèvres.

Je me réharmonise grâce au bol tibétain

Le bol tibétain est composé de sept métaux correspondant aux sept chakras et matérialisant leur unification. Posé au creux de la main, on le fait chanter en tournant sa mailloche tout autour ou en utilisant simplement le doigt ou l'ongle. Le bol « chantant » transmet ses ondes au corps entier, agissant sur les blocages physiques et psycho-émotionnels. Ce massage sonore, dont les effets peuvent durer trois jours, apporte une véritable détente. On trouve ces bols dans des boutiques spécialisées ou sur Internet.

Les coudes et genoux rugueux

Rien de tel pour adoucir vos coudes et vos genoux que la préparation suivante : coupez en deux un citron et versez sur chaque moitié une huile végétale (jojoba, amande douce, olive…). Puis, appuyez-les sur les zones rugueuses pendant 10 minutes.

MES ASTUCES MINCEUR

Le lierre grimpant pour combattre la cellulite

Un cataplasme

Appliquez une vingtaine de minutes sur les zones concernées le mélange suivant : 400 grammes de farine de lin et 100 grammes de feuilles fraîches de lierre grimpant, hâchées menu.

Un bain

Faites bouillir 500 grammes de feuilles fraîches dans 3 litres d'eau pendant 2 heures. Puis versez cette préparation dans le bain. Prélassez-vous entre 20 et 30 minutes.

Une décoction à ne pas boire

Faites une décoction de lierre grimpant avec 100 grammes de feuilles fraîches pour 1 litre d'eau. Laisser bouillir 15 minutes (ne pas boire !), puis trempez des compresses dans cette décoction et appliquez-les très chaudes sur les parties à traiter, 2 ou 3 fois par jour. On peut aussi appliquer des feuilles fraîches hachées.

Le vinaigre de cidre à jeun pour faire fondre les graisses

Ajoutez à un verre d'eau tiède, une cuillère à café de vinaigre de cidre et buvez lentement à jeun. Cure à faire pendant un mois.

Un zeste de citron

Le citron, bien connu pour ses vertus antiseptique, antigoutteuse, antiscorbutique ou comme tonique veineux... l'est aussi pour sa capacité à dissoudre les graisses. Ce puissant nettoyeur régénère en même temps le système digestif. C'est dans son écorce que se trouvent ses principales richesses. N'hésitez donc pas à l'utiliser largement dans la cuisine et particulièrement en zestes dans les plats mijotés, les compotes, les desserts, les yaourts... À savoir : un zeste de citron dans un café noir dilue l'amertume !

MES YEUX

Mes yeux sont gonflés

Utilisez des feuilles de thé vert infusées comme cataplasme autour des yeux : elles favorisent le dégonflement des paupières et la prévention des cernes.

J'ai des poches sous les yeux

Faites l'exercice suivant : appliquez les doigts sur les tempes et tirez la peau un peu en arrière. Dans cette position, clignez des yeux à une cadence rapide.

Un masque au marc de café pour les yeux cernés

Montez 3 blancs d'œuf en neige et ajoutez un filet de jus de citron ainsi que du marc de café (50 grammes environ). Mélangez bien jusqu'à obtenir une pate onctueuse. Posez des cotons sur les yeux et appliquez le masque autour. Laissez agir une demi-heure puis rincez à l'eau de source.

MES PIEDS

Un gommage

Frictionnez régulièrement vos pieds avec un mélange composé de deux cuillerées à soupe d'huile d'olive et une cuillerée à café de sucre. Insister sur les parties rugueuses. Puis rincez à l'eau froide.

Un ponçage

Frotter les pieds une fois par semaine avec une pierre ponce. Puis appliquer une huile hydratante pour nourrir la peau.

Des pieds abîmés

Faire macérer pendant plusieurs jours un demi-concombre coupé en dés dans un litre d'huile d'olive. Filtrer. Masser les pieds chaque soir.

Un déodorant

Faire une infusion avec 100 grammes de thym dans un litre d'eau bouillante. Verser dans l'eau du bain de pied.

Un massage

Installez-vous confortablement puis posez une main sur le dessus du pied et l'autre sur la voute plantaire. Massez doucement un pied puis l'autre en commençant par le pied gauche. Puis remontez vers la cheville. Enfin étirez les orteils les uns après les autres.

MES MAINS

Je prends soin de mes ongles

Selon une croyance ancestrale, le meilleur moment pour entretenir ses ongles est le vendredi soir après le coucher du soleil. Ne me demandez pas pourquoi... J'en ai seulement fait l'expérience et pu constater qu'en effet cela marchait !

Un masque de douceur

Écrasez une banane puis ajoutez un peu de beurre et quelques gouttes de citron. Appliquez cette mixture sur vos mains en vous relaxant quelques minutes. Rincez et séchez vos mains qui retrouvent ainsi du confort et une peau plus douce.

Un bain au miel pour une peau douce

Faire tiédir au bain marie 3 cuillerées à soupe de miel et verser dans un bol. Ajouter 10 gouttes d'huile essentielle de lavande. Puis mélanger cette préparation à l'eau du bain. Ne mettez jamais l'huile essentielle de lavande – ou une autre – directement dans l'eau du bain. Il faut toujours la mélanger à une cuillère de lait, d'alcool ou de vinaigre de cidre (bio de préférence) avant de la verser dans l'eau du bain. Voir propriétés et contre-indications pages 277-278.

Des mains douces

Aussi surprenant qu'efficace : le massage des mains avec de l'huile d'olive mélangée à une cuillerée de sucre.

Ou encore : pour apaiser des mains sèches ou gercées, faites tiédir (attention ne pas la faire bouillir) un peu d'huile d'olive dans un bol, au four ou au bain-marie, et trempez-y vos mains pendant un quart d'heure.

MA CHEVELURE

Son entretien

Utilisez seulement de l'eau tiède avec le shampooing... et rincez à l'eau froide, en ajoutant un peu de vinaigre de cidre.

Un démêlage à l'avoine

Pour obtenir une chevelure douce, fluide et facile à coiffer, appliquez après votre shampoing le filtrat suivant : laissez tremper 3 cuillères à soupe d'avoine dans un bol d'eau tiède et filtrez.

Un soin pour la rendre éclatante

Utilisez de l'huile d'argan pour rendre éclat et brillance à votre chevelure en appliquant un masque, une à deux fois par mois, de la racine aux pointes. Laissez agir toute la nuit. Pratiquez régulièrement des massages doux qui stimuleront la circulation sanguine dans le cuir chevelu.

Des cheveux fragiles

Évitez les chignons et, de manière générale, les coiffures qui imposent de tirer et de plaquer vos cheveux. Une belle coupe courte a aussi ses avantages : elle rajeunit et on n'a pas trouvé mieux qu'un petit coup de ciseaux pour stimuler la repousse !

Un massage au thym

Faites une décoction de thym en faisant bouillir dans un demi-litre d'eau 2 pincées de thym jusqu'à réduction de moitié. Massez le cuir chevelu tous les soirs pendant une semaine afin de stimuler la circulation du sang et de la lymphe.

Une coupe en lune montante

Se couper les cheveux en lune croissante favorise, parait-il, la repousse. De même qu'on prétend que coupée en lune décroissante, la chevelure repousse plus lentement mais plus dense…

JE ME FAIS DU BIEN DANS MON BAIN

Se prélasser dans son bain, un vrai moment de bonheur

Pendant le week-end ou le soir, quand vous êtes fatiguée, enfermez-vous 10 à 20 minutes dans votre salle de bain et glissez-vous dans un bain chaud (de 30 à 37°). C'est idéal pour relâcher ses tensions et apaiser son esprit. Attention ! il n'est pas bon de trop le prolonger, car il ramollit beaucoup la peau !

Je détoxique mon corps aux sels d'Epsom

C'est du sulfate de magnésium. Utilisé parfois comme laxatif par voie interne, il désintoxique en externe. Dans une salle de bain chauffée, diluez-en 250 grammes dans une baignoire d'eau chaude. Faites trempette 10 minutes en apesanteur, car les sels d'Epsom font aussi flotter. Attention ! On transpire beaucoup. À éviter en cas d'affections fébriles, de douleurs ou de maladies.

Je bois du thé vert

Pour profiter de ses vertus antioxydantes, on peut verser une infusion concentrée d'un litre dans le bain. Faites frémir et non pas bouillir l'eau servant à la préparation de cette infusion, afin de conserver les propriétés thérapeutiques du thé vert.

Un hammam maison

Bien au chaud dans votre baignoire, profitez des vapeurs d'herbes qui s'échappent d'une casserole bouillante : du thym frais ou de l'eucalyptus, en cas de refroidissement. Des fleurs de camomille ou de lavande pour la détente…

Les huiles essentielles et leurs bienfaits esthétiques

Leurs principes actifs pénètrent rapidement et profondément dans le corps. Il est donc recommandé d'utiliser des huiles pures et très naturelles, i.e., non dénaturées par des composants synthétiques ou coupées avec de l'alcool ou d'autres huiles (minérales, essentielles).

Non miscibles, il faut les mélanger à une cuillère de lait, d'alcool ou de vinaigre de cidre (bio de préférence) avant de les verser dans l'eau du bain. Vous pouvez ajouter quelques gouttes d'une ou plusieurs huiles essentielles dans votre huile végétale, en fonction des bienfaits recherchés.

Huiles apaisantes : camomille, lavande, jasmin, ylang-ylang, santal…

Huiles toniques : citron, verveine, pamplemousse, romarin, cannelle, menthe…

Peau douce : patchouli, pépins de raisin…

Peau sèche : carotte, rose, sésame…

Peau grasse : géranium, sauge…

Circulation : cyprès, lierre…

Attention ! Les huiles essentielles, en raison de leur puissance d'action, peuvent provoquer des brûlures, des irritations, des allergies et autres désagréments. C'est pourquoi, il est impératif de bien lire les indications figurant sur les emballages, de respecter les quantités conseillées et de recueillir l'avis d'un spécialiste. Soyez de même très exigeante sur leur qualité et prudente quant à leur utilisation. Avant de mettre une huile essentielle sur la peau, diluez-la dans une huile végétale et faites un essai préalable sur un poignet ou à l'intérieur d'un coude, avant de l'appliquer sur votre corps.

Un bain salé délassant

Ajoutez une à deux poignées de gros sel marin (qui contient de nombreux minéraux, dont le magnésium tonifiant et détoxiquant) dans votre bain chaud et barbotez-y avec volupté. Au bout de 10 minutes environ, rincez-vous et enveloppez-vous dans une serviette chaude. Restez tranquille un petit moment.

Un bain pour peau irritée ou sèche

Ajoutez 100 grammes de flocons d'avoine à l'eau du bain (enveloppés dans de la gaze) et laissez agir une dizaine de minutes. Rincez-vous soigneusement.

bien dans ma tête

79 gestes & astuces

ÊTRE À L'ÉCOUTE DE SOI

J'accepte d'avoir des hauts et des bas

Être heureux tout le temps, ça n'existe pas. Avoir des variations d'humeur, être triste, déçue, connaître des échecs, faire des erreurs, éprouver de la colère, exprimer sa joie, rire… tout ça, c'est normal, je dirais même que c'est ce qui permet de prendre conscience que nous sommes des êtres vivants.

Je suis authentique

Indépendamment de ce que les autres pensent, on ose être ce que l'on est, affirmer son caractère, ses désirs, ses projets mais aussi ses fragilités. Cette attitude libre nous place à la bonne distance de l'autre : ni dans l'attente ni dans une trop grande indifférence. On est seulement désintéressée, et indifférente à la vision que l'autre peut avoir de nous. Et parce que l'on n'a pas peur de se dévoiler, d'assumer sa singularité dans l'affirmation de ses forces et ses faiblesses, le dialogue peut s'établir. L'authenticité génère un climat de sécurité où chacun a sa place.

Je dis ce que je pense

Accepter ses sentiments empêche les pensées négatives de se reproduire et d'être envahie par le stress. Quand on exprime ses émotions, qu'on dit aux gens sa tristesse, sa colère, sa déception, les sentiments ont tendance à diminuer, voire à s'évaporer... Mais lorsqu'on les garde à l'intérieur, on risque d'exploser au moindre incident et d'avoir encore plus mal !

J'apprends à être seule

La solitude fait peur : elle évoque, pour la plupart d'entre nous, isolement, exclusion, passage à vide, abandon... Mais peut-on en faire vraiment l'économie si l'on veut bien se connaître, explorer ses zones les plus cachées et développer toutes les richesses dont on dispose et que la vie nous offre ? Dans la solitude, on apprend à réfléchir, à ne rien faire, à s'ennuyer... On s'autorise à faire ce que l'on veut, ce que l'on aime (écrire, dessiner...), à s'écouter et à se faire plaisir (faire une manucure, bricoler, aller s'asseoir à la terrasse d'un café, sur un banc public...). On se découvre bien ancrée dans sa vie, plus riche de soi, mais aussi plus ouverte et plus disponible à l'autre.

J'apprends à être présente à moi-même

La méditation est un excellent moyen pour y parvenir. Ce n'est pas aussi compliqué qu'on le pense. Il s'agit seulement de maîtriser son attention dans l'instant, sans laisser sa pensée s'emballer dans des délires. De même, écrire un journal intime, c'est bon pour soi...

J'écoute mon intuition

Nos expériences personnelles démontrent que notre esprit est capable d'anticiper et de nous prévenir d'une situation ou d'un danger. Écouter son intuition, c'est avant tout renouer avec ses sensations profondes et ainsi renforcer sa confiance en soi. Il n'est pas toujours facile de se laisser guider par son intuition, car nos désirs, notre enthousiasme masquent parfois cette petite voix intérieure qui s'exprime « timidement », de façon fulgurante et généralement une seule fois. Désirs et projections faussent, en effet, notre interprétation. De même, nos peurs ancrées dans nos expériences passées, tout comme nos croyances inconscientes, rendent plus complexes le recours à notre intuition.

Je développe mon sixième sens

• Apprendre à être seule pour se retrouver face à soi-même, faire le point et accueillir ce qui vient du plus profond de soi.

• Écouter et essayer de comprendre ses sensations physiques et physiologiques qui, même bénignes, en disent long sur soi. Que veulent nous dire nos tensions dorsales, nos difficultés digestives, nos cauchemars, nos malaises… ? Pour en savoir plus, lisez *Dis-moi où tu as mal, je te dirai pourquoi* de Michel Odoul, Albin Michel.

• Être vraie et sincère. Car vivre dans le mensonge peut nous conduire à ne percevoir que des mensonges et nous maintenir dans la confusion.

• Tester régulièrement ses intuitions, en essayant par exemple de deviner qui est au téléphone avant même de décrocher. En appelant quelqu'un que l'on n'a pas vu depuis longtemps parce qu'on pense à lui en ce moment...

• Écrire chaque jour en spontané ses intuitions et ses sensations physiques. Cela aide à mieux comprendre notre mode de fonctionnement, à faire la part des choses entre projections et intuitions.

ZOOM

Ce que pense Alexandre Delovane, médium-voyant, de l'intuition...

« Dans le monde animal, cette intuition s'appelle l'instinct. Cet instinct intuitif est relativement primaire puisque nous pouvons constater que quelques heures avant une catastrophe climatique, le comportement des animaux se modifie. L'intuition est tout simplement accessible à tous puisque chaque individu en possède une, c'est une forme de perception extrasensorielle, hors de nos cinq sens, qui précède la créativité. Le fonctionnement de l'intuition consiste à entrer en contact avec son Soi supérieur par un processus passif et réceptif entre l'inconscient et le subconscient. Au-delà du ressenti, on peut prétendre avoir une perception immédiate de la vérité sans l'aide du raisonnement et avoir la faculté de prévoir, de deviner l'avenir sans la pensée rationnelle. Un certain nombre d'individus, par des répétitions d'expériences intuitives, ont la faculté de faire en sorte que cette perception se poursuive par une visualisation d'images, ce que l'on nomme dans le langage ésotérique "un flash". Souvent, l'intuition a mauvaise réputation dans le monde rationnel, et notamment celui des entreprises, car son analyse ne représente en aucun cas une preuve concrète et scientifique. »

Une bonne prise de bec quand il le faut !

Dans une société qui relativise, qui valorise le consensus ou l'absence de conflit, la dispute a mauvaise presse. Et pourtant, rien n'est plus sain que d'exprimer son mécontentement ou son désaccord à l'égard d'une situation ou d'un problème à la personne concernée, sans avoir peur de la heurter. Pour cela, il faut respecter certains principes d'attention et de respect de l'autre : écouter ses arguments, accepter d'être compris différemment de ce que l'on est, choisir les mots justes, au plus près de ce que l'on ressent, sans jamais lui manquer de respect. Les injures, on le sait, peuvent laisser des traces qu'aucun mot ou qu'aucune attitude ne pourront effacer ensuite !

Je travaille le tenseur de « fascia lata » !

C'est l'un des muscles qui correspond au méridien de la vésicule biliaire (en lien avec les choix et les décisions, les préoccupations et le discernement). Pour l'activer, debout en appui sur le dossier d'une chaise, soulevez l'une de vos jambes d'environ 30°. Puis avancez votre jambe plusieurs fois vers l'avant en tournant votre pied vers l'intérieur, vers le centre du corps, ce qui va exercer une pression sur la cheville externe. À effectuer plusieurs fois de suite puis faire la même chose avec l'autre jambe.

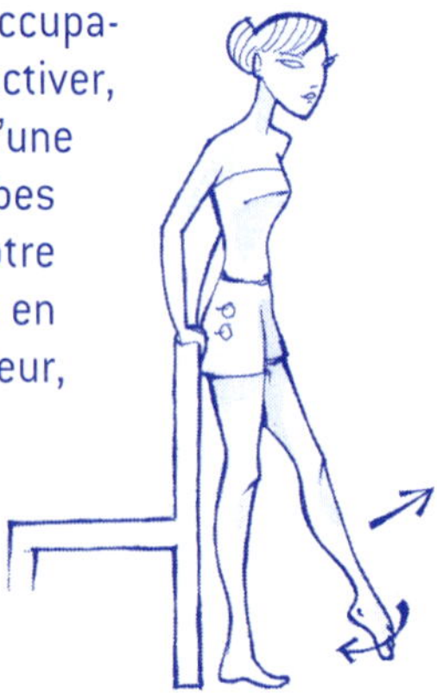

Je me fais plaisir

Penser à s'accorder un plaisir par jour est légitime, qu'il soit petit ou grand. Ce qui importe avant tout c'est de s'écouter.

J'écris à mes amis

Quand on dispose d'un bon équilibre émotionnel, on se porte bien. Écrire à ses amis y participe car on peut, en toute sincérité, exprimer ses problèmes, ses échecs, ses souhaits, ses succès, faire le point et ainsi prendre du temps pour soi et du recul sur sa vie. Voilà qui peut être extrêmement libérateur.

J'aiguise mes sens grâce à la musique

Les musiques, selon leurs diversités sonores, nous invitent à la relaxation, à l'action, libèrent les émotions ou provoquent leur éveil (en particulier chez ceux dont les sentiments sont peu exprimés ou refoulés). J'aime m'endormir en écoutant l'Adagio d'Albinoni ; je me sens pleine d'allant lorsque j'écoute Le Boléro de Ravel, encline à la rêverie dès les premières notes d'un concerto de Beethoven, stimulée par un air de jazz.

Je danse pour libérer mes émotions

Rien de tel qu'une danse exécutée avec ses « tripes » pour se détendre et se libérer de ses émotions. Sur une musique que l'on aime tout particulièrement, et, à l'abri du regard des autres si l'on veut se sentir libre de ses mouvements, on danse en se laissant traverser par le rythme, la mélodie ou la magie des mots. On devient alors danse, mouvements, notes, soubresauts... La gestuelle part de l'intérieur du corps, entraînant avec elle imagination, sensations, émotions...

Qu'ai-je fait de mes rêves d'enfant ?

Pour beaucoup d'entre nous, être adulte signifie devenir raisonnable, rentrer dans le rang et mettre au placard ses rêves d'enfant qui pourtant parlent de nous, de nos valeurs essentielles, de nos désirs profonds. Si vous rêviez d'un métier artistique, vous pouvez vous inscrire dans un cours de danse, vous mettre au dessin, faire de la musique, prendre des cours de théâtre... En réalisant l'un d'eux, vous respectez votre désir profond, vous vous retrouvez.

J'exprime ma créativité

Peindre, chanter, sculpter, dessiner, composer de la musique, écrire un poème, une nouvelle, danser, parler aux arbres, inventer on ne sait quoi... permettent de libérer nos émotions et de les exprimer autrement !

LÂCHER PRISE

Lâcher prise, c'est savoir « lâcher » ce qui est superflu, c'est aussi savoir exploiter ses ressources, renoncer à tout contrôler, bien s'entourer... et avoir confiance en soi et en la vie !

J'élimine et je me fais du bien

Chercher la fluidité dans son corps implique de ne pas trop « garder ». Il importe de veiller à bien éliminer les déchets et toxiques de son corps, à favoriser un bon transit. Pour cela, buvez un verre d'eau à jeun, faites de l'exercice, respirez profondément et régulièrement, nourrissez-vous d'aliments riches en fibres et frais…

Du balai, les « vieilleries » !

En éliminant ce qui est vieux, superflu, mal digéré, on prend conscience de ses vieux schémas de pensée et on décide de ne plus s'y accrocher. Laissez tomber ces souvenirs dépassés et rouillés qui vous empêchent de bien vivre aujourd'hui… Balayez vos préjugés, vos jugements, vos a priori qui ne vous apportent que chagrin et désillusion. Cherchez de l'air frais, des pensées rafraîchissantes, une brise douce et légère au niveau de votre entourage, du neuf, du nouveau… le renouveau tout simplement !

J'interroge mes amis sur les qualités qu'ils apprécient le plus chez moi

Dans les moments de doute, se tourner vers un(e) ou deux ami(e)s et leur demander quelles qualités principales ils vous reconnaissent apporte un grand réconfort. On est souvent étonnée et gratifiée par les qualités que nos proches voient en nous et dont on n'est pas toujours consciente.

Je ne peux pas tout maîtriser

Renoncer à la toute-puissance en acceptant que le résultat final d'une action ne soit pas entre nos mains.

Ni regrets ni espérances...

Inutile de se nourrir de regrets et d'espérances qui génèrent de l'anxiété et nous empêchent de bien vivre ce que nous avons à vivre dans l'instant.

Je cesse de culpabiliser pour la moindre chose

Cette émotion provient en général de regrets concernant une action du passé dont on se dit qu'elle aurait pu se dérouler autrement. Si vous avez tendance à culpabiliser pour un oui ou pour un non, apprenez à détecter ces pensées parasites et à vous en débarrasser.

Je renonce à être parfaite

On veut tout réussir : sa vie de femme, d'épouse, de mère... réussir sa vie professionnelle, être épanouie dans sa vie personnelle, etc. On est ainsi constamment tiraillée et imprégnée de l'idée qu'on pourrait faire mieux ou plus. Laissons tomber ce culte de la performance et satisfaisons-nous de suivre nos besoins et nos désirs, tout en gardant en tête l'idée de progresser.

J'arrête de tout contrôler

Au lieu de se crisper sur le lendemain ou sur la peur qu'une situation nous échappe, de se sentir responsable du bonheur d'autrui… il vaut mieux accepter d'être ce que l'on est, avec ses fragilités, ses inquiétudes, ses erreurs et cesser de se sentir responsable de tout ou d'autrui…

Rire, ça décoince

Quand on rit à gorge déployée, on sort de sa réserve, on fait tomber ses barrières. On laisse son corps s'abandonner au plaisir et on l'affirme haut et fort.

JE SURMONTE MES DIFFICULTÉS

Je relativise

Pourquoi se faire tant de soucis pour un problème qui finira par trouver sa solution ? Les choses sont rarement aussi noires que nous les voyons dans ces moments de vague à l'âme.

Mes forces, un formidable socle

Dans une période de choix ou de changement important, rien de tel que de se remémorer les succès du passé pour franchir un nouvel obstacle, se lancer un défi ou éviter un danger… Essayez de retrouver des situations analogues en répondant à ces quelques questions : quelle était la situation de départ, les freins qui m'empêchaient de les dépasser, les qualités qui me faisaient défaut ? Sur quelles ressources me suis-je appuyée pour franchir l'obstacle, quelle stratégie ai-je adoptée ensuite et quelles forces nouvelles ai-je découvertes en moi ?

Ce bilan vous éclairera sur les ressources que vous pouvez mobiliser à tout moment et vous donnera les clefs du passage au succès.

J'affronte l'une de mes peurs

Quand on évite une situation qui effraie, on donne du pouvoir à ses peurs qui, à la longue, vont devenir paralysantes. Pour apprendre à les surmonter, l'idéal est de se fixer un objectif facilement atteignable et sans grande conséquence pour soi (parler à une personne qui nous intimide, aller seule dans un café, dire non à une demande qui ne nous convient pas…). Et progressivement, de petit succès en petit succès, on verra progresser la confiance en soi.

Je prends une bonne résolution et je la tiens…

De temps à autre, on se remet en cause, on fait le point. On y voit plus clair dans ses désirs. Ce bilan est souvent propice à la prise d'une bonne résolution qui produira ses fruits si l'on engage la deuxième étape, c'est-à-dire celle de l'action qui apporte du soulagement, de l'entrain, de la perspective, du changement… Le risque à éviter, c'est de prendre une résolution ou de passer son temps à faire des listes de ce que l'on veut faire… et de ne rien faire !

Je colle une phrase positive sur mon ordinateur ou sur le miroir de ma salle de bain

Les phrases négatives que l'on s'adresse sans cesse finissent par s'imprimer en nous et nous faire douter de tout. Pour échapper à cette spirale négative et renforcer la confiance en soi, rien de tel qu'écrire et afficher une qualité que l'on se reconnaît ou que l'on veut s' approprier (« je suis courageuse », « j'ai le droit de m'exprimer »...), ou une phrase qui apporte un soutien positif dans un projet, un objectif à atteindre ou une situation difficile... (« à chaque jour suffit sa peine »). On lit ce message malgré soi, on se le répète mentalement et on instaure ainsi un nouveau dialogue avec soi qui nous porte dans notre vie quotidienne et nous rend meilleure.

JE CHASSE LE BLUES...

Je commence par accepter ma tristesse

...Avant de pouvoir rebondir. Pour cela, je me mets en retrait, je me replie dans ma bulle pour mieux en sortir ensuite.

Refaire son film

Quand on a vécu une situation pénible ou un moment de stress difficile, il est bon de se repasser la scène et décider de rire de chaque séquence. En dédramatisant de cette manière, on entrevoit alors des solutions.

La technique du front lavé

Tout d'abord, frotter ses mains l'une contre l'autre, puis les passer l'une après l'autre sur son front. Avec la main droite, de gauche à droite, et avec la main gauche, de droite à gauche.

Un massage des points réflexes de la main

Le premier correspond au plexus solaire : il se trouve dans le creux de la main. Recroquevillez votre main et massez le point central deux à trois minutes.

Autre point intéressant : sur le dos de la main entre le pouce et l'index.

Je fais la grue

En énergétique chinoise, le poumon correspond à la tristesse. La posture de la grue permet de régulariser l'énergie de cet organe : en position debout, les pieds écartés, les mains sur les hanches, faites une inspiration abdominale. Puis expirez en pliant les genoux, en vous maintenant en semi-flexion. Refaites cet exercice pendant 3 minutes environ.

Un petit exercice de Qi Gong pour chasser l'énergie négative

Posture de départ : debout, les jambes légèrement fléchies et écartés de la largeur des épaules, le dos est droit et la nuque allongée comme si votre tête était suspendue à un fil. Vos bras longent le corps, les coudes sont légèrement écartés.

Inspirez en levant les bras en étirant votre corps dans un mouvement d'expansion. Tournez les paumes vers le ciel et regardez un point devant vous à l'horizontale.

Puis expirez en relâchant les épaules et les coudes, en baissant les bras et en fléchissant légèrement les genoux.

Dans ce mouvement d'expansion-détente, imaginez un faisceau de lumière ou de fraîcheur qui parcourt votre corps, le purifie et le régénère.

Je me douche

L'Ayurvéda recommande de prendre une douche quand on est triste ou qu'on a le cafard.

Je vais chez mon acupuncteur

L'acupuncture, par son action de rééquilibrage énergétique, peut avoir de bons effets sur la déprime.

La luminothérapie pour me sentir bien

S'exposer aux rayons du soleil a des effets bénéfiques sur le moral. Cela a été prouvé expérimentalement. Lorsque la luminosité baisse, en particulier en hiver [entre le 15 octobre et la fin du printemps], une cure de luminothérapie peut permettre de combattre le manque d'énergie ou la baisse de moral qui l'accompagnent. On s'expose à la lumière blanche artificielle imitant celle du soleil et filtrant les rayons ultraviolets et infra-rouges en utilisant des lampes spéciales, chaque matin, environ une demi-heure.

Les fleurs de Bach

Ces remèdes floraux, mis au point par le Docteur Edward Bach au début du XXe siècle, sont faits à partir de fleurs de buissons et d'arbres sauvages. Ils ne s'utilisent pas en fonction des manifestations physiques mais des états émotionnels qui vont à l'encontre du bien-être.

Le Docteur Bach, à la fois médecin et chercheur, disposait d'une sensibilité telle qu'en maintenant sa main au-dessus d'une fleur ou en posant celle-ci dans sa main, il pouvait en percevoir les effets dans son propre corps. Il a pu ainsi déterminer les vertus des 38 fleurs permettant de recouvrir tous les états de « souffrance ». Le principe étant que leurs énergies végétales permettent à un individu de retrouver sa vitalité ou de dépasser ses soucis ou ses appréhensions.

Ces élixirs floraux sont répertoriés en sept catégories : peurs et appréhensions – incertitude et indécision – solitude – manque d'intérêt pour le moment présent – sensibilité aux influences extérieures – abattement et désespoir – souci excessif dans la prise en charge des autres.

Un massage des tempes

Quand la tristesse ou les soucis vous envahissent, la région temporale se contracte et retient le sang et l'énergie dans le cerveau. Pour vous détendre et relancer une bonne circulation de l'énergie, effectuez de légères pressions et rotations sur les tempes.

Conseils

Et si vous êtes à court d'idées...

– allez au concert au lieu de regarder la télé,
– écoutez de la musique plutôt que les infos,
– visitez une expo, regardez une œuvre d'art, une belle photo, une sculpture...
– initiez-vous au dessin, à la peinture, donnez-vous du temps pour avoir une activité créative,
– faites-vous une beauté, redevenez coquette : faites-vous les ongles, lavez-vous les cheveux, prenez un bain, massez-vous les pieds...
– comme Michel-Ange, traversez le désert pour connaître votre capacité de rebond,
– faites le bilan de vos qualités,
– faites une chose que vous aimez : vous promener dans un grand magasin, essayer une jolie robe dans une boutique, aller au cinéma, lire un chapitre de votre livre, feuilleter un magazine...
– observez et émerveillez-vous du chant d'un oiseau, du parfum d'une fleur...
– offrez-vous une gourmandise (un chocolat, un gâteau...).

J'APAISE MA COLÈRE

Je respire un bon coup

Quand on s'énerve, la respiration se bloque et le corps s'oxygène mal. Résultat : le cœur augmente son débit. Pour rétablir l'équilibre, il va falloir fournir une dépense d'énergie supplémentaire, ce qui explique pourquoi la colère épuise. La respiration est pourtant notre alliée dans toutes les circonstances de la vie quotidienne. On ne profite pas suffisamment de ses poumons pour s'oxygéner et se déstresser.

Ainsi, quand la moutarde vous monte au nez, au lieu d'exploser, pensez à votre respiration. Faites une inspiration lente et profonde par le nez, et expirez de même tout aussi tranquillement. Recommencez trois ou quatre fois, jusqu'à ce que vous retrouviez votre équilibre interne.

Je retrouve ma stabilité émotionnelle

Quand il nous arrive parfois de passer du rire aux larmes, on peut retrouver en quelques secondes le juste milieu sur le plan émotionnel grâce à ce petit exercice : inspirez en levant le bras droit et en vous étirant. Puis expirez en le baissant et en relâchant. Faites de même avec l'autre bras.

J'écris tout ce qui me passe par la tête puis je déchire ma lettre

Quand on a des griefs contre quelqu'un, laisser courir les mots sur une feuille de papier sans se censurer, ça soulage ! Au fil des mots, les reproches perdent de leur intensité. Et quand on s'est bien défoulée, il ne reste plus qu'à déchirer ou brûler sa lettre pour que la colère parte en fumée. On est enfin prête à reprendre le dialogue sous une autre forme.

Un petit exercice de visualisation pour dissoudre ma colère

Posez une main sur votre front. Placez l'autre derrière la tête. Fermez les yeux et imaginez que vous peignez en jaune la chose ou la personne qui vous a irritée avec tous les détails (la pièce, les arguments de l'autre...). Prenez une profonde respiration et remettez vos bras devant vous parallèles au sol, les paumes de main tournées vers le bas. Repensez encore une fois à la situation et replacez vos bras devant vous : vous constaterez qu'ils se sont allégés, tout comme votre mental.

Le cumin pour apaiser ma colère

Sa saveur égaye certains plats et adoucit notre colère en éliminant l'élément air et l'élément feu. Pour parfumer un consommé de courgettes ou une salade, il est excellent.

Le mudra du poing pour faire tomber l'agressivité

Dans chaque main, repliez les doigts vers l'intérieur et posez le pouce sur l'annulaire. À pratiquer en cas de besoin ou trois fois par jour pendant 15 minutes. Pensez aussi à boxer votre oreiller, à faire une marche rapide, un peu de ménage, à danser… à vous dépenser !

JE M'OUVRE À LA BEAUTÉ

S'émerveiller comme si c'était la première fois…
« …la splendeur d'un ciel étoilé dans le bleu de la nuit
La magnificence de l'aurore ou du couchant partout dans le monde
La majesté d'un grand fleuve traversant les défilés rocheux et fécondant les plaines fertiles
La montagne haut dressée avec son sommet enneigé, ses pentes verdoyantes et ses vallées fleuries
Une oasis éclose au cœur d'un désert
Un cyprès debout au milieu d'un champ
La superbe course des antilopes dans la savane
L'envol d'un troupeau d'oies sauvages au dessus d'un lac.
Toutes ces scènes sont si connues qu'elles en deviennent presque des clichés. Notre pouvoir d'étonnement et d'émerveillement en est émoussé, alors que chaque scène, chaque fois unique, devrait nous offrir l'occasion de voir l'univers comme pour la première fois, comme au matin du monde. » (François Cheng, extrait de Cinq méditations sur la beauté).

Voir le monde au ralenti en marchant

Même d'un bon pas, la marche reste le plus lent de tous les moyens de locomotion. Elle s'accompagne de l'agréable sensation de voir le monde qui nous entoure à la bonne échelle et de le rendre plus intéressant parce qu'on a le temps d'observer tous les détails. Quel bonheur de voir les premières couleurs du ciel, d'entendre les premiers bruits de la rue ou de la nature, de sentir les premières odeurs…

Vivre une existence sensible

Ressentir, vibrer, s'étonner, s'émerveiller, sentir que l'on existe, s'enivrer de beauté. Le pire étant d'éprouver le sentiment que l'on est, soi-même, ordinaire, alors que l'on est unique !

Je perds mon temps

« Avec Paul Éluard, je pars souvent jouir du plaisir poétique de perdre mon temps. Si les poètes répondaient avec franchise aux enquêtes, ils révéleraient le secret : rien n'est plus beau que perdre son temps. Chacun a son style pour ce goût vieux comme le monde. » (Pablo Neruda, extrait de *J'avoue que j'ai vécu*).

Un recueil de poèmes au fond de mon sac

Rainer Maria Rilke, Paul Valéry, Arthur Rimbaud, Baudelaire… séjournent chacun à leur tour dans mon sac. J'aime la compagnie de ces êtres sensibles qui, avec une grâce infinie, me ramènent à l'essentiel. Grâce à eux, je plonge dans un monde où l'imagination a tous les droits, où se mêlent les mots et les pensées les plus délicats, les plus aériens. Un voyage dans l'espace, au milieu d'une foule triste, agitée, seulement occupée à faire... Une pépite qui scintille dans la grisaille, un sourire qui se dessine sur les tristes mines du métro parisien, une porte sur l'imaginaire, le beau, le merveilleux !

J'ENTRETIENS MA MÉMOIRE

Je me détends

Une activité agréable (prendre un bon bain, écouter de la musique...) stimule la production de la dopamine, une hormone du bien-être. Or, il se trouve que la dopamine a un effet neurologique positif sur la partie du cerveau responsable de la mémoire.

Je dors et je mémorise

Une étude de l'École de médecine de Harvard a récemment prouvé qu'un cerveau bien reposé se souvient de plus d'informations qu'un autre qui n'a pas bénéficié d'assez de sommeil. Il semblerait que le cerveau « déstocke » et élimine pendant le sommeil les informations sans importance qui le parasitent et le surchargent inutilement. Un bon sommeil favorise le bon fonctionnement de la mémoire.

Je vais me promener

Les chercheurs de l'université de San Fransisco, en Californie, ont démontré que les personnes qui marchent régulièrement ont moins souvent que les autres de trous de mémoire. L'explication : l'activité physique développe un maximum de connexions dans la partie du cerveau responsable de la mémoire. Ou bon sommeil favorise le bon fonctionnement de la mémoire.

Je fais travailler mes neurones.

À partir de 40 ans, 100 000 cellules nerveuses disparaissent tous les jours. Il nous reste vers 80 ans environ 70 % de neurones vivants, à condition toutefois de les stimuler en permanence. Dès les premières années de la vie, les neurones qui n'ont pas été sollicités dégénèrent. Plus tard, les neurones peu utilisés vont subir le même sort.

Je privilégie les sucres lents

Il n'existe pas d'aliment miracle pour optimiser la mémoire. En tout cas, les sucres lents auront une action plus étalée dans le temps et plus puissante que le coup de fouet temporaire de la vitamine C et du café.

Je me prends la tête

Se tenir la tête devant (sur le front) et derrière (sur la partie médiane du crâne) active la circulation sanguine au niveau du front et notre capacité de mémorisation à l'arrière du crâne. Ce petit geste de kinésiologie est aussi simple que parfait pour augmenter la concentration et désamorcer le stress.

JE M'EXERCE À LA BONNE HUMEUR

J'arrête de me plaindre et je demande de l'aide si nécessaire

Se réfugier dans la plainte renforce un processus d'inquiétude qui nous fragilise. Mais se confier avec l'intention sincère de trouver une solution, demander un conseil et mieux utiliser la puissance de sa pensée apporte assurément une ouverture.

Je bannis de mon discours intérieur les pensées négatives

Dès qu'elles se présentent à notre réveil, ces petites phrases stériles martèlent notre esprit et ruinent notre énergie. Le soir, juste avant de rejoindre les bras de Morphée, elles assombrissent notre paysage mental, pouvant même nuire dans certains cas à notre endormissement ou à la qualité de notre sommeil. Ces deux moments clefs que sont notre première pensée du matin et la dernière pensée du soir au coucher sont fondamentaux pour ancrer dans notre esprit du positif. Se dire, à ce moment-là, une phrase sincère et bienfaisante, ou se représenter une image stimulante le matin (un horizon dégagé, une brise légère sur les vagues, une belle plage ensoleillée, une rivière fraîche...) et calmante le soir (un beau coucher de soleil, un lac tranquille, une forêt silencieuse...) imprègne notre esprit de pensées ou d'images qui agissent comme des semences dans notre vie quotidienne.

N'oublions pas que nos pensées sont des « choses » réelles qui semées dans notre esprit finissent par éclore. Des pensées douces, optimistes, tendres et belles seront créatrices d'événements positifs et heureux. À l'inverse, si l'on nourrit son esprit de pensées négatives, on finit par produire des situations néfastes. Gardons bien à l'esprit que nos pensées ont une influence directe sur ce que nous vivons.

Et si je manque d'imagination

Vous pouvez vous tourner vers des livres comme, *La Petite Philosophie du quotidien*... et lire chaque matin et chaque soir la page correspondant à la journée. Par exemple, lire la pensée du 4 mars, la veille du 4, et la même pensée le 4 au matin afin qu'elle s'enracine et se matérialise un jour...

Chanter c'est bon pour le moral !

Chanter à tue-tête sous la douche ou dans sa voiture, ou fredonner ses airs préférés avec la radio ou un CD favorise la forme et stimule le moral. Le chant non seulement oxygène mais agit comme un véritable antistress. Alors pourquoi se priver d'un remède si naturel et si simple à utiliser ?

En fait, le chant fait appel à toutes les ressources du corps humain : le système respiratoire est utilisé, mais aussi quantité de muscles aux fonctions les plus diverses, ceux du ventre, du dos, du cou, du visage.

ZOOM

MES DIX RÈGLES D'OR POUR PASSER UNE MAUVAISE JOURNÉE !

1 – Je mangerai beaucoup et n'importe quoi. À n'importe quelle heure du jour et de la nuit, absolument tout ce qui me fait envie, et spécialement des chips, des friandises, de la charcuterie...!

2 – Je boirai des sodas, des jus de fruits en bouteille, de la bière... beaucoup de café et de thé très fort et jamais d'eau.

3 – Je commencerai chaque journée en ruminant mes soucis, en déversant sur mon entourage tous mes problèmes, en pestant contre toutes les injustices de la société, et en répétant sans cesse que « tout » va mal se terminer pour tout le monde !

4 – Je n'aurai aucune activité physique.

5 – Je travaillerai le moins possible.

6 – Je vivrai confinée chez moi et je ne m'intéresserai à rien.

7 – Je critiquerai tout et tout le monde (ça soulage !).

8 – Je chercherai systématiquement un bouc émissaire à mes petits tracas quotidiens. Si les choses vont mal ou si j'ai des problèmes, je n'y suis pour rien, c'est à cause des autres. Ils (ou elles) n'ont qu'à changer !

9 – Je n'aurai aucun idéal, aucun projet, aucun rêve... car à quoi ça sert, si ce n'est à entretenir l'illusion que l'on peut être heureux sur terre !

10 – Je ferai tout pour gagner du temps : engloutir mon repas en 5 minutes, lire en écoutant la radio, converser avec quelqu'un en pensant à mon travail...

ma santé au quotidien

140 gestes & astuces

« *On ne peut marcher en regardant les étoiles quand on a une pierre dans son soulier* » (Proverbe chinois).

Un cor au pied, un mal de dent, une migraine... peuvent transformer une balade en calvaire, une journée qui s'annonce agréable en véritable cauchemar... Préserver sa santé est un acte de première nécessité pour apprécier chaque journée, entrer dans sa vie et découvrir la beauté de ce qui nous entoure, les sentiments les plus tendres, les œuvres d'art les plus exquises, les paysages les plus sublimes, les poèmes les plus veloutés...

PRÉVENIR PLUTÔT QUE GUÉRIR

Je m'intéresse aux médecines naturelles, alternatives, et autres pratiques douces

Complémentaires à la médecine conventionnelle, la phytothérapie, l'aromathérapie, la réflexologie, l'acupuncture, le shiatsu, l'ostéopathie... ont leur approche particulière de la santé et du corps. En fonction de notre sensibilité et de nos symptômes, nous pouvons nous orienter vers l'une ou l'autre de ces médecines douces ainsi que vers les techniques qui favorisent la relaxation, la détente du corps et de l'esprit comme le massage, le Tai chi, le Qi Gong, le yoga... et qui nous sensibilisent à une bonne prévention des maladies et à une meilleure hygiène de vie.

ZOOM

Le point de vue de David Tran sur la médecine chinoise

David Tran est réflexologue, président de l'Institut franco-chinois de réflexologie à Paris, professeur à la Faculté libre de médecine naturelle et d'ethnomédecine et fondateur de la méthode tao Wei basée sur les principes « art, science, philosophie » de la médecine traditionnelle chinoise.

« La médecine chinoise n'appréhende pas les pathologies à la manière de la médecine classique occidentale. Face à une demande de soins, la médecine classique propose de donner une réponse immédiate, de soulager immédiatement le symptôme perturbateur. Elle considère le corps de façon extrêmement morcelée, morceau par morceau. La pathologie est identifiée, nommée, classée avec son registre de remèdes, chimiques ou chirurgicaux. Parfois, un simple remède de confort est proposé.

La médecine chinoise s'efforce de situer chaque pathologie dans une histoire. Elle lui reconnaît un passé, qui peut se transformer en passif bien plus tard dans la vie du sujet ; le médecin cherche à retrouver le lien intrinsèque entre l'histoire du patient et ce qui, en médecine chinoise, s'apparente à un cri : la maladie qui se déclare est ici perçue d'abord comme un appel de détresse. Il soigne autant par sa maîtrise des techniques thérapeutiques que par la circulation de la parole et de la confiance. Il s'agit de d'identifier la cause occultée du mal. La médecine chinoise apprend au patient à se battre, non pas contre son propre corps et sa maladie, mais pour et avec lui-même. »

À propos de la réflexologie

Cette technique digitale issue de la médecine traditionnelle chinoise qui s'exerce sur les différentes zones réflexes des pieds, des mains, du visage ou des oreilles a pour effet de relaxer mais aussi de soigner les organes en déficit d'équilibre.

À titre préventif et d'entretien, les réflexologues recommandent six à douze séances par an.

ZOOM

Le point de vue du Docteur Michel Frey sur l'acupuncture

Michel Frey est médecin généraliste, acupuncteur à Paris et fondateur d'une école de formation en médecine chinoise.

« L'acupuncture est une des thérapeutiques de la médecine chinoise dont la pratique et la théorie remontent à plus de trois mille ans. Le principe majeur est celui de l'adaptabilité.

Contrairement à notre médecine qui se substitue à nos propres défenses, l'acupuncture utilise des petites aiguilles pour stimuler nos propres énergies afin de nous permettre de lutter contre les affections de la vie (virus, bactéries, troubles métaboliques et psychologiques). »

Les acupuncteurs recommandent une à trois séances par trimestre à titre d'entretien.

Le shiatsu apporte un véritable réconfort

Cette médecine ancestrale japonaise, cousine de l'acupuncture, reconnue au Japon comme médecine à part entière en 1954, s'exerce à partir de la pression des doigts tout le long des méridiens. Elle a comme finalité de soigner mais aussi de soulager ou d'atténuer le stress. Plusieurs séances dans l'année avec des professionnels compétents apportent réconfort et détente, nous aident à développer notre sensibilité physique et émotionnelle et à mieux communiquer avec les autres.

L'ostéopathie, garante d'un bon équilibre

L'ostéopathie rétablit l'équilibre général de notre corps par des interventions manuelles qui s'appliquent à nos muscles, notre squelette, nos organes, nos articulations. Les ostéopathes libèrent déséquilibres et tensions, grâce à un toucher précis, minutieux et exact. Ils pratiquent aussi des étirements doux pour rétablir des relations harmonieuses entre les différents tissus. L'ostéopathie soulage les problèmes articulaires, le « mal de dos » (sciatique, lumbago...), mais aussi de nombreux troubles fonctionnels tels que les maux de tête et les désordres digestifs... Après un bilan approfondi, les praticiens recommandent en général, à titre d'entretien, deux séances par an, au printemps et l'automne.

À propos de phyto-aromathérapie

Que ce soit sous la forme d'infusions, de décoctions, de teintures alcooliques, de macérations, de frictions, de lotions ou de bains d'essences... les plantes ont des effets thérapeutiques. Leur action sur l'organisme dépend des substances et des principes actifs qu'elles contiennent. Même si les plantes ne soignent pas tout, on leur reconnait une grande efficacité depuis des millénaires. Le Docteur Valnet rappelle ainsi dans son livre sur la phytothérapie que le colchique est indiqué avec succès dans l'accès de goutte depuis le Ve siècle, que les bergers savent depuis longtemps que les moutons ayant ingéré du genêt ne craignent pas les morsures des vipères, que, dans les cas de constipation, certains végétaux sont préférables aux produits de synthèse, souvent brutaux pour les intestins... Concernant l'utilisation des plantes pour la santé, il est recommandé d'être prudent et de faire appel aux conseils d'un médecin, car outre le fait que certaines sont toxiques, elles peuvent provoquer dans certains cas (utilisation excessive ou inappropriée...) des réactions.

Le yoga, une gymnastique du corps et de l'esprit...

Le yoga est une discipline née en Inde il y a plus de 5000 ans. Bien plus qu'un ensemble de techniques ou une simple gymnastique, c'est un « état d'esprit » qui vise la détente, une meilleure connaissance de soi, le bien-être physique et psychologique. Dérivé du sanscrit, yoga signifie « union entre corps, esprit et âme » et « union entre le moi individuel et le moi universel ». Toutes les formes de yoga concourent à cet épanouissement du corps et de l'esprit. Le hatha yoga (yoga de la force), le plus répandu en Occident, insiste sur le travail corporel (le travail des postures appelées *asanas*) et sur le contrôle de la respiration, dans le respect des capacités de chacun. André Van Lysebeth, l'un des plus grands spécialistes du yoga, affirme : « Il ne veut pas construire une musculature imposante, mais agit en profondeur sur les organes, le système nerveux, la respiration. Son but : contrôler pour perfectionner l'individu tout entier. »

Le Qi Gong, un bon plan pour la vitalité

Quand on effectue au ralenti des exercices énergétiques du Qi Gong, on éprouve la sensation de capter l'énergie de la terre et celle du ciel, comme si l'on était porté par le flot des énergies. C'est incroyablement énergisant. Ainsi l'on peut se dire plusieurs fois par jour que la nature est à la portée de soi car à la portée de sa pensée. La pratique du Qi Gong est particulièrement importante pour ceux qui vivent dans les grandes villes et qui ont l'impression d'être coupés de la nature.

Le Taï chi chuan, pour cultiver souplesse et force intérieure

Le Taï chi chuan ou « boxe de l'ombre » favorise une bonne circulation de l'énergie vitale. Cet art martial fondé sur l'équilibre entre la force et la faiblesse, la fermeté et la souplesse, apporte à ceux ou celles qui le pratiquent, une grande souplesse du corps, un bon fonctionnement des organes vitaux (digestion, circulation) et la longévité.

L'hygiène, mon premier réflexe

Bon nombre d'intoxications alimentaires sont dues à un manque d'hygiène. L'hygiène corporelle doit être une discipline quotidienne mais aussi un réflexe que l'on acquiert très facilement. Ainsi, pensez à vous laver les mains lors de vos passages aux toilettes, avant de préparer un repas, avant de passer à table (chez soi, chez des amis, au restaurant, au café...), avant de prendre soin de votre bébé, avant de mettre des lentilles de contact, avant et après avoir désinfecté une plaie...

Se laver les mains s'impose également après avoir serré des mains, touché un objet suspect, utilisé les transports en commun, voyagé... Pour plus de facilité, ayez toujours à portée de main des lingettes désinfectantes !

Le lavage des mains : mode d'emploi

Il y a se laver les mains et... se laver les mains avec efficacité ! Les passer uniquement sous l'eau ne sert absolument à rien. Pour avoir les mains propres, il faut les savonner correctement, les faire mousser en remontant jusqu'au poignet et en frottant avec insistance. Si besoin, utilisez une petite brosse pour nettoyer vos ongles. Puis essuyez vos mains soigneusement à l'aide d'une serviette en tissu ou en papier parfaitement propre.

Je mange sainement, donc je suis en bonne forme

Je mange autant que possible des produits issus de l'agriculture biologique. Les aliments bio cumulent certains avantages : ils ont plus de goût, plus de vitamines, plus de minéraux (calcium, fer, magnésium...). Une moindre concentration de nitrates et l'absence de pesticides ne les rendent que meilleurs pour notre santé !

J'inhale du pin ou de l'eucalyptus pour faire du bien à mes poumons

Pensez à faire de temps en temps une inhalation de décoction de pin ou d'eucalyptus afin de purifier vos bronches.

J'observe ma langue au lever

En médecine traditionnelle chinoise, l'examen de la langue est fondamental car il donne une indication sur la santé. Le standard, c'est une langue rose et lisse. Une langue légèrement blanche peut être due à quelques excès alimentaires ou à du stress. Si c'est le cas, faites une petite diète et prenez à jeun un citron pressé chaud ou un jus de pamplemousse. En cas de persistance, il est préférable de consulter un médecin.

Je masse mes pieds 10 minutes par jour

Les Chinois affirment que consacrer 10 minutes par jour à se masser les pieds apporte une bonne santé. Un bon pétrissage de pieds (dessus, voûte plantaire, talon, orteils, sans oublier les chevilles...) améliore la circulation sanguine, stimule le fonctionnement de l'ensemble de nos organes et, surtout, relaxe aussi bien physiquement que mentalement !

Je nettoie et stimule mes organes

En quelques minutes seulement, la rétractation de l'abdomen (voir p. 36) effectue un véritable nettoyage interne. En Inde et en Chine, cette technique a fait des émules. Car outre sa fonction de détoxification, elle active l'énergie, facilite la digestion, améliore le fonctionnement des intestins. On peut dire que toutes les parties du corps profitent d'une pratique régulière (le cerveau, les organes génitaux et même la peau...).

Je lave mes intestins à l'oignon

L'oignon, en particulier le rouge, a les mêmes vertus antiseptiques et diurétiques que l'ail. Faites bouillir de l'oignon dans de l'eau. Filtrez et buvez l'eau d'oignon le matin à jeun. À pratiquer de temps en temps.

Je suis « bio »

Je consomme de préférence des aliments bio et, en particulier, les produits de base (huile, lait, beurre, farine, sucre, pain, œufs...). Je prends soin de mon visage et de mon corps en utilisant le plus possible de cosmétiques naturels, y compris les produits de maquillage, car ma peau absorbe tout. J'entretiens mon linge, ma maison, ma vaisselle avec des produits naturels afin de vivre dans un environnement sain.

Je draine mon foie

Buvez le jus d'un citron, de préférence bio, auquel vous ajoutez de l'eau chaude et recouchez-vous entre 10 et 15 minutes sur le côté gauche.

J'accepte les expressions naturelles de mon corps

Soupir, transpiration, bruit vaginal, gargouillis... voyez-les comme des respirations de l'organisme, des manifestations à accueillir plus qu'à ignorer ou refuser !

Je me retiens le moins possible

Tout ce qui rentre dans notre corps doit en ressortir ! Uriner, faire un pet, déféquer, roter, éternuer, expectorer (quand on est un peu enrhumé ou lors d'un footing...) sont des fonctions réflexes qu'il est bon de laisser venir quand c'est nécessaire. Le corps exprime ainsi son besoin de se libérer. Usez seulement de discrétion quand vous n'êtes pas seule !

Je limite l'usage du téléphone portable

Quelques études soulignent les risques du téléphone portable pour la santé en cas d'utilisation intense et de longue durée (10 ans) : les champs électromagnétiques ont des effets qui ne sont, semble-t-il, pas inoffensifs sur le cerveau (maux de tête, acouphènes, affaiblissement des défenses immunitaires...) Dans le doute, limitez son utilisation aux communications courtes et indispensables.

Je protège mes enfants des ondes électromagnétiques du téléphone portable

Sage précaution que de leur interdire l'usage du mobile avant l'âge de 8-10 ans et de leur apprendre ensuite jusqu'à l'âge de 15 ans à limiter son utilisation au strict minimum (prévenir d'un retard, d'un problème, donner un rendez-vous...).

Loin du cœur !

Il est recommandé d'utiliser le kit piéton afin de mettre le téléphone portable à une bonne distance du corps et d'éviter de le porter allumé à la hauteur du cœur, de la hanche ou du bas-ventre. En ce qui concerne les femmes enceintes, elles doivent veiller à ne pas approcher un téléphone mobile de leur abdomen.

J'utilise mon téléphone portable à bon escient

Éloignez-vous des autres quand vous l'utilisez afin de les préserver d'une contamination passive.

De même, évitez de vous trouver dans des situations où vous êtes encerclée par des gens qui téléphonent en même temps (dans le train par exemple, dans des salles d'attente...). Pendant la nuit, pensez à éteindre votre portable ou à le laisser loin de la chambre à coucher.

Je me protège du bruit

La société moderne nous plonge dans un monde de plus en plus bruyant (trafic routier, brouhaha dans les rues, grandes surfaces, gares...). Pour faire face à des situations d'intensité sonore excessive, ayez toujours sur vous des mousses ou des cires d'oreilles pour vous protéger du bruit.

Des gestes élémentaires pour préserver mon ouïe et prévenir la surdité

Comme tous les excès, trop de bruit nuit à notre équilibre et à notre santé. Dans les concerts de musique amplifiée, sortez de la salle de concert un quart d'heure toutes les heures. Évitez l'écoute prolongée au casque et ne montez pas systématiquement le son de la radio et de la télévision...

Le bain de bras, mon cœur adore !

Le bain de bras a comme avantage de pouvoir être pris par tous et à tout moment. Simplissime et jamais nocif, il fortifie le muscle du cœur et calme les nerfs. Chaque fois que vous en ressentez le besoin, trempez vos bras dans l'eau froide quelques minutes ou passez vos bras l'un après l'autre sous le jet froid d'un robinet.

Le chaud-froid, idéal pour les frileuses

L'alternance de l'eau chaude et de l'eau froide active la circulation sanguine et fait monter la température du corps. Pensez-y le matin, particulièrement en hiver… !

Petits gestes pour améliorer ma vision

S'inspirant du yoga, le principe est simple : il s'agit de déclencher par des mouvements volontaires des mouvements involontaires :

– clignez des yeux ou fixez un point précis,

– adaptez votre vue à la lumière et à l'obscurité. On baigne ses yeux de lumière et on masque un œil avec la paume de la main pour le plonger dans l'obscurité. On fait de même avec l'autre,

– faites bouger vos globes dans l'orbite en traçant des lignes à droite, à gauche, en haut, en bas, en diagonale, et en faisant de grands cercles…

– balancez-vous : debout, les pieds écartés d'environ 35 cm, soulevez un talon en tournant votre regard et votre corps du côté opposé. Puis balancez-vous de la même façon de l'autre côté.

Conseils

L'exercice du balayage corporel : retour sur soi et détente assurés

Ce court exercice inspiré de la sophrologie vous permet d'être plus proche de vos sensations et de vous relaxer à tout moment dans la journée. Au coucher, il vous aide à vous endormir facilement et sans tension.

À l'écart du bruit, allongez-vous sur votre lit et fermez les yeux.

Faites deux ou trois respirations abdominales lentes et profondes. Puis sur une inspiration, contractez fortement tous vos muscles y compris ceux du visage et relâchez lentement en expirant par le nez.

Portez votre attention sur vos pieds et remontez jusqu'au sommet de la tête en restant attentive à toutes vos sensations, qu'elles soient internes ou à l'extérieur du corps.

Soyez attentive aux sensations agréables et désagréables éprouvées (fourmillements, picotements, chaleur, pesanteur...).

Lorsque vous arrivez au sommet du crâne, faites le chemin inverse de la même façon.

Étirez-vous ensuite comme si vous sortiez d'une sieste avant d'ouvrir les yeux.

LE RHUME

Les bons réflexes antirhume

Lavez-vous souvent les mains à l'eau savonneuse, en particulier après avoir éternué.

Évitez de vous frotter les yeux, lorsque vos mains sont sales, et ne vous rongez pas les ongles.

Pour empêcher toute nouvelle contamination, préférez les mouchoirs en papier aux mouchoirs en tissu.

Nettoyez fréquemment votre nez avec des solutions à base d'eau de mer ou de sérum physiologique.

Une bonne aération dans les pièces de votre lieu de vie ou de travail même par temps froid est indispensable pour réduire la quantité d'éléments nocifs (poussière, tabac, microbes...) présents dans l'air. Tout comme le maintien d'une température modérée entre 18° et 20° (aux alentours de 18° dans votre chambre).

Un air sec assèche les muqueuses. Ayez donc recours à un humidificateur (chauffage central ou radiateurs électriques).

Diffusez pendant l'hiver quelques gouttes d'huiles essentielles (eucalyptus, romarin, pin...) dans votre maison.

Sages précautions dans les transports

Quelques règles d'hygiène peuvent vous aider à échapper au rhume. Par exemple, une écharpe pour vous protéger d'un courant d'air et mettre à l'abri votre nez et votre bouche d'un postillon, d'un éternuement ou d'une toux par lesquels les germes se transmettent. Gardez-vous également de mettre vos mains sur les poignées ou les barres attrapées par tout le monde, qui se révèlent être de véritables nids de germes.

Une infusion d'urgence dès les premiers signes d'un rhume

Dès qu'un rhume vous menace, prenez en infusion le mélange suivant : thym, fleur de sureau et cannelle (une cuillère à café de chaque pour un litre d'eau). Ne vous étonnez pas de transpirer et d'uriner beaucoup. C'est le secret de ce remède de grand-mère !

Une huile essentielle antiraplapla

Le thym, connu pour ses propriétés anti-infectieuses, fait aussi merveille sous forme d'huile essentielle. Une goutte sur un sucre deux fois par jour préserve du rhume.

conseils malins

LA RESPIRATION RYTHMÉE

Temps 1 : j'inspire par le nez et je compte mentalement jusqu'à 3.

Temps 2 : je retiens mon souffle sans contracter mes muscles, pendant 3 secondes.

Temps 3 : j'expire par le nez pendant 3 secondes.

Afin de vous concentrer et d'effectuer des temps réguliers, comptez mentalement et lentement. Avec la pratique, augmentez la durée à 4, 5, 6 7... secondes en fonction de vos possibilités. Attention ! ne jamais perdre son confort. À pratiquer 1 ou 2 minutes, plusieurs fois par jour.

Un sirop d'eucalyptus maison

Faire tremper toute une nuit 100 grammes de feuilles d'eucalyptus dans un demi-litre d'eau bouillante. Puis filtrer et ajouter 200 grammes de sucre de canne. Cuire à gros bouillons 10 minutes, jusqu'à l'obtention d'une consistance sirupeuse. Prenez 3 à 4 cuillerées par jour.

Une bonne inhalation à l'eucalyptus pour nez bouché

Versez 5 gouttes d'eucalyptus dans un récipient d'eau chaude. Installez-vous au-dessus avec une serviette sur la tête, et inhalez pendant 5 minutes. L'eucalyptus est efficace pour détruire les germes. N'oubliez pas de vous couvrir ensuite et ne sortez pas pendant au moins une heure.

Une infusion de thym

Dans une eau bouillie, laissez infuser des feuilles de thym pendant une dizaine de minutes. La bonne proportion : 50 grammes de thym pour un litre d'eau. À consommer entre les repas deux à trois fois dans la journée.

LA CONSTIPATION

Les repères d'une bonne défécation

L'évacuation quotidienne doit correspondre à environ un quart de la nourriture absorbée. La matière fécale doit être bien foncée, semi-solide. Soyez attentive à la régularité, la quantité, l'odeur, la couleur…

Une bonne fréquence

Sachez que la fréquence peut varier d'un individu à un autre, de trois fois par jour à trois fois par semaine. Moins de trois fois par semaine pendant plusieurs semaines ou plusieurs mois est la limite à partir de laquelle on peut parler de constipation.

Je rééduque mes intestins en favorisant mon transit intestinal

Plusieurs solutions s'offrent à vous :

• Prendre deux à trois verres d'eau tiède à jeun en cas de constipation spasmodique [contraction brusque et involontaire de votre intestin] et un à deux verres d'eau froide à jeun pour une constipation atonique [quand l'intestin manque de tonicité].

• Boire à jeun deux grands verres d'eau plate à température ambiante, puis se recoucher sur le côté droit entre 10 et 15 minutes.

• Boire à jeun l'eau de 3 ou 4 pruneaux qui ont macéré toute la nuit puis les manger ou bien prendre une cuillère d'huile d'olive mélangée à un jus de citron frais à jeun.

• Une à deux cuillérées par jour de gel d'aloe vera à chaque repas rééquilibrent la flore intestinale et régulent les fonctions digestives hépathiques. En jus ou en gel, l'aloé véra nettoie efficacement les intestins, redonne de l'énergie aux organismes fatigués et renforce les défenses immunitaires déficientes. Soyez prudente tout de même quant à son utilisation : en usage interne, le jus d'aloe vera est en effet déconseillé aux personnes souffrant de gastrite, ou qui ont un côlon irrité, des hémorroïdes, un reflux gastro-œsophagien ou bien des douleurs abdominales. Il est à proscrire absolument chez les femmes enceintes, qui allaitent ou en période post-natale.

ZOOM

L'Aloès (aloe vera), originaire d'Afrique du Nord et du pourtour méditerranéen, est une plante vivace qui pousse à l'état sauvage sur plusieurs continents. Il existe de très nombreuses espèces mais en général, cette plante se caractérise par une rosette de feuilles épaisses, souples, plus ou moins allongées, dont les bords sont, pour certaines espèces, ciselées. L'aloé est connu depuis l'Antiquité en Mésopotamie, dans l'Égypte des pharaons, dans la Grèce antique, mais aussi des médecins ayurvédiques en Inde, et des médecins chinois pour ses propriétés médicinales. Elle est considérée comme la plante de l'immortalité. Ses feuilles contiennent un gel clair que l'on utilise pour soigner les blessures et les brûlures.

• Se présenter à « la garde-robe » tous les jours et si possible à la même heure, même si vous n'en avez pas envie. Le conditionnement va créer progressivement le bon réflexe.

• Se masser le ventre avec douceur chaque matin : effectuez un grand cercle sur votre abdomen, avec la paume de votre main droite. En partant de la droite, remontez jusqu'aux côtes inférieures puis redescendez à gauche et terminez votre cercle en longeant la partie inférieure de votre abdomen. Faire une cinquantaine de cercles, de préférence allongée, pour que votre ventre soit parfaitement détendu.

• Prendre à jeun une demi-cuillère à soupe d'huile de ricin par jour ou une cuillère à soupe d'huile d'olive mélangée à un demi-citron additionné d'un peu de sel.

• Prendre une cuillerée à soupe de graines de lin dans un verre d'eau ou de lait d'amande le matin à jeun, ou une cuillère à soupe de graines de psyllium le soir avant de vous coucher.

• Consommer à jeun des pruneaux ou des figues cuits dans le jus où ils ont macéré toute la nuit.

Pour une constipation occasionnelle

Faire des petits lavements avec une décoction de camomille. Faites cuire la plante 3 minutes à raison de 2 cuillères à soupe dans 2 verres d'eau. Laissez refroidir, filtrez et instillez doucement la canule de la poire dans l'anus. Très efficace.

Lorsque vous voyagez, munissez-vous d'une petite poire que vous remplirez d'eau tiède. À pratiquer le matin à jeun.

En cas de crise aigüe

Pensez à consulter un médecin. Sachez cependant que certaines plantes comme le séné, la bourdaine ou la rhubarbe sont très efficaces. Ne les utilisez que de façon exceptionnelle, car elles peuvent irriter la muqueuse. Préférez les infusions à base de fleurs de mauve, à raison d'une cuillère à café par tasse.

LA DIARRHÉE

La banane

Verte, elle lutte contre la constipation. Mûre, elle soulage la diarrhée. Elle est, semble-t-il, épatante pour améliorer l'humeur et le sommeil.

Thé et citron

Pour couper court à une diarrhée provoquée par un excès d'alcool, une mauvaise alimentation, le stress… essayez de prendre une tasse de thé bien infusé dans laquelle vous ajoutez le jus de deux citrons : vous serez surprise par les résultats !

Une soupe de concombre

Mettre un concombre dans un litre d'eau froide, après l'avoir nettoyé et découpé en rondelles. Ajouter 3 pommes de terre coupées en petits morceaux. Saler et faire cuire pendant 20 à 30 minutes et mixer le tout. Vous vous régalerez de cette soupe délicieuse qu'il est recommandé de boire, en exclusivité et de préférence, dans la journée.

Le bouillon de riz

Les textes anciens de la médecine chinoise disent que le bouillon de riz rééquilibre l'énergie de l'estomac et favorise l'arrêt de la diarrhée.

Les oignons

Faites bouillir pendant 10 minutes la valeur d'une demi-poignée d'oignons dans un demi-litre d'eau. Filtrez et buvez ce bouillon tout au long de la journée.

L'ail

Épluchez une tête d'ail et coupez chaque gousse en 4. Faites cuire dans de l'eau jusqu'à ce que les morceaux se défassent. Puis réduisez en bouillie et consommez 3 tasses par jour. Recommencez le lendemain si nécessaire. Cette recette soulage aussi les flatulences, les infections intestinales et les ballonnements.

Décoction de verveine

Faites tremper dans un litre d'eau froide 50 grammes de feuilles de verveine séchées. Puis portez à ébullition et laissez infuser pendant une dizaine de minutes. Filtrez. Buvez-en 4 tasses par jour.

LE MAL DE DOS

La posture de l'enfant

Parfaite pour soulager le dos, cette posture de yoga étire la colonne vertébrale et libère les tensions.

À genoux, assise sur les talons, penchez-vous en avant en maintenant autant que possible les fesses sur les talons. Posez délicatement le front au sol ou sur vos deux poings superposés pour plus de confort. Puis allongez vos bras le long du corps, paumes de main tournées vers le ciel. Respirez tranquillement en décrispant tous vos muscles. Maintenez la position 2 à 5 minutes, jusqu'à ce que vous sous sentiez détendue.

J'assouplis et je tonifie mon dos

En appui sur une table ou un bureau, vos jambes et votre buste font un angle de 90°. Votre dos est bien droit, la tête dans le prolongement du corps. Étirez-le bien en gardant vos jambes tendues, pendant environ une minute. Cet exercice est excellent pour la détente du dos.

Le chat dynamique, pour récupérer

Position de départ : à 4 pattes, pieds et genoux écartés de la largeur du bassin, tête en bas.

• Arrondissez votre dos à la manière des chats en expirant par le nez, en rentrant le nombril vers la colonne vertébrale et en relâchant la tête.

• Puis redressez-vous lentement en inspirant, en levant la tête et en pointant les fesses vers le haut. Poussez bien sur les jambes tout en creusant le dos. Respirez profondément et prenez votre temps pour faire cet exercice.

Ce mouvement, copie conforme de l'étirement du chat : dos rond, dos creux, réveille la colonne vertébrale et, par voie de conséquence, l'énergie. Il tonifie, soulage votre dos et vous détend.

La posture du « cadavre »

Rien de tel pour faire du bien à son dos que de faire le « cadavre ». C'est une posture de yoga de lâcher prise, d'abandon et l'une des plus faciles à accomplir.

Allongez-vous sur le dos, les jambes et les bras légèrement écartées, dans la position qui vous procure la plus grande détente. Veillez à ce que vos paumes de main soient tournées vers le ciel et vos petits doigts de pied orientés vers le sol. Rentrez légèrement le menton

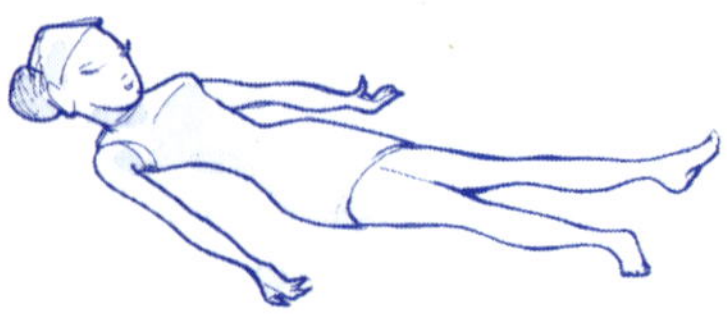

dans la gorge et fermez les yeux. Dans l'immobilité la plus grande, faites plusieurs respirations abdominales profondes. Vous sentirez peu à peu votre dos se détendre et serez gagnée par une véritable sensation de bien-être.

LES MAUX DE TÊTE

Un massage éclair

Appuyez fortement du bout des doigts sur la ou les tempes endolories et faites des petits gestes circulaires.

Un massage Qi Gong

Commencez par frotter vos mains. Puis lors'elles dégagent de la chaleur, appliquez une main sur le front et l'autre sur le haut du crâne. Tournez cette dernière trois fois dans le sens des aiguilles d'une montre puis trois fois dans le sens inverse.

Frottez de nouveau les mains et posez-les sur les parties hautes et latérales de la tête, et tournez trois fois d'un côté et trois fois de l'autre. Faites la même chose sur les tempes en faisant des cercles trois fois d'un côté et trois fois de l'autre. Ce massage soulage rapidement.

La puissance du chaud-froid simultané

Posez une vessie glacée, enrobée d'un linge, sur la tête et une bouillotte très chaude sur le foie. Gardez-les au minimum une vingtaine de minutes.

La vertu du froid

Vieille méthode s'il en est, mais toujours efficace... Appliquez sur le front une compresse (ou une vessie) d'eau glacée jusqu'à ce qu'elle devienne chaude. Recommencez si besoin. Pour ma part, je préfère la bouillotte chaude ! À vous de choisir ce qui vous convient le mieux !

Fort, le café !

Boire une tasse de café noir très fort peut soulager parfois, en particulier quand on se réveille la tête lourde le matin.

Noir citron

Allongez-vous sur votre lit pendant dix à quinze minutes en appliquant sur votre front des rondelles de citron ou de pomme de terre crue.

Je masse mes ongles

À l'instar des pieds, les mains présentent les mêmes zones réflexes. La zone située sur le bout des doigts correspond à la nuque. Pour vous détendre en cas de maux de tête, frottez chaque ongle, l'un après l'autre.

LES COUPS DE POMPE

Je considère le coup de pompe avec attention

Il nous donne des informations sur notre état de santé. Si vous connaissez la raison de votre fatigue (stress, manque de motivation, trop de travail, nuit agitée, infection hivernale...) et si elle ne dure pas plus de quelques jours, ces conseils vous aideront à surmonter cette perte d'énergie.

J'adopte la posture de la tortue, inspirée du Qi gong

Comme cet animal, baissez la tête en expirant et en appuyant le menton sur la poitrine. En inspirant, remontez la tête, en l'inclinant bien vers l'arrière. Pendant l'exercice, maintenez la colonne vertébrale droite. À faire lentement, plusieurs fois de suite. Dans ce mouvement de va-et-vient, les cervicales, le cou et le mental se détendent.

Un exercice de doigts stimulant

Croisez les doigts de main et de pied en intercalant les doigts de la main droite entre les orteils du pied gauche et réciproquement.

Un bain de bras qui donne la pêche

Plongez vos bras dans un lavabo rempli d'eau froide. En 30 secondes, vous retrouvez votre énergie. Inutile donc de faire trempette plus longtemps ! Vous voilà prête pour reprendre vos activités.

La respiration thoracique

On ne profite pas assez bien de ses poumons pour respirer. Aussi facile à pratiquer que la respiration abdominale, la respiration costale se pratique à tout moment et en toutes circonstances (blues, stress, entre deux réunions…).

Debout, les mains sur les côtes (au début pour bien les sentir bouger), inspirez lentement par le nez sur 3 à 5 temps en remplissant d'air vos poumons. Votre cage thoracique se gonfle tandis que votre ventre se creuse. Puis expirez par le nez, sur 3 à 5 temps également. La dilatation de la cage thoracique entraîne une meilleure oxygénation : elle apaise et apporte de la vitalité.

Un jaune d'œuf cru pour avoir du pep's

Le jaune d'œuf cru mélangé au jus de deux oranges était particulièrement prisé dans les années 1950 pour combattre les coups de pompe. En Chine, on le consomme comme un remède pour lutter contre les insomnies et l'anxiété. On dit qu'il nourrit le yin du cœur. Alors tentez l'expérience !

Le germe de blé fortifie l'organisme

Il contient du calcium, du magnésium, du phosphore et des vitamines, dont celles du groupe B, excellentes antistress. Ce sont des vitamines particulièrement utiles au cerveau et au système nerveux, que l'on trouve dans des produits très caloriques tels que les fruits secs, les céréales complètes, les légumes secs. Avec le germe de blé, vous faites le plein d'énergie sans prendre un gramme. On les consomme sous forme de poudre, de paillettes ou de gélules que l'on achète en boutique bio.

À cultiver chez soi

On peut aussi les obtenir en trempant les graines dans de l'eau et en les laissant germer deux jours. Elles regorgent de calcium, de magnésium et de phosphore, et plus encore de vitamines B, C, D et E.

Je change mes habitudes

Marcher, nager, faire de la gymnastique, du yoga... Quelle que soit la discipline, il est bon de bouger.

Retrouver le plaisir de la sieste et aménager des plages de repos.

S'adonner à une passion (musique, nature...), cultiver un centre d'intérêt (cinéma, vie associative...), s'ouvrir aux autres, (musique, sorties, vie associative)...

Et surtout, veiller à la qualité de son sommeil.

Rien de tel pour retrouver la « pêche » !

Mes aliments « coup de pouce »

Les céréales et les fruits secs pour le manganèse et la vitamine B, les fruits de mer pour le cobalt et la vitamine B, la levure de bière pour la vitamine B, les légumes verts et les fruits frais (kiwi, citron, orange, et acérola) pour la vitamine C.

L'ail, la cannelle, le gingembre, la menthe et le pollen sont également parfaits pour nous aider à retrouver la forme.

La gelée royale requinque

Miel de luxe destiné aux abeilles, et notamment aux « reines » qui vivent beaucoup plus longtemps que les « ouvrières », c'est un des aliments les plus riches en oligo-éléments, en acides aminés, en vitamines B (surtout B5). Elle contient également de petites quantités de vitamines A, C, D, E.

Vous la consommerez fraîche si vous habitez près d'un apiculteur, sinon en gélules.

Le ginseng, véritable source d'énergie

Appelé par les chinois « Merveille du monde », le ginseng permet à l'organisme de renforcer ses propres défenses, agissant positivement sur les capacités physiques et intellectuelles (mémoire, troubles du sommeil, grande fatigue...) et sur le tonus sexuel.

Mais attention : tous les ginseng ne se valent pas ! Il faut différencier ceux qui bénéficient d'une AMM (autorisation de mise sur le marché) de ceux qui sont contrefaits ou peuvent contenir des produits toxiques pour l'organisme.

Une fatigue physique : massage de la « Mer de l'énergie »

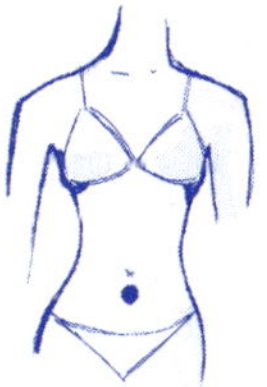

Chaque matin, massez par pression circulaire douce, pendant 5 minutes, le point qui se situe à deux doigts sous le nombril, sur la ligne médiane. À faire pendant une dizaine de jours.

Une fatigue psychique : stimulez deux points d'acupuncture

Ce type de fatigue se manifeste par des réveils pénibles et une difficulté à se prendre en charge.

Masser le point des « Cent Réunions »

Cherchez le point sensible qui se trouve au sommet de la tête, sur la ligne rejoignant le sommet des deux oreilles. Tonifiez-le en exerçant deux ou trois pressions circulaires d'environ 2 minutes. À pratiquer deux ou trois fois par jour.

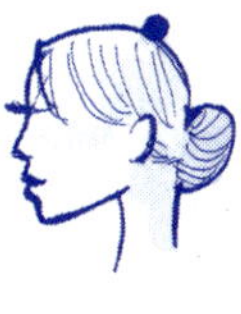

Massage de la « Voie transparente »

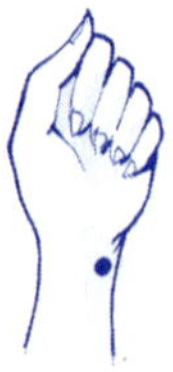

Ce point se situe sur le poignet à un doigt au-dessus du pli du poignet, vers le petit doigt. Effectuez deux ou trois pressions circulaires douces et soutenues pendant deux minutes. Tout comme le massage précédent, à pratiquer entre deux et trois fois par jour.

LA MAUVAISE HALEINE

Pour parfumer son haleine

On peut mâcher quelques feuilles de persil ou bien croquer, si l'on en a le courage, un clou de girofle ou un grain de café.

Automassages efficaces

Les causes de la mauvaise haleine peuvent être nombreuses (mauvaise alimentation, abus d'alcool, de tabac, maux de gencive, problèmes dentaires...). En médecine chinoise, on attribue la mauvaise haleine à une mauvaise digestion ou à une fatigue physique ou morale.

Faites des pressions circulaires douces sur chaque point, pendant 1 à 2 minutes et plusieurs fois par jour.

En cas d'haleine très désagréable pour l'entourage

Faites ces pressions sur le point situé en haut de la gencive supérieure, et au milieu du menton sous la lèvre inférieure

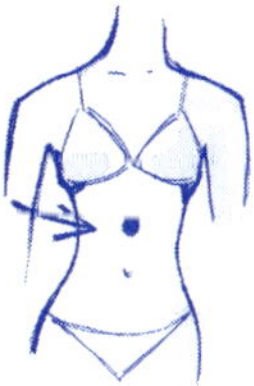

Après un travail intellectuel intense

Massez le point se situant sur le ventre au milieu d'une ligne imaginaire reliant le nombril et la base du sternum.

En cas d'excès de soucis

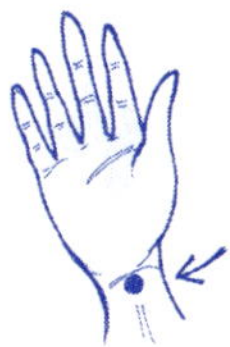

Massez le point se situant au milieu du pli de flexion du poignet, bord externe, côté cubital. La traduction du nom chinois (Shen Men) est « Porte de la sérénité » ! À faire sur les deux poignets.

LA MÉNOPAUSE

Je remodèle mon corps

Contrairement aux idées reçues, plus on avance en âge, plus il importe d'avoir une bonne musculature. Les avantages sont nombreux : on améliore sa santé, on gagne en tonicité, en résistance, en souplesse. La peau reste ferme et souple. On le sait, l'absence ou la faiblesse des muscles sont à l'origine de nombreuses douleurs.

En douceur...

Si le corps n'a pas fait d'effort musculaire depuis de nombreuses années, il importe de reprendre une activité progressivement, afin de le rééduquer à un rythme qui lui convient. Tonifier un corps raide et tendu ne pourra se faire qu'avec beaucoup de patience et de détente préalable.

Je pense aux plantes pour les troubles de la ménopause

Contre les désagréments dont souffrent beaucoup de femmes ménopausées (bouffées de chaleur, nervosité...), quelques plantes peuvent apporter un certain soulagement :

L'actée à grappes ou Cimicifuga racemosa, utilisée par les Indiens d'Amérique du Nord contre les morsures de serpent, mais aussi comme sédatif et dans les troubles gynécologiques.

La sauge, surtout connue pour lutter contre les inflammations de la bouche, les maux de gorge et les troubles digestifs.

Le trèfle rouge et la luzerne qui contiennent des phytoestrogènes.

N.B. : il est néanmoins prudent de demander l'avis de votre gynécologue avant de consommer ces plantes.

UN VENTRE TENDU

Un massage doux du ventre

Pour détendre son ventre et retrouver le calme, rien n'est mieux que de se le masser doucement. Allongez-vous dans un endroit calme et respirez doucement. Puis massez en douceur votre abdomen dans le sens des aiguilles d'une montre, en insistant sur la zone douloureuse. À pratiquer pendant quelques minutes.

Une bouillotte chaude

Placez une bouillotte chaude sur votre ventre pendant quelques minutes et respirez tranquillement, jusqu'à ce que vos tensions lâchent ou que vos douleurs s'estompent.

Je respire par le ventre

Plusieurs respirations abdominales effectuées lentement produisent un massage viscéral profond qui amène progressivement à la détente (voir p. 29).

RESTER JEUNE

En Orient, les femmes exercent quotidiennement leur périnée

Dès leur plus jeune âge, les femmes orientales apprennent à tonifier les muscles du plancher pelvien et à travailler régulièrement leur élasticité. Un vagin souple, musclé et lubrifié favorisera une vie sexuelle épanouie ainsi qu'une bonne santé hormonale. Cette technique se révèle également très efficace pour développer un esprit positif dans la vie et faire le plein d'énergie.

Une astuce pour prendre conscience de son périnée

Lorsqu'on fait pipi, on décide de stopper le jet avant d'avoir fini. Sentez bien les muscles qui ferment l'urètre et travaillent à ce moment-là. C'est précisément là que se trouve le périnée !

Les bons gestes pour contracter son périnée

Une fois qu'il est bien localisé, vous voilà donc prête pour exercer votre périnée.

1er exercice : sur une inspiration, contractez votre périnée tout en faisant remonter le plancher pelvien. Puis relâchez en expirant.

Autre version simple et tonique : inspirez en contractant votre périnée puis maintenez la contraction le plus longtemps possible, en respirant normalement. Relâchez et recommencez l'exercice deux ou trois fois de suite.

À pratiquer en toutes circonstances, dans votre voiture, dans les transports en commun, le matin en faisant votre toilette ou avant d'aller vous coucher… C'est le meilleur moyen de l'entraîner et de l'entretenir.

Être active

De nombreuses études attestent que plus on est actif, plus on vit longtemps. L'inactivité peut donc raccourcir la vie.

Sans pour autant vivre à 100 à l'heure

Cependant, trop de stress, trop d'excitation nuisent à la santé. Il est préférable de respecter un bon équilibre entre ses activités et les périodes de repos ou de récupération. De même qu'il est souhaitable de privilégier la lenteur à l'agitation. Rappelez-vous la fable du lièvre et de la tortue de Jean de la Fontaine.

Bien dormir

Un bon sommeil permet aux organes de se reposer et préserve ainsi leur bon fonctionnement. Le foie, par exemple, élimine ses toxines au cours de la nuit. De même, après une bonne nuit, on est d'humeur joyeuse, on a les idées claires et du tonus pour la journée. La qualité du sommeil agit d'une façon certaine sur le bien-être de chacun.

La bouillotte sur l'abdomen

Les orientaux considèrent le ventre comme un véritable réservoir énergétique qu'il importe de renouveler chaque fois que notre corps réclame un petit coup de pouce. Mettre souvent une bouillotte chaude sur notre ventre, c'est excellent pour la santé et l'énergie.

La racine d'angélique, remède de centenaire

Pensez à cet excellent fortifiant qu'est la racine d'angélique, encore appelée herbe des anges ou racine du Saint-Esprit par les médecins de la Renaissance. Au Moyen Âge, on en donnait à sucer régulièrement aux enfants de santé fragile. À croquer ou à sucer régulièrement.

ZOOM

Les 10 conseils de Pierre Portocarrero, professeur d'arts martiaux

« 1er conseil : dépasser le mythe de l'éternelle jeunesse ! Car le vieillissement est inscrit dans nos cellules dès notre conception et est inéluctable. Par contre, la décrépitude n'est pas une fatalité ! Acceptons ce que nous sommes à un âge donné et vivons-le pleinement sans crainte de l'avenir ou nostalgie de nos 2 ans. À tout âge, nous pouvons développer nos capacités et en jouir. Notre cerveau est capable de créer de nouvelles synapses même passés 80 ans. Notre condition physique peut être maintenue, voire développée, jusqu'aux alentours de 70 ans. On peut aimer à tout âge de la vie, etc.

2e conseil : les anciens Chinois disaient que la vieillesse commence par les genoux ! Maintenir un tonus musculaire des membres inférieurs et renforcer ainsi l'articulation de nos genoux est essentiel. Attention, en flexion cette articulation se révèle bien adaptée à notre bipédie, mais est très vulnérable en torsion. Les exercices tels que marche sur terrain stable, jogging léger, vélo, montée des escaliers ou des côtes, ou des exercices isométriques type « chaise adossée à un mur »... sont particulièrement adaptés.

3e conseil : corollaire du précédent, évitez la sédentarité ! Le corps humain, contrairement à une machine, ne s'use que si l'on ne s'en sert pas. Notre

ZOOM (suite)

organisme est une merveille de précision et de capacités d'adaptation. Comme tout outil de précision, il a besoin d'être régulièrement affuté si l'on veut éviter qu'il ne s'émousse et rouille. Préférez des séquences d'exercices même courtes (10 minutes environ) très régulières et quotidiennes à des séances longues et/ou intensives et espacées.

4e conseil : avec l'âge et particulièrement si on ne l'entretient pas, on perd progressivement sa masse maigre (les muscles). Pensez particulièrement à votre sangle abdominale, l'une des premières zones qui nous lâche, que nous soyons femme ou homme. Deux à trois séances par semaine de quelques mouvements bien adaptés suffisent. Ne négligez pas le transverse, muscle abdominal profond qui a la particularité de ne se travailler que par la respiration !

5e conseil : la respiration c'est la vie du début à la fin. Ne parle-t-on pas d'inspiration pour désigner la créativité et d'expirer pour mourir. Une respiration profonde, continue, sans apnée, contribue à oxygéner tout notre organisme, améliore la souplesse du diaphragme, de la cage thoracique, stimule l'activité cérébrale, détend le système nerveux, gomme le stress... Yoga, Qi Gong, Taï chi chuan, relaxation, sophrologie... fournissent conscientisation et exercices rapidement utilisables au quotidien...

6e conseil : exercez votre proprioception et vos sens kinestésiques. Marcher pieds nus sur une moquette, un parquet, du gazon, une plage... offre une garantie de bien être mais aussi de prévention de chutes ou d'entorses de cheville.

En appui sur les talons, l'avant-pied et les bords internes et externes, mettez-vous en équilibre sur les deux jambes puis sur une seule. Cet exercice pratiqué les yeux ouverts puis fermés (en prenant quelques précautions), vous aidera à améliorer votre sens de l'équilibre.

7e conseil : écoutez votre corps sans trop vous écouter, car notre corps dispose de grands moyens d'auto-guérison, ce qui bien entendu n'exclut pas le diagnostic et le respect des traitements appropriés si nécessaire.

ZOOM (suite)

8e conseil : restez à l'écoute d'un conseil, d'une expérience, d'une information tout en gardant votre esprit critique. Car chacun d'entre nous est maître à bord de son propre organisme.

9e conseil : trouver du plaisir à ce que l'on fait est essentiel pour persévérer dans ses efforts et avoir un réel bénéfice à moyen et long terme.

10e conseil : développez votre sens de l'humour. Le rire est un remarquable exercice parmi les plus naturels et efficaces qui soient ; l'humour permet de relativiser pas mal de problèmes et de soucis plus ou moins graves et de ne pas se prendre trop au sérieux.

En conclusion, remuons-nous régulièrement avec plaisir, gage de bon équilibre et de bonne humeur à tout âge. Développons l'intelligence du corps et du cœur en évitant de se prendre la tête y compris avec ces conseils ! »

mes remèdes d'antan pour presque tout

109 gestes & astuces

Nos grand-mères avaient toujours à portée de main quelques produits basiques et naturels pour mille et une applications dans la maison, la cuisine, la santé ou les soins corporels. Voici un aperçu de leurs secrets qui m'apparaissent comme étant les plus précieux et les plus fréquemment utilisés !

L'AIL

Cure de jouvence pour les Chinois, remède extraordinaire pour les Grecs dans l'Antiquité, l'ail est célébré depuis des millénaires comme un médicament irremplaçable mais aussi comme un aliment délicieux. Malgré son odeur « puante », les Grecs le consommaient de façon effrénée et quotidienne pour ses vertus tonique, diurétique et vermifuge, pour calmer les douleurs dentaires, pour soigner les maladies de peau, mais aussi contre l'asthme... Bien entendu, la liste des bienfaits de cette plante alimentaire et médicinale ne s'arrête pas là...

Ma santé

Retrouvez les innombrables vertus de l'ail que les anciens lui reconnaissaient ! Riche en vitamines A et B, composé de sels alcalins, d'acides aminés riche en soufre et surtout d'huile volatile, l'ail est un antiseptique très efficace aux propriétés antimicrobiennes et antioxydantes reconnues.

Le vin d'ail donne la pêche et combat aussi les petites fièvres

Dans un litre de vin rouge de qualité, chaud, mettez une douzaine de têtes d'ail finement hâchées et laissez macérer

7 jours. Agitez chaque jour. Puis filtrez le vin et ajoutez quatre bonnes cuillères à café de miel pour adoucir la préparation. Bouchez et conservez dans le réfrigérateur.

Mode d'emploi : pour accroître votre vitalité, prenez-en un verre par jour.

Dans l'Antiquité, on le considérait déjà comme un puissant stimulant

Les pharaons distribuaient chaque jour une ration d'ail aux ouvriers qui bâtissaient les pyramides pour les aider à lutter contre la fatigue et les protéger des épidémies.

Le vinaigre d'ail pour désinfecter les plaies

Épluchez 4 ou 5 gousses d'ail, puis râpez, et faites macérer pendant 10 jours dans un demi-litre de vinaigre. Filtrez, bouchez et conservez dans le réfrigérateur. Utilisez ce mélange sous forme de compresse ou de pansement pour les brûlures, les plaies, les ulcères…

En décoction, pour les problèmes circulatoires

C'est une plante essentielle pour favoriser la circulation sanguine générale et la micro-circulation cérébrale.

L'ail abaisse la tension artérielle et évite l'excès de cholestérol. Il se révèle également un excellent antiseptique intestinal : laissez bouillir un quart d'heure environ un litre de bouillon de légumes avec une gousse d'ail. Buvez-en trois tasses par jour.

En teinture, il soulage l'hypertension

Laissez macérer une gousse d'ail dans un petit verre d'alcool pendant 3 jours. Consommez ensuite 20 gouttes par jour, mélangées à une infusion de sauge ou de mélisse.

à savoir

LA MÉLISSE

Appelée également citronnelle, citronnade ou piment des ruches, cette plante de la région méditerranéenne a une odeur très citronnée. On doit la cueillir au moment de la floraison car quand elle vieillit trop, elle sent la punaise !

Cors, durillons, verrues

Le soir, avant d'aller au lit, coupez une petite rondelle dans une gousse d'ail et appliquez-la sur les zones rugueuses. Recouvrez d'un pansement et laissez agir toute la nuit. Renouvelez jusqu'à ce que la callosité disparaisse.

Combattre l'impuissance

Le roi Henri IV baptisé avec une gousse d'ail, comme d'ailleurs à l'époque tous les enfants de Gascogne, doit sa réputation à l'ail qu'il croquait chaque matin. L'ail s'avère également un excellent aphrodisiaque.

Contre les piqûres d'insectes

Enlevez le dard s'il y a lieu. Puis épluchez une gousse. Coupez-la en plusieurs morceaux et frottez la piqûre avec. Si la sensation de brûlure persiste, hâchez l'ail pour obtenir une pâte que vous appliquerez sur la peau à l'aide d'un linge propre.

Faire disparaître les orgelets

Après avoir épluché une gousse, coupez-la en deux et frottez délicatement le bouton. À renouvelez une ou deux fois dans la journée.

En cuisine

Il existe d'astucieuses manières d'intégrer l'ail à votre alimentation.

Pour parfumer la salade

Frotter les feuilles d'une salade (laitue, feuilles de chêne, frisée…) avec une gousse d'ail, avant de l'assaisonner pour les parfumer de façon exquise.

En tartine

Faire griller une tranche assez épaisse de bon pain de campagne, la frotter, encore chaude, avec une gousse d'ail et l'arroser d'un filet d'huile d'olive. Vous verrez, c'est délicieux, même pour le goûter des enfants, tout en étant une véritable préparation vermifuge. Un conseil : ma grand-mère n'épluchait jamais la gousse d'ail avant de la frotter, afin de lui conserver son arôme et toutes ses propriétés.

Et si l'odeur vous incommode

Vous l'avez compris, l'ail est excellent pour votre forme et votre charme ! Mais si vous ne supportez pas son odeur, voici quelques manières simples de débarrasser votre haleine de ses relents gênants :

– mâchez une feuille de menthe fraîche ou quelques feuilles de cerfeuil ou de persil,
– croquez une pomme, quelques grains de café, d'anis ou de cumin,
– sachez qu'il est toujours possible de le consommer en gélules ou en comprimés !

Dans la maison

Pour chasser les insectes gênants

La plupart des insectes ne supportent pas l'ail. À l'instar des produits chimiques, il sait les faire fuir, tout en vous évitant de transformer votre maison en repaire chimique ! Pour cela, frottez une gousse d'ail sur les encadrements de porte ou sur le sol.

Exit les fourmis !

Lorsque arrivent les beaux jours et leur cortège de fourmis, protégez votre nourriture en frottant les bords du récipient où se trouvent les aliments avec une gousse d'ail. Vous pouvez même laisser les restes de gousses sur le couvercle.

LE BICARBONATE DE SOUDE

Le bicarbonate de soude, minéral composé de carbonate de sodium et de bicarbonate de sodium, peut être obtenu à partir de gisements de natron. Dans le passé, on le trouvait également dans les cendres d'algues (varech ou goémon en Bretagne) ou de plantes (salicorne en Méditerranée). Les Égyptiens de l'Antiquité utilisaient déjà cette substance provenant de l'évaporation des lacs salés : ils l'employaient comme un savon pour se laver.

Ma santé

Contre les boutons de fièvre

Quand vous sentez poindre à la lèvre de désagréables picotements annonciateurs d'un bouton de fièvre, humectez-la et appliquez-y du bicarbonate de soude. Nos grand-mères affirmaient que, pratiqué à temps, ce geste se révèle très efficace.

Soin immédiat d'une légère brûlure

Appliqué immédiatement sur une brûlure superficielle, le bicarbonate de soude peut empêcher cloques et douleurs.

Un anticaries

Le bicarbonate de soude protège de l'acidité provenant des restes d'aliments logés entre les dents, qui y résident malgré un bon brossage. Pour les déloger, faites un bain de bouche après chaque lavage, avec un mélange d'eau et de bicarbonate (1 demi-cuillère).

Plus de verrues !

Mélangez une cuillère à café de bicarbonate de soude avec un peu d'eau et badigeonnez la verrue avec cette préparation deux fois par jour.

La beauté du visage et du corps

Des dents ultra-blanches

Une fois par semaine, se brosser les dents avec un jus de citron auquel vous ajoutez du bicarbonate de soude, un mélange épatant pour les blanchir et leur donner un bel éclat !

Des cheveux brillants

Après le lavage, rincez votre chevelure avec un litre d'eau additionné d'une cuillérée de jus de citron et d'une demi-cuillérée de bicarbonate de soude.

Un bain douceur

Ajoutez un demi-verre de bicarbonate de soude à l'eau de votre bain et mélangez délicatement. Puis prélassez-vous 20 minutes. Rincez-vous à l'eau tiède.

En cuisine

Pour la conservation

Pour conserver la viande et le poisson plus longtemps, on peut les poudrer au bicarbonate avant de les conserver dans le réfrigérateur.

La cuisson du chou

Le chou provoque des flatulences chez certaines personnes. Si c'est le cas pour vous, rajoutez une demi-cuillère à café de bicarbonate dans l'eau de cuisson.

Un substitut de la levure

On peut remplacer la levure en ajoutant à la farine un peu d'eau chaude mélangée à une cuillérée à café de bicarbonate de soude et à six cuillérées d'eau gazeuse ou de bière.

Dans la maison

Le nettoyage des brosses à dents

Pour les rendre propres et les débarrasser de toute bactérie, laissez-les tremper pendant 1 à 2 heures dans un verre contenant de l'eau chaude mélangée à une cuillérée à soupe de bicarbonate. À effectuer une fois tous les 15 jours.

Diamants éternels

Frottez les bijoux sertis d'un diamant avec la poudre de bicarbonate et laissez ensuite tremper quelques minutes dans de l'eau bouillante.

Dans le réfrigérateur

Pour lutter contre les mauvaises odeurs, mettre quelques cuillérées de bicarbonate dans un verre (sans eau). À renouveler tous les 15 jours.

LE PERSIL

Considéré selon les époques et les cultures comme un symbole de joie et de fête, un aphrodisiaque, un revigorant sexuel, une plante dépurative... le persil est apprécié aujourd'hui pour ses vertus diurétique, apéritive et stimulante.

Ma santé

Pour améliorer la digestion

Faites bouillir dans un litre d'eau 2 à 3 branches de persil durant 3 minutes environ. Filtrez et sucrez avec du miel. À boire après chaque repas.

Contre les piqûres d'insectes

Frictionnez la piqûre avec une branche de persil. Et si la douleur ne disparaît pas, appliquez sur la peau un petit cataplasme à base d'une ou deux branches hâchées menu que vous maintiendrez avec un pansement.

En cas de fatigue

Buvez chaque matin, à jeun, un verre de suc de persil (que vous obtenez en passant au mixer quelques brins mélangés à un peu d'eau). Mangez-en de préférence cru, dans toutes les sauces, dans tous vos plats, et saupoudrez-en sur vos salades, vos viandes, vos poissons...

La beauté du visage et du corps

Des compresses pour paupières bouffies

Faites bouillir 2 à 3 branches de persil dans un litre d'eau, laissez infuser quelques minutes. Puis trempez des compresses et posez-les tièdes sur vos yeux pendant une dizaine de minutes.

Pour éclaircir le teint

Faites bouillir, pendant 10 minutes, une demi-poignée de persil frais dans un demi-litre d'eau. Filtrez et à l'aide d'un coton trempé dans cette préparation, humectez votre visage préalablement nettoyé.

Si vous voulez garder la ligne

Buvez chaque matin, à jeun, un verre de suc de persil. En vertu de ses propriétés diurétique et dépurative, il est recommandé d'inscrire cette indication dans votre programme minceur.

Le persil fortifie le cuir chevelu

En infusion, le persil tonifie le cuir chevelu, active la pousse des cheveux et leur donne du brillant. Massez doucement chaque jour le cuir chevelu avec cette préparation. À déconseiller cependant aux mamans qui allaitent leur bébé, car on dit qu'il tarit le lait.

En cuisine

Pour éprouver une sensation de bien-être et de vitalité, consommez-en abondamment.

Une cuisine délicieuse

Le persil peut aromatiser tous nos plats et servir de garniture pour bon nombre d'entre eux. Il la rend plus digeste et remplace avantageusement le sel quand on le mélange avec d'autres herbes aromatiques.

Pour en profiter toute l'année

Le persil consommé frais ravira vos papilles. En dehors de la saison, le persil congelé ou lyophilisé fera tout aussi bien l'affaire, vous permettant ainsi de profiter de ses bienfaits tout au long de l'année.

À la manière de nos grand-mères

Si vous avez envie de retrouver les plaisirs d'antan, faites des bouquets de branches de persil frais et suspendez-les tête en bas, au dessus d'une source de chaleur : radiateur, cheminée, cuisinière... Lorsque la plante est sèche, broyez les feuilles à la main dans un bocal de verre que vous conserverez bouché.

LE VINAIGRE

L'utilisation du vinaigre se limite aujourd'hui à la cuisine ou à l'entretien de la maison. Rappelons-nous que nos grand-mères l'employaient pour leur santé et pour leur toilette. Quelques gouttes mélangées à une importante quantité d'eau suffisaient à rafraîchir la peau. Elles l'utilisaient abondamment car le vinaigre dissout le calcaire, adoucit la peau et raffermit l'épiderme.

Ma santé

Le vinaigre, l'allié de mon tonus

Ajoutez à un litre d'eau, un verre de vinaigre et 4 cuillerées de miel. Mélangez bien et mettez cette préparation au réfrigérateur. Vous n'aurez plus qu'à la déguster.

Une digestion difficile

Le vinaigre stimule la production de sucs gastriques et, de fait, facilite la digestion. En cas de problème, prenez un verre d'eau additionné d'une cuillère de vinaigre de cidre.

Contre les maux de tête

Un grand soulagement s'obtient en posant sur la zone endolorie un gant mouillé avec de l'eau froide et un filet de vinaigre.

Coup de chaud

Si vous souffrez de la chaleur, enveloppez-vous d'une serviette de bain imbibée d'eau froide mélangée à du vinaigre (6 cuillerées à soupe pour un verre d'eau). Le vinaigre a la vertu de faire baisser la température corporelle.

Antihoquet

En cas de hoquet, croquez un morceau de sucre arrosé d'un filet de vinaigre.

Pour calmer les démangeaisons

Faites chauffer un demi-verre de vinaigre de vin. Puis trempez-y des morceaux de coton et frottez longuement les zones irritées.

Contre l'urticaire

Appliquer quelques gouttes de vinaigre de vin sur les boutons.

Minceur

Doté des mêmes caractéristiques que la pomme, le vinaigre favorise l'élimination des protéines en excès et des toxines. Mélanger une cuillère à café de miel et une cuillère à soupe de vinaigre de cidre dans un verre d'eau chaude ou glacée. Boire à jeun chaque matin au réveil durant quatre semaines.

La beauté du visage et du corps

Des cheveux brillants

Dans l'eau de rinçage, ajouter 1 à 2 cuillères à soupe de vinaigre de cidre pour enlever toutes traces de calcaire et les faire briller.

Contre la peau moite

Après le bain, une friction à base d'eau vinaigrée combat efficacement cette légère humidité de la peau.

La vitalité du corps

Le vinaigre apporte vigueur et vitalité. Après votre rinçage, frictionnez tout votre corps avec du vinaigre de cidre. Puis rincez-vous. Vous vous sentirez alors parcourue par une belle énergie.

Combattre la peau grasse

Idéal, le bain au vinaigre pour soigner la peau grasse. Dans votre baignoire, versez environ 3/4 de litre de vinaigre puis faites couler l'eau du bain. Et relaxez-vous un bon quart d'heure.

En cuisine

Réussir les œufs pochés

Pour que les œufs pochés ne se cassent pas dans votre assiette, rajoutez un filet de vinaigre dans l'eau de cuisson.

Aromatisez votre vinaigre

C'est très facile. Mettez le vinaigre d'alcool dans une bouteille en verre, ajoutez une épice, une herbe aromatique de votre choix (ail, fines herbes, origan, oignon...) et laissez macérer pendant une quinzaine de jours. Un vrai régal pour vos salades !

Dans la maison

Anticalcaire

Pour enlever les traces de calcaire dans la baignoire, passez-y une éponge imbibée de vinaigre blanc pur.

Un dégraissant

Le vinaigre, grâce à son grand pouvoir dégraissant, est idéal pour récurer soigneusement votre cuisine, soit pur, soit mélangé avec un peu d'eau.

Pour décaper les fonds de casserole

Versez dans la casserole au moins un verre de vinaigre et laissez bouillir jusqu'à ce que le fond soit récupéré.

Plus de traces de peinture sur les vitres

Elles se dissolvent facilement si on les frotte avec du vinaigre blanc chaud.

Éliminer les taches de fruits

Frottez la tache avec du vinaigre puis lavez et rincez.

Ôter les taches d'huile sur les vêtements

Faites tremper le vêtement dans de l'eau chaude à laquelle vous ajoutez 1 verre de vinaigre de vin. Puis effectuez normalement le lavage. La tache disparaitra.

Du vinaigre d'eucalyptus pour assainir l'habitat

Cette recette d'antan demeure efficace pour désinfecter une maison en cas de grippe. À déposer sur les radiateurs afin que ses vapeurs se diffusent dans toutes les pièces. Mélangez à un litre d'alcool 200 grammes de fleurs d'eucalyptus. Laissez macérer pendant une dizaine de jours et agitez le flacon chaque jour. Filtrez puis fermez hermétiquement.

LE CITRON

Ma santé

Décrasser son organisme

À l'instar des Chinois, prenez chaque matin à jeun un verre d'eau chaude dans lequel vous ajoutez un jus de citron frais. Cette préparation débarrasse le corps de ses toxines. Laissez agir au moins un quart d'heure, avant de prendre le petit déjeuner.

Contre l'acidité gastrique

Cela peut vous surprendre, mais sachez que le citron est un excellent antiacide pour l'estomac. Prenez le jus d'un citron dilué dans un verre d'eau chaude trois fois par jour 3/4 heure avant chaque repas.

Faire disparaître les verrues

Faites macérer pendant 2 jours des écorces de citron dans du vinaigre de cidre. Appliquez l'un des zestes sur la verrue et fixez-le avec un pansement. À faire tous les jours jusqu'à ce que la verrue disparaisse.

Minceur

Idéale dans un programme minceur, la consommation d'un citron, entier ou sous forme de jus, une demi-heure avant chaque repas.

Contre les maux de tête

Allongez-vous et appliquez sur la zone endolorie (front et tempes) des rondelles de citron. Laissez agir un bon quart d'heure.

La beauté du visage et du corps

Contre les pellicules

Remède très efficace quand les pellicules commencent à apparaître : appliquez le jus d'un citron en vous massant profondément le cuir chevelu et attendez $3/4$ heure avant de vous laver les cheveux.

Des mains douces

Mélangez une cuillérée à café de miel dans une tasse de lait chaud avec le jus d'un demi-citron.

Fortifier les ongles cassants et fragiles

Appliquez tous les jours sur vos ongles un coton imbibé de jus de citron. Très efficace également, le massage réalisé avec un mélange d'huile de jojoba (ou d'amande douce) et de jus de citron (50/50). Afin que cet onguent agisse le plus longtemps possible, effectuez ce massage juste avant de vous mettre au lit, une à deux fois par semaine.

Nettoyer et entretenir ses ongles

Les frotter avec la pulpe d'un citron partagé en deux.

Contre les taches brunes

Pour les atténuer, mettez quelques gouttes de jus de citron sur vos taches à l'aide d'un coton-tige, le soir, après avoir nettoyé votre peau.

Atténuer la couperose

Après avoir bien nettoyé votre visage, massez doucement la peau avec la face intérieure de l'écorce d'un citron (bio de préférence).

Les coudes et les genoux rugueux

Passez sur les zones concernées le jus d'un citron puis ajoutez un peu de sel. Massez délicatement 2 à 3 minutes et rincez à l'eau tiède. Séchez la peau et massez ensuite avec une huile nourrissante (jojoba, argan, onagre...). À effectuer une à deux fois par semaine, jusqu'à ce qu'à ce que vous retrouviez une peau lisse et douce.

Les pieds sensibles

Frictionnez vos pieds avec le jus de deux citrons : 10 minutes chacun.

Le gommage des rides

Humectez votre visage, parfaitement nettoyé, à l'aide d'un coton imbibé de jus de citron frais. Laissez agir une vingtaine de minutes et rincez à l'eau minérale. À effectuer une ou deux fois par semaine.

En cuisine

Le riz

Pour éviter que le riz ne colle, il suffit d'ajouter quelques gouttes de citron dans l'eau de cuisson.

La salade

Quand la salade est fatiguée ou un peu passée, on peut la récupérer si on la met pendant une demi-heure dans l'eau froide à laquelle on aura ajouté le jus d'un citron.

Les œufs durs

Pour éviter qu'ils ne se cassent au cours de la cuisson, les frotter tout d'abord avec des épluchures de citron avant de les mettre dans l'eau.

La mayonnaise

Pour éviter que la mayonnaise ne retombe, ajoutez quelques gouttes de citron à la préparation.

Les pommes de terre

Si on a épluché trop de pommes de terre, on peut les conserver jusqu'au lendemain dans de l'eau à laquelle on ajoute un filet de citron.

Dans la maison

Taches de vin

Passez un citron fraîchement coupé sur les taches puis rincer.

L'argenterie

Les objets en argent restent propres et étincelants si on les frotte avec un tissu imbibé d'un jus de citron et de cendre.

LE SEL

La beauté du visage et du corps

Un bain revigorant

Prenez votre douche puis faites couler un bain. Ajoutez à l'eau du bain environ 500 grammes de gros sel marin. Détendez-vous une dizaine de minutes. Puis rincez-vous à l'eau fraîche.

Un bain de pied délassant

Idéal, le bain de pied tiède, dans lequel vous ajoutez une petite poignée de sel, pour vous débarrasser de vos tensions nerveuses et vous permettre de repartir d'un bon pied. Une dizaine de minutes suffisent pour vous détendre.

Pour fortifier les ongles fragiles

Faites bouillir 100 grammes de sel marin dans un litre d'eau puis laissez tiédir. Faites-y tremper vos ongles une dizaine de minutes. Séchez-les puis massez-les à l'huile d'olive.

Dans la maison

Planches à découper en bois

Quand elles sont très grasses, elles se nettoient très bien en mettant dessus quelques cuillères de sel gros. On les frotte ensuite avec du papier journal.

L'ŒUF

Ma santé

Antianémie

Dégustez au petit-déjeuner une tranche de pain sur laquelle est tartiné un jaune d'œuf mélangé à un verre de miel liquide. C'est délicieux et très tonique, et, paraît-il, également un bon remède contre l'impuissance.

Antifatigue physique ou intellectuelle

Gobez un œuf cru mélangé à un jus d'orange frais une demi-heure avant le repas ou quand la fatigue vous tombe dessus.

La beauté du visage et du corps

Un shampoing pour cheveux normaux

Dans un bol, battez 3 œufs auxquels vous ajoutez progressivement un grand verre d'eau chaude. Une fois bien mélangée, utilisez cette préparation sur la chevelure comme un shampoing : frottez, lavez et rincez abondamment.

Pour cheveux gras et longs

Effectuez le mélange suivant dans un récipient : 3 œufs, un verre d'huile d'olive et 2 cuillerées à soupe de rhum. Faites deux shampoings successifs avec la moitié de la préparation et le reste ensuite. Rincez abondamment. Pour faire briller votre chevelure, vous pouvez effectuer le dernier rinçage avec un filet de citron ou de vinaigre de cidre.

Un masque antirides

Sur votre visage et votre cou préalablement nettoyés, appliquez un blanc d'œuf. Laissez poser environ 20 minutes et rincez avec une eau minérale. À faire une fois par semaine.

Un masque pour peau sèche

Appliquez sur le visage la préparation suivante : un jaune d'œuf mélangé à une cuillerée à soupe d'huile. Rincez à l'eau tiède. Évitez l'eau chaude qui transformerait votre masque en omelette !

Une crème de jouvence

Faites monter le blanc d'un œuf en neige. Puis ajoutez une petite cuillère de Maïzena que vous mélangez avec délicatesse. Appliquez ce baume sur un visage démaquillé. Laissez agir 10 minutes environ et rincez à l'eau claire.

L'OIGNON

Ma santé

Contre les maux de tête

Hachez menu des oignons crus et posez-les sur le front une dizaine de minutes.

Désintoxication du corps et teint clair

L'eau d'oignon est excellente pour nettoyer et reposer vos organes après une période d'alimentation trop riche. Épluchez 2 oignons, coupez-les en rondelles et faites-les macérer dans un litre d'eau pendant 2 heures. Buvez 3 à 4 verres au cours de la journée. Il faut en général une semaine pour obtenir des résultats.

Pour nettoyer les yeux

Quand on a une poussière ou un cil dans l'œil et que l'on n'arrive pas à l'extraire, l'astuce consiste à humer un oignon coupé en deux. En général, les larmes provoquées expulsent facilement le corps étranger.

La beauté et les soins du corps

Une chevelure éclatante

Versez sur des cheveux parfaitement rincés un verre et demi de suc d'oignon.

Chute des cheveux

Hachez menu plusieurs oignons puis extrayez-en le suc (environ un verre). Massez avec cette préparation votre cuir chevelu. Recommencez les jours suivants sans vous décourager.

En cuisine

Vinaigre d'oignon

Émincez un oignon et faites-le macérer dans une bouteille de vinaigre de cidre. Cette préparation constitue un vinaigre exquis pour assaisonner les salades.

bien chez moi

31 gestes & astuces

DÉSENCOMBRER ALLÈGE MA VIE

« L'un des idéaux du zen a toujours été de porter autour du cou toutes ses possessions (une tenue de rechange, un bol, une paire de baguettes, un rasoir et un coupe-ongles) contenues dans une boîte. La modicité de ce menu bagage est la façon silencieuse des moines bouddhistes de contester l'état de la société actuelle. Chercher à s'en approcher est une réponse positive à l'insatisfaction profonde qu'engendre la société de consommation. » (extrait de l'Art de la simplicité, Dominique Loreau)

Plus on a de biens, plus on a d'objets, et plus notre énergie est accaparée par des pensées matérielles. En prendre conscience, c'est ressentir plus de liberté à effectuer des tâches qui auparavant étaient considérées comme des corvées : éliminer les désordres, nettoyer la maison, faire des tris... Et les effets sur notre vie personnelle sont tellement convaincants qu'ils nous encouragent à poursuivre.

ZOOM

Le point de vue de Marie-Pierre Dillenseger sur le Feng Shui

Marie-Pierre Dillenseger pratique et enseigne le Feng Shui classique et l'astrologie chinoise, comme technique de coaching individuel, depuis 1999. Elle effectue un patient travail de décodage et de transmission des disciplines chinoises appliquées au Temps et à l'Espace à la fois en entreprises, milieu professionnel dont elle est issue, et auprès des particuliers.

« Le Feng Shui est un formidable outil de lecture des espaces. Il permet de mieux s'approprier son lieu de vie ou de travail, simplement parce qu'il donne des clefs d'interprétation sur la relation que nous entretenons avec lui et sur ses effets concernant notre bien-être. La discipline du Feng Shui étant émergente en Occident, soyez ouverts aux différentes méthodes mais exigeants quant à la pertinence des conseils et à l'évaluation des résultats. »

Je range les choses qui traînent

Avant de partir, parcourez rapidement les pièces principales de la maison et rangez le désordre afin de partir légère à vos occupations. Cela ne prend que quelques minutes. Vous aurez plaisir à rentrer le soir dans un lieu accueillant.

Le hall d'entrée à soigner tout particulièrement

Il importe que cet espace qui fait le lien entre l'intérieur et l'extérieur soit agréable et accueillant. Car devoir enjamber des chaussures, passer entre des paquets ou devant des objets abîmés ou cassés… sont autant d'entraves à notre confort et à notre sérénité.

Dans la cuisine

Des espaces vides pour trouver confort et liberté

Bien souvent on fait cohabiter dans la cuisine des tonnes de choses (table, chaises, tabourets, poubelle, appareils électroménagers, machine à café, petits objets de déco, ustensiles...). Que votre cuisine soit grande ou petite, commencez par réserver des espaces vides (une étagère, un plan de travail, une surface plane...), pour reposer votre esprit et cuisiner plus facilement : étaler une pate à tarte, éplucher vos légumes, préparer un plat, poser un livre ou vos lunettes sans les chercher ensuite...

Je range mes objets dans les placards

Les gros appareils ménagers, les pots à épices, les couverts... prennent de la place et s'encrassent au fil du temps. Rangez-les dans vos placards.

Je fais le tri dans mes placards

La vaisselle ébréchée ou désassortie, les assiettes trop grandes, les gros saladiers, les immenses plats à gratin... sont inadaptés à notre mode de vie actuel. Débarrassez-vous d'eux et privilégiez une vaisselle harmonieuse et qui puisse recevoir de petites quantités.

Je privilégie les objets multifonctionnels

Un robot qui sait tout faire (hacher la viande, faire des purées de légumes, presser des fruits...) ou un bol qui sert à la fois d'objet de décoration et de récipient aux multiples fonctions (servir des légumes, des gâteaux apéritifs, une sauce d'accompagnement, un assaisonnement, un entremet...).

Choisissez des bols de différentes tailles et assortis, à la fois simples et élégants.

Dans la salle de bains

Je me débarrasse du superflu !

Éliminer le superflu apporte une grande satisfaction. Jetez absolument tous les produits périmés et ceux que vous n'utilisez plus depuis des années : les tubes, flacons, échantillons, boîtes à moitié vides, vieux bâtons de rouge à lèvre, produits de maquillage... Votre nécessaire de toilette pour votre hygiène et votre plaisir devrait pouvoir tenir dans un vanity-case !

Un produit pour tout

Une huile unique (cheveux, visage, corps), un savon de très bonne qualité pour le visage et le corps, une tenue de nuit élégante... au lieu de 36 produits ordinaires...

Dans la chambre

Un espace dégagé

On évitera d'entasser trop de meubles et d'objets et de laisser traîner sur la table de nuit une multitude d'objets qui n'ont rien à voir avec la chambre. Gardez près de vous le strict minimum : carnet, livre, magazine, lunettes, stylo, réveil éventuellement...

La technologie moderne reste à la porte !

Tout ce qui a trait au travail ou à notre activité ne doit pas franchir le seuil de notre chambre : ni téléphone, ni ordinateur, ni télévision, ni hi-fi... En préservant ainsi ce lieu de ressourcement, vous aurez la sensation d'être hors du temps, hors du monde, tout simplement à l'abri dans votre monde.

Apprendre à nos enfants à ranger leur chambre

Entre vieilles chaussettes, cahiers épars et paquets de gâteaux ouverts... on a du mal à les voir s'endormir dans un tel fouillis. Avant qu'ils n'éteignent la lumière, suggérez-leur ou aidez-les à ranger leurs livres dans la bibliothèque, leurs jouets dans un bac, les CD dans une boite, à laisser un coin de leur bureau propre... Cela leur permettra progressivement de s'y retrouver et d'organiser leur univers. Et vous, vous y gagnerez tout autant : vous les rendrez responsables tout en allégeant vos tâches quotidiennes.

Dans le séjour/salle à manger

Libérer l'espace

Aujourd'hui, ces deux pièces n'en font plus qu'une. Résultat : il y a deux fois plus de meubles et de bibelots dans le même lieu. Recréez deux espaces différents, l'un dédié au salon, l'autre aux repas. Privilégiez les meubles essentiels : un ou deux canapés jumeaux, sobres et confortables, au lieu d'un ensemble de meubles (canapé, fauteuil, table basse, pouf, coussins...) envahissants et souvent disparates. Pour le coin salle à manger, une belle table flanquée de quatre chaises et dégagée de tout bibelot fera l'affaire.

JE FAIS RESPIRER MA MAISON

Les bienfaits du ménage

Au Japon, le ménage n'est pas considéré comme une tâche dégradante. C'est au contraire, un élément vital de la vie, comme faire sa toilette ou s'alimenter. Chacun commence sa journée en faisant un peu de nettoyage. Chacun est responsable de sa propre vie, nettoie ce qu'il salit... Cela maintient en forme et contribue au respect de soi et de ce qui nous entoure. Le moindre geste de propreté apporte un soulagement immédiat.

Je vide les poubelles

Faites-le tous les jours, le soir avant de vous coucher, ou le matin, une fois que vous êtes prête. Il est souvent plus simple de vous débarrasser de cette tâche, lorsque vous partez au travail ou accompagnez vos enfants à l'école.

Une cuisine propre, une salle de bain et des wc nickel

La propreté est un facteur fondamental du Feng Shui dans la maison. La bonne énergie est pratiquement inexistante si l'on vit dans la saleté. Il est donc important de soigner tout particulièrement les lieux où l'on prend soin de soi (cuisine, toilette...).

J'ouvre grand les fenêtres

On renouvelle l'air de la maison en aérant les chambres, le salon, et on en profite pour respirer un bon coup. Voilà qui met en forme pour la journée. De même, une bouffée d'air frais dans la chambre, quelques minutes avant de se coucher, nous prépare à passer une bonne nuit.

Je nettoie à fond

Décidez-vous de temps en temps à nettoyer un meuble ou une pièce à fond (votre bureau, un placard, la chambre de votre enfant, la salle de bain...). Passez du temps sur certains détails, utilisez par exemple une brosse à dents, pour gratter les moindres recoins du carrelage de la salle de bain, faites briller les robinets en chrome... Soyez assurée qu'en effectuant ce nettoyage approfondi, avec amour, dans une sorte de méditation, vous obtiendrez des résultats extraordinaires ! Le plaisir d'un travail bien fait, une grande satisfaction personnelle et la sensation fort agréable d'une vitalité accrue ou retrouvée...

Jeter ou réparer

Une ampoule grillée, un ustensile cassé, un chapeau de lampe déchiré, une assiette ébréchée... sont de véritables obstacles à notre confort. Chaque fois qu'on les voit ou que l'on s'en sert, on se dit : « Ah, je dois changer l'ampoule... penser à réparer le chapeau de lampe ! » et notre énergie baisse. Il importe de traiter ces problèmes au fur et à mesure qu'ils se présentent sans hésiter à jeter ce qui est défectueux et en réparant ce qui peut l'être. En prenant soin de votre environnement, c'est à vous que vous apportez du bien-être.

JE ME PROTÈGE DE LA POLLUTION

Électromagnétique

Dans ma chambre à coucher

– Ne pas laisser la télévision ou l'ordinateur sur le mode veille ou mieux déplacer la télévision dans une autre pièce.
– Supprimer les rallonges électriques derrière la tête de lit et près de la table de nuit.
– Bannir les couvertures chauffantes.
– Éloigner votre téléphone portable et débrancher la prise du téléphone si une ligne est installée dans votre chambre.
– Réduire au minimum le nombre de miroirs (qui semble-t-il amplifient les ondes électromagnétiques) et particulièrement face au lit...

Dans les autres pièces

– Raccorder toutes les prises électriques à la terre.
– Éviter l'utilisation du micro-ondes.
– Débrancher la télévision après son utilisation.
– Choisir des plantes non polluantes : veillez à la provenance des plantes que vous achetez en évitant celles qui proviennent des zones polluées.

À l'extérieur

Atténuer les bruits et la lumière

De même, vous protéger de la pollution extérieure (bruits, lumières...) participe tout autant à votre besoin vital de repos. Rien de tel que des rideaux épais, un double-vitrage, des tapis... pour vous apporter l'ambiance ouatée propice au silence et à la rêverie.

L'ÉLÉGANCE, LA BEAUTÉ, LA SIMPLICITÉ, UN ART DE VIVRE AU QUOTIDIEN

Une cuisine lumineuse

Un bon éclairage dans la cuisine influence notre humeur ainsi que notre façon de vivre et de travailler dans cette pièce. Veillez à ce qu'il ne soit ni trop vif ni insuffisant. Pensez à placer des petites lampes au-dessus des plans de travail afin d'égayer les coins d'ombre. Privilégiez le blanc.

Une chambre aux couleurs tendres

La chambre est avant tout un espace de repos. Les murs aux couleurs vives, trop d'objets ou de tableaux vont nuire à cette quiétude. Privilégiez les couleurs douces, la lumière tamisée...

Les détails sont d'une importance fondamentale

« Tout faire avec style rend la vie infiniment plus riche » (Dominique Loreau).

Ce style, on le retrouve dans les moindres détails et gestes de la vie quotidienne : profiter de sa belle vaisselle au quotidien au lieu de la réserver aux « grandes occasions », servir chaque met dans des plats au lieu de les laisser dans leur emballage, avoir une cuisine qui brille et sent bon, utiliser une belle serviette en éponge plutôt que deux ou trois effilochées ou mal assorties, garder seulement un carnet et ses livres sur la table de nuit, mettre un bouquet de fleurs sur la table du salon... On se prive d'un luxe charmant, lorsque ces petits détails sont ignorés ou négligés. Car tout ce qui est beau élève notre esprit, invite à la contemplation, donne de l'amplitude à notre vie quotidienne, nous ressource.

Surfaces et couleurs sobres reposent l'esprit

En vous débarrassant de tout ce qui ne sert à rien, en privilégiant les couleurs sobres, le dépouillement (moins de tableaux sur les murs, moins de bibelots, moins de livres dans une bibliothèque), vous préserverez l'essentiel, c'est-à-dire ce que vous aimez et ce qui vous apporte joie et sérénité.

ZOOM

Les 10 recommandations de Marie-Pierre Dillenseger

1 – Osez vous défaire des objets qui ne vous correspondent plus ou qui restent associés à des moments désagréables de votre vie. Si la manœuvre est difficile, procédez par étapes ou un par un, sur plusieurs semaines.

2 – Battez-vous pour obtenir une pièce, un fauteuil, une étagère rien qu'à vous. Ne les prêtez à d'autres qu'exceptionnellement.

3 – Ne vous laissez pas convaincre par les ouvrages de Feng Shui qui conseillent d'éliminer ce qui ne sert plus à rien si vous tenez à ces objets. Chez vous, c'est vous qui décidez !

4 – Si la mode des espaces zen ou très épurés vous angoisse, gardez votre bric-à-brac. Le chaos, les mélanges de style et les accumulations d'objets peuvent être parfois porteurs d'une énergie de vie.

5 – Si l'une de vos plantes se meurt, mieux vaut vous en séparer et en racheter tout de suite une plus belle. Si vous ne pouvez vous résigner à la jeter, confiez-la à une amie qui a la main verte (et qui n'a pas lu cette rubrique), plutôt que de partager votre univers avec une plante condamnée !

6 – Quand votre intérieur laisse à désirer et que son entretien repose sur vos seules épaules, commencez toujours par la tâche la plus facile et la plus visible. Aspirez par exemple d'abord l'entrée avant la chambre des enfants.

7 – Ne perdez jamais une minute pour changer les ampoules des lampes. Pour cela ayez toujours du stock chez vous. Trouvez le bon équilibre entre les économies d'énergie et le besoin de voir clair. Relever la puissance d'une ampoule suffit souvent à changer radicalement l'énergie d'une pièce.

8 – Refusez d'entreposer chez vous, dans votre garage, grenier, salle de jeu, les cartons et caisses de vos amis ou des membres de votre famille même si vous avez de la place et même si vous les adorez. L'espace vide ou non utilisé est un bien précieux. Il permet, même à votre insu, une respiration plus ample.

9 – Soyez attentive aux lieux. Si vous ressortez systématiquement fatiguée d'une visite chez une amie, demandez à la rencontrer à l'extérieur de chez elle la prochaine fois ou prévenez-la que la visite sera courte.

10 – Si certains conseils de Feng Shui vous laissent sceptiques, vous n'avez pas forcément tort. Il se dit beaucoup de choses au nom de cette discipline. Ne retenez que ce qui vous parait raisonnable et soyez attentifs aux effets tangibles.

ma petite philosophie au quotidien

57

gestes & astuces

PÊLE-MÊLE DE CITATIONS, D'APHORISMES ET DE SAGES PENSÉES D'ICI ET D'AILLEURS...

MA MÉTAPHYSIQUE

Chaque jour est une petite vie en soi !

Si l'on considère chaque nouveau jour comme l'événement le plus important de notre existence, qui d'entre nous aurait envie de gâcher ce moment d'exception ? Les philosophes – de l'Antiquité à nos jours, de l'Orient à l'Occident – insistent sur cette vérité première : l'instant présent est unique, tangible et précieux parce qu'éphémère. On ne pourra pas revivre une nouvelle fois le moment vécu ; c'est là notre seule réalité.

Se rappeler quotidiennement cette évidence nous aide à commencer chaque journée en l'honorant, et à apprécier chaque minute avec l'importance que l'on réserve généralement aux moments marquants de sa vie, c'est-à-dire ceux que l'on revêt de l'étiquette « grand moment inoubliable... », qu'ils soient heureux ou malheureux.

Je m'adapte aux changements

« La seule chose qui ne changera jamais, c'est que tout change en permanence. » (Yi King).

Rien n'est fixe, tout bouge et se transforme tout le temps dans l'univers comme dans nos vies personnelles. Le sachant, je serai moins surprise et déstabilisée par les événements. Je saurai prendre du recul sur ce qui m'arrive. Je ne me laisserai pas non plus envahir par mes émotions qui sont passagères.

La conscience de vivre

« Ainsi vont les gens, poussés par leurs occupations : ils vont leur chemin comme l'année dont les saisons se suivent et ne cherchent pas à se modifier ; ils fouettent leur corps et leur nature pour assouvir leurs ambitions et ne se retrouvent jamais plus jusqu'à la fin de leur vie. Quel Dommage ! » (Tchouang-Tseu).

La perception du temps

De nos jours, tout le monde se plaint de la rapidité du temps qui passe et se sent dominé par un sentiment d'urgence qui a complètement changé le rapport au temps. Cette nouvelle perception du temps vient de ce que l'homme fait table rase du passé et doit s'adapter au mieux aux changements produits par les technologies d'accélération qui l'entraînent toujours plus vite vers le futur. On a de plus en plus de mal à donner du sens au temps en vertu d'un progrès ou d'un avenir. Il est donc urgent de méditer sur cette notion de temps et de donner un sens à son existence, ici et maintenant, sans se projeter exclusivement dans l'avenir.

Chaque chose en son temps

Dans l'urgence, on perd souvent de vue l'essentiel. On va plus vite et on profite de ce temps « gagné » non pas pour se reposer ou contempler... mais pour en faire un maximum ! Ralentir sa course, c'est prendre du recul sur les choses, sortir de cet impératif d'immédiateté que nous impose la société actuelle. Au lieu d'en être esclave, on réapprend à apprécier le temps qui structure nos activités et les événements de notre existence.

Le bonheur

« Le bonheur vient de l'attention aux petites choses et le malheur de la négligence des petites choses » (Liou- Hiang).

Le bonheur s'infiltre dans ces mille détails à côté desquels nous passons sans nous en apercevoir, un sourire, une fleur, une odeur particulière, une œuvre d'art, un paysage, un regard tendre, un sourire... Si l'on sait en saisir la grâce, on récoltera chaque jour des milliers de petits bonheurs...

Un regard grand large

« Le bonheur est en tout, il faut savoir l'extraire » (Confucius).

Le bonheur n'est pas un but inatteignable, ni un objectif à long terme. C'est un entraînement au quotidien de nos sens, de notre cœur, de notre corps, de nos émotions et de notre mental. C'est aussi une disposition à aiguiser notre regard sur toutes ces merveilles qui nous entourent, car le bonheur est là, devant nos yeux, à portée de main ou de regard.

Le temps présent, ma seule réalité

Le passé est révolu, le futur inconnu, seul le présent m'appartient… Je m'applique à vivre du mieux que je peux chaque instant, pleinement consciente que chaque acte nourrit mon avenir. Les projets pimentent mon quotidien et m'aident à me construire minute par minute.

MA VIE, MON ŒUVRE QUOTIDIENNE

J'agis du mieux possible sans rien attendre

« Il produit sans s'approprier, il agit sans rien attendre. Son œuvre accomplie, il ne s'y attache pas, son œuvre restera » (Lao Tseu).

Le stress et l'anxiété liés à nos actions viennent souvent du fait que nous nous focalisons sur les résultats ; or, ils ne dépendent pas seulement de nous. C'est en s'impliquant dans la tâche que l'on accomplit et en y mettant le meilleur de soi-même que l'on est le plus juste et le plus efficace. Le mieux étant de se concentrer sur un travail sans penser à rien d'autre qu'à ce que l'on fait et sans en attendre quoi que ce soit.

Car ce qui compte, c'est le chemin qu'on effectue pour y arriver et non le résultat. Cela évite bien des déceptions et on se sent plus valorisé dans ce que l'on fait.

Faire une seule chose à la fois

La quête du toujours plus nous empêche de connaître la satisfaction d'avoir bien accompli une chose. La frustration devient donc notre lot quotidien puisque face à cette obligation de TOUT faire, le fait que nous menions bout une partie des tâches seulement ne nous satisfait jamais complètement.

Cependant, si on arrive à se soustraire à cet assujettissement, en faire moins sans renoncer à réussir ce que l'on entreprend nous rend plus heureuse et plus performante. Quelques trucs peuvent nous y aider. Par exemple, laisser son portable à la maison pendant les courses ou les promenades récréatives. Éteindre la radio et la télévision durant une demi-journée et s'autoriser à faire les choses qui nous tiennent à cœur : dessiner, terminer son album photo, se concentrer sur un projet ou se reposer tout simplement. Définir ses priorités dans le travail, faire ce que l'on a à faire, du mieux possible, et être efficiente plus qu'efficace...

Je m'accorde chaque jour un temps nécessaire pour me construire

De même que la souffrance ne vient pas en un éclair, il importe de se réserver chaque jour un temps nécessaire pour se connaître, s'aimer, se construire et se donner le temps de « guérir ». Cette bienveillance pour soi est le ferment indispensable pour bien vivre chacune de ses journées.

Du respect de mes désirs...

Demandez-vous régulièrement si votre façon de vivre correspond à votre désir profond, si vous vous sentez en accord avec ce que vous désirez vraiment dans tous les domaines de votre vie.

Chaque jour, j'accomplis un geste pour moi…

Un geste… rien que pour soi, aussi minime, soit-il : prendre un café en terrasse, écrire son journal, faire un détour agréable, lire un poème…

Progresser

Chercher à s'améliorer chaque jour, avoir ce sentiment de progresser, y compris sur des aspects mineurs ou secondaires, participent à notre bien-être quotidien.

Se départir de tout a priori

Une porte ouverte sur l'étonnement, l'émerveillement d'une rencontre, d'une situation, d'un paysage, d'une œuvre d'art…

« Ce qui est fait n'est plus à faire »

Ce vieil adage populaire nous rappelle qu'au lieu de se laisser gagner par la crainte ou le découragement face à un planning ultrachargé ou à des tâches qui semblent impossibles à accomplir, il est préférable de se mettre au travail en se concentrant sur une action, sans penser aux suivantes. Et vous serez surprise de ce que vous aurez malgré tout réalisé !

La persévérance

« Beaucoup de petites défaites peuvent amener une grande victoire » (Tchouang-Tseu).

La patience

« Avec le temps et la patience, la feuille du mûrier devient satin » (proverbe chinois).

Quand on a accompli tout ce que l'on peut pour mener à bien un projet, la seule chose à faire est d'attendre patiemment que la situation mûrisse. Et si l'on échoue, il n'y a rien à regretter. C'est que les choses devaient être ainsi.

Je donne du temps au temps

Si une décision tarde à venir, évitons de ne penser qu'à ça. Profitons-en pour mettre de l'ordre ou nous investir dans les domaines de notre vie qui le nécessitent.

Je vise le juste milieu

« L'efficacité du juste milieu est suprême, mais la plupart des gens en ont perdu la notion depuis longtemps » (Confucius).

Le juste milieu est synonyme de modération et d'équilibre, mais aussi de précision dans nos actes. En toutes choses, il importe de chercher le juste milieu, la bonne attitude, le bon moment pour agir ou saisir une opportunité. C'est une invitation à peser ses mots, à se reposer avant d'être épuisée, à maîtriser ses émotions, à se concentrer sur un seul objectif à la fois.

Ainsi chaque fois que vous hésitez sur une décision, prenez un petit moment de réflexion. Par exemple, en qui concerne l'éducation de vos enfants, vous restez ferme sur ce qui vous paraît essentiel à leur équilibre et tempérante sur des choses secondaires.

Je suis à l'écoute de mon intuition :

« Fais toujours ce que tu sens juste, sans nuire à autrui » (T. Ogura, maître japonais d'arts martiaux).

Je poétise chacune de mes journées

« Toute poésie interrompt l'état habituel – la vie ordinaire – un peu à la manière du sommeil, afin de nous régénérer – et ainsi de maintenir notre sentiment de vitalité toujours en éveil. Maladies, accidents, événements étranges, voyages, sociétés, produisent dans une certaine mesure le même effet. Malheureusement toute la vie de l'humanité jusqu'à présent a résulté d'une poésie imparfaite et irrégulière. » (*Le Monde doit être romantisé*, Novalis, Éditions Allia).

Écrire un haïku à mes « moments perdus » ou lire un poème dans la journée, dans une salle d'attente, dans le bus, dans le métro où la foule s'agite et le stress se diffuse, me ressource. De l'effleurement à l'approfondi, de l'instantané au cadencé, mon imagination se nourrit d'un vers, d'un accord de mots, d'une métaphore, d'une rime qui stimulent mon inspiration et me donnent l'impulsion pour écrire.

LES AUTRES ET MOI

Ma distance de sécurité

Plus ou moins consciemment, on se place à une certaine distance à l'égard des autres, en fonction de son histoire personnelle, de sa culture, de son ethnie… Trop près on se sent mal, trop loin aussi. Être consciente de son périmètre au quotidien (au bureau, avec son entourage, ses relations, ses amis…) nous apprend à respecter notre espace de sécurité et celui de l'autre et à devenir plus à l'aise avec tout le monde.

Mes gestes de solidarité

Un contact physique avec les autres personnes témoigne de notre souhait d'établir un climat de solidarité et d'empathie. Poser la main sur le bras d'une personne, c'est lui exprimer que l'on se sent bien avec elle et qu'elle peut être à l'aise avec nous. Veillez cependant à effectuer ce geste avec respect, attentive à l'endroit où vous posez votre main : sur l'épaule, ce geste peut être considéré comme un désir d'emprise, sur la main, comme un excès d'intimité…

J'exprime mes sentiments positifs

Savoir faire des compliments sincères à quelqu'un ou lui dire ce que l'on apprécie chez lui renforce le lien d'intimité. On lui fait du bien et l'on se fait du bien aussi. Et le plus étonnant, c'est que celui qui en profite le plus en termes de confiance en soi, c'est soi-même.

Aujourd'hui, j'accorde plus de temps à mes proches

Trop souvent entraînée par le rythme du quotidien et son lot de contraintes, on finit par oublier ce qui est essentiel pour soi : ceux que l'on aime. Et si vous décidiez aujourd'hui de les mettre au cœur de votre journée, en leur prodiguant de petites attentions affectueuses et généreuses : un câlin à votre enfant, un sourire, un regard tendre vers votre conjoint, une écoute bienveillante au problème d'un ou d'une amie…

Bien agir

« Prenez garde, ce que vous faites à autrui vous sera rendu » (Mong-Tseu).

La tolérance

Accepter les défauts des autres ouvre la perspective d'une vie plus heureuse.

La sincérité

« Cent non font moins mal qu'un "oui" jamais tenu »

« Mieux vaut mécontenter par cent refus que manquer à une seule promesse »

(proverbes chinois).

Contre la déloyauté, il n'est de meilleure garantie que la loyauté.

Mesurer les paroles qui sortent de la bouche

« Le mot, fut-il au bord de la langue, retiens-en la moitié »

« On gagne toujours à taire ce qu'on n'est pas obligé de dire » (proverbes chinois).

Les taoïstes se méfiaient des pièges que nous tend le langage, de ces beaux discours qui enrobent ou embellissent une pensée parfois creuse. Confucius pesait chaque mot et ne supportait pas ceux qui en faisaient mauvais usage. Peu de mots, bien choisis, en disent plus que les grands discours. Le langage est en effet un art difficile à maîtriser : un mot de trop, une phrase qui nous échappe peuvent ternir une amitié ou un amour, ruiner une affaire. On ne peut reprendre une parole dite, on ne peut qu'espérer que l'autre ne l'ait pas entendue, pas comprise...! Bien peser ses mots se révèle en toute occasion bénéfique pour soi. On ne regrette en général pas d'avoir peu parlé, mais toujours d'avoir trop parlé.

La flatterie

« Qui aime à louer les gens en face, aime aussi à les dénigrer par derrière » (Tchouang-Tseu).

Voir ceux qui nous entourent

Tous les jours, des « joyaux » brillent autour de nous ! Nous sommes, en effet, entourées de gens qui nous tendent la main et que nous croisons sans même les voir. Mais si l'on décide d'ouvrir nos yeux et notre cœur aux rencontres, avec un zeste de curiosité et de sympathie, on fera mille découvertes : des amitiés peuvent naître de ces échanges fortuits, des enseignements peuvent nous aider, des talents ou des projets peuvent embellir nos vies.

MES ENFANTS

Ils nous apprennent tant de choses

« Les enfants sont nos professeurs. Ils nous apprennent, nous grandissent, nous renforcent » (Catherine Rambert).

Un mot, un sourire, un regard nous ramènent parfois à nos premiers émois et éclairent soudainement nos zones d'ombre.

Et si l'on enseignait à nos chers bambins la pensée positive

La pensée positive semble être la manière la plus simple et la plus évidente de garder la joie de vivre, le bien-être et la sérénité en toutes circonstances. La perception du verre à moitié vide ou à moitié plein est à l'image de l'éducation qu'il faudrait donner aux enfants depuis leur plus jeune âge. Leur apprendre à voir le bon côté des choses plutôt que le mauvais et à agir positivement les aidera très tôt à accepter les difficultés de la vie, à les affronter avec courage, et à trouver ainsi en eux toutes les ressources pour être équilibrés et en bonne santé.

De l'art d'instaurer un rituel avec son enfant

Avant de s'endormir, on lui propose par exemple de se remémorer les trois meilleurs moments de sa journée. En faisant ce court bilan, il apprend à identifier dans chacune de ses journées les bons moments qu'il a vécus – aussi minimes soient-ils – et à les savourer.

Fermeté et rigueur

Leur apprendre très tôt la rigueur, leur donner le goût de l'effort et les récompenser quand ils ont bien mené une action. Voilà qui les prépare aux difficultés de la vie et à connaître la satisfaction d'avoir mené une action à son terme.

LA VIEILLESSE

« Il est interdit d'être vieux » selon le précepte de Rabhi Nahman

Se donner quotidiennement les moyens d'être bien dans son corps, libre de ses mouvements et bien dans sa tête est un devoir sacré, de respect de soi-même et des autres. On est chaque jour responsable de sa santé. De même, qu'on accepte au fil du temps ses rides, sa fatigue sans pour autant se laisser aller au regret, dans un travail quotidien de réconciliation avec soi, de tolérance et de sérénité.

Pour vivre vieux, il faut fréquenter des gens plus jeunes

Des études ont montré que la fréquentation d'autres personnes, et tout particulièrement le brassage des générations, apportait du dynamisme et du plaisir de vivre.

Un nouvel art de vivre

« Le temps ne passe pas de la même manière pour qui travaille et pour qui ne travaille plus, pour qui attend et pour qui n'attend pas. Or il est certain que l'attente est l'une des données essentielles de la vie de nos personnes âgées. Pas de toutes, certes ! Et il faut dire avec force que nombre de personnes âgées vivent longtemps une vie pleine d'ardeur, de passion ; que vieillir, ce n'est pas que perdre, c'est aussi gagner, par exemple une sagesse, une disponibilité à l'essentiel, une sérénité, un art de vivre que le temps du travail comme temps de l'affairement permettait si peu de pratiquer… » (Eric Fiat).

L'AMOUR

S'émerveiller d'être aimée

Être aimée est un cadeau formidable qu'il faut savoir reconnaître afin d'en jouir pleinement.

Pour celles qui cherchent l'amour

« Ne lisez pas d'articles sur la manière d'attraper un mâle. Ne vous en faites pas pour votre rouge à lèvre ou votre poids. Vivez seulement bien votre vie et ne vous laissez pas aller à la tristesse, à la plainte ou à la fièvre acheteuse. L'amour vous trouvera. », d'après Lois Smith Brady, *Love lessons* (Simons & Schuster).

L'amitié

« Il y a trois sortes d'hommes avec lesquels il est utile de se lier d'amitié : les hommes droits, les hommes sincères et les hommes qui ont beaucoup appris » (Confucius).

« Qui veut retenir ses bons amis, qu'il commence par éloigner les mauvais » (Yi King).

Inutile de chercher l'amitié de ceux qui ne nous méritent pas. Un ami qui ne nous écoute pas, ne partage pas, ne donne pas ou n'est pas là en cas de besoin n'est pas digne d'être un ami.

S'entourer de gens sincères, gais, positifs et fuir les gens toxiques.

REMERCIEMENTS À

Serge Abril, Dominique Bastien, Docteur François Baumann, Houbaba Benslima, Alexandre Delovane, Marie-Pierre Dillenseger, Laurence Dreyfus-Schmidt, Catherine Estourelle, Clémence Fichard, Géraldine Fichard, Docteur Michel Frey, Jean-Louis Gianfermi, Caroline Guillemin, Robert Masson, Anne Médaisko, Michel Odoul, Alain Pénichot, Pierre Portocarrero, Dominique Prost, David Tran, Françoise Vidil.

ADRESSES ET SITES INTERNET

des personnes citées dans ce livre

• Cabinet du Docteur François Baumann : 10 avenue de la Sœur Rosalie 75013 PARIS
Tél. : 01 43 36 78 68 *François.baumann@wanadoo.fr*

• Alexandre Delovane, médium voyant : *www.alexandredelovane.com*

• Marie-Pierre Dillenseger, Feng Shui et Astrologie chinoise : *www.powerspaces.com*

• Cabinet Docteur Michel Frey (médecine générale et acupuncture) :
92 rue de la Victoire 75009 Paris
Tél. 01 48 74 38 11

• Jean-Louis et Francis Gianfermi, professeurs de yoga, Association Sankara
www.sankara.fr

• Robert Masson, naturopathe : *www.robertmasson.com*

• Michel Odoul, Institut français de shiatsu 106 rue Monge 75005 Paris
www.shiatsu-institut.fr

• Alain Pénichot, coach en gymnastique faciale, cabinet : 95 rue Villiers de l'Ile Adam 75020 Paris
Tél. : 06 87 33 92 62
www.yogaduvisage.com

• Cabinet de réflexologie de David Tran : 82 boulevard Malesherbes 75008 Paris
Tél. 01 46 99 85 08

BIBLIOGRAPHIE

André Van Lysebeth, *J'apprends le yoga*, J'ai lu « Bien-être », 2004

Anne Tardy, *10 minutes pour bien dormir*, Flammarion, 2007

Antje Ertl, *Kinésiologie La santé et l'énergie vitale*, Éditions Guy Trédaniel

Bernard Ducourant, *Sentences et proverbes de la sagesse chinoise*, Albin Michel, 2000

Bruno Comby, *L'éloge de la sieste*, J'ai lu, 2005

Carl Honoré, *L'éloge de la lenteur*, Marabout, 2005

Catherine Rambert, *Petite philosophie du matin*, Le livre de poche, 2007

Chen You-Wa, *Pratique du massage chinois*, Robert Laffont, 2003

Christine Brunet et Anne-Cécile Sarfati, *Petits tracas et gros soucis de 8 à 12 ans*, Albin Michel, 2004

David Tran, *La leçon de réflexologie selon la méthode Tao Wei*, Éditions Flammarion, 2008

Deepak Chopra, *Santé parfaite*, J'ai lu, 2006

Docteur Jean-Pierre Ruasse, *Le Guide pratique de l'alimentation équilibrée*, Éditions Iprédis 2005

François Baumann, *Burn out: quand le travail rend malade*, Éd. Josette Lyon, 2007

Georges Charles, *La Table du dragon*, Éditions du Chariot d'or, 1996

Gertrud Hirschi, *Les Mudras : le yoga au bout des doigts*, Le courrier du livre, 2000

Henry Puget et Régine Teyssot, *Les secrets de beauté d'autrefois*, Éditions Minerva, 2002

Isabelle Filliozat, *Trouver son propre chemin*, Pocket, 2004

J. P. Willem, *Les clefs d'une insolente longévité*, LMV Éditions 1999

Jean Palaiseul, *Tous les espoirs de guérir*, J'ai lu, 2001

Jean-Pierre Clémenceau, *La méthode Clémenceau*, Marabout, 2001

Jean Valnet, *Aromathérapie*, Le livre de poche, 1984

Jean Valnet, *La phytothérapie : traitement des maladies par les plantes*, Le livre de poche, 1986

Josette Rousselet-Blanc, *La beauté à l'ancienne*, J'ai lu, 2005

Judee Gee, *Comment développer votre intuition : l'éveil de votre être interieur*, Éditions Dangles, 1995

Juliette Brabant-Hamonic, *Tisanes et vieux remèdes*, Éditions Ouest France, 2005

Karen Kingston, *L'harmonie de la maison par le Feng Shui*, J'ai lu, 2003

Kiran Vyas, *Ayurvéda au quotidien*, Éditions Recto Verseau, 1996

bibliographie

Les bains dérivatifs de France Guillain – Éditions Jouvence, 2002

Les secrets de beauté d'autrefois, Éditions Anagramme, 2005

Los consejos de la abuela Ana Fernandez Magdalena, Édition EDAF 2000

Maoshing Ni, *100 secrets pour vivre jusqu'à 100 ans et plus*, Contre-Dires, 2006

Marie Borrel et Anne Dufour, *300 conseils de Bien-être*, Hachette, 2004

Marie de Hennezel, *La chaleur du coeur empêche nos corps de rouiller, Vieillir sans être vieux*, Éditions R. Laffont, 2008

Michel Frey, *Exercices pour l'entretien de la santé*, Éditions I.D.E.C.

Michel Frey et Anne-Laure Murier, *Mieux vivre grâce à la médecine chinoise*, Éditions Le Pré aux Clercs

Pascale Wettstein, *Le bien-être par le yoga*, Éditions France Loisirs

Pleine forme, Hachette Maxi pratiques

Richard Wilhem et Étienne Perrot, *Yi King, le livre des transformations*, Librairie de Médicis, 1973

Sun Wei, *Massage chinois, réflexologie plantaire*, Librairie You Feng, 2006

Yves Réquéna, *La gymnastique des gens heureux*, Guy Trédaniel Éditeur, 2003

sites : www.Soignez-vous.com

magazines Plantes et santé – Pratiques de santé – Psychologies – Femme Actuelle – Elle

index

1500 gestes & astuces

index

A / B / C

A

B

C

C / D

E / F / G / H

E

F

G

H

H / I / J / K / L / M

I

J

K

L

M / N / O / P

P / Q / R / S

S / T / U / V / Y / Z